读客文化

华杉讲透
资治通鉴 ③

通篇大白话，拿起来你就放不下；
古人真智慧，说不定你一看就会。

华杉 著

上海文艺出版社

图书在版编目（CIP）数据

华杉讲透《资治通鉴》. 3 / 华杉著. -- 上海：上海文艺出版社，2020.3
ISBN 978-7-5321-7484-3

Ⅰ.①华… Ⅱ.①华… Ⅲ.①中国历史—古代史—编年体②《资治通鉴》—研究 Ⅳ.①K204.3

中国版本图书馆CIP数据核字(2020)第021869号

责任编辑：毛静彦
特邀编辑：周 喆　徐 成
封面设计：王 晓　温海英

华杉讲透《资治通鉴》3
华杉 著
上海文艺出版社出版、发行
地址：上海绍兴路7号
电子信箱：cslcm@publicl.sta.net.cn
网址：www.slcm.com
新华书店经销　北京中科印刷有限公司印刷
开本 710毫米×1000毫米　1/16　16印张　字数245千字
2020年3月第1版　2020年3月第1次印刷
ISBN 978-7-5321-7484-3/K.0404
定价：46.80元

如有印刷、装订质量问题，
请致电010-87681002（免费更换，邮寄到付）

目　录

编者注：为了保证阅读流畅性，本书目录列出每卷"主要历史事件"和"主要学习点"的页码，方便读者查找，不在内文中另设标题，仅在"主要学习点"处划线提示。

卷第十七　汉纪九

（公元前140年—公元前134年，共7年）/ 001

【主要历史事件】

董仲舒《举贤良对策》提出"独尊儒术" / 003
窦太后喜爱黄老学说，讨厌儒术 / 010
陈阿娇失宠，卫子夫入宫 / 012
武帝厚诸侯之礼 / 013
闽越攻东瓯 / 014
东方朔、司马相如劝谏汉武帝 / 015
淮南王刘安《上书谏伐南越》/ 018
汉武帝同意与匈奴和亲 / 023
李广与程不识治军 / 024

【主要学习点】

贪心让人失去智商和逻辑 / 010
凡事缓则圆，不要急于求成 / 011
治理军队，纪律比结果的好坏更重要 / 024
带兵不是冲锋陷阵，而是组织管理 / 025

卷第十八　汉纪十

（公元前133年—公元前125年，共9年）/ 027

【主要历史事件】

汉武帝痴迷李少君"长生之术" / 029
马邑之谋，诱歼匈奴失败 / 030
汉武帝放任黄河泛滥 / 032
唐蒙出使夜郎 / 035
皇后陈阿娇因巫蛊之案被废 / 037
公孙弘《第二次贤良对策》/ 038
卫青、李广攻打匈奴 / 042
卫夫人生下皇子刘据，被立为皇后 / 043
主父偃《谏伐匈奴书》/ 044
严安《上书言世务》/ 045
徐乐《言世务书》/ 046
汉武帝颁行推恩令 / 047
河套地区并入中国版图 / 048
张骞从西域返回长安 / 054

【主要学习点】

领导者要注意分辨下属说的话 / 032
不要自信地以为自己不会受人影响 / 038
公孙弘的八条至理名言 / 039
圣人有四种 / 040
领导者的第一职责是培养新的领导者 / 043
有使命感，才能基业长青 / 045
明白很多道理后，还要知行合一 / 047
认错，是给自己打疫苗 / 053

卷第十九　汉纪十一

（公元前124年—公元前119年，共6年）/ 057

【主要历史事件】

公孙弘：第一位以丞相封侯者 / 059
卫青被拜为大将军 / 061
淮南王刘安、衡山王刘赐共同谋反 / 062
霍去病其人 / 064
夜郎自大 / 069
霍去病地位逐渐与卫青比肩 / 070
荒淫无道的江都王刘建 / 070
浑邪王、休屠王归降汉朝 / 071
开凿昆明池以练习水战 / 073
汉武帝的货币和财政政策 / 074
漠北之战 / 076
李广自杀 / 077
酷吏王温舒杀人如麻 / 079
少翁伪造"牛腹之书" / 080

【主要学习点】

人性的弱点是心存侥幸，一厢情愿 / 063
世上没有败不光的家 / 065
君王的性格，就是国家的命运 / 074

卷第二十 汉纪十二

（公元前118年—公元前110年，共9年）/ 081

【主要历史事件】

汉武帝病重求治神灵 / 084

卫青射杀李广之子李敢 / 085

霍去病带同父异母弟霍光到长安 / 086

张汤自杀证清白 / 086

汉朝打通西域通道 / 088

汉武帝迷信方士栾大 / 091

南越太后与汉使私通 / 094

南越丞相吕嘉反叛 / 095

东越王骆馀善反叛 / 099

卜式失宠 / 101

汉武帝泰山封禅 / 103

桑弘羊的经济政策 / 104

【主要学习点】

不可有报复心，否则只能同归于尽 / 087

一切智慧都在历史里 / 092

骗子的"方法论" / 092

功劳越大，尾巴就要夹得越紧 / 100

儒家的"如有神论" / 102

卷第二十一 汉纪十三

（公元前109年—公元前99年，共11年）/ 107

【主要历史事件】

滇国投降汉朝 / 111
赵破奴生擒楼兰王，攻破车师国 / 112
卫氏朝鲜的灭亡 / 112
王乌出使匈奴 / 116
卫青去世 / 117
西域各国与汉朝友好通使 / 118
汉武帝恢复夏历历法 / 120
143个汉朝原始封国只剩3个 / 124
汉宛良马之战 / 125
苏武牧羊 / 128
李陵攻打匈奴失败投降 / 130

【主要学习点】

领导者要掌控自己的情绪 / 115
要有胜算，才能开打 / 133
服从命令比勇敢重要得多 / 133
真正的善战者，没有可歌可泣的英雄事迹 / 134
诚，是最大的领导力 / 135

卷第二十二 汉纪十四

（公元前98年—公元前87年，共12年）/ 137

【主要历史事件】

巫蛊之祸起自朱安世 / 144
太子刘据被逼谋反 / 147
皇后、太子、皇孙丧命 / 149
李广利投降匈奴，被满门抄斩 / 151
汉武帝醒悟，建造思子宫 / 152
汉武帝《轮台罪己诏》/ 153
马何罗造反，金日磾救驾 / 156
刘弗陵被立为太子 / 157
汉武帝驾崩 / 158
刘弗陵即位，是为汉昭帝 / 160
霍光辅政 / 160

【主要学习点】

心里的念头会在举止上表现出来 / 142
世上从不缺乏人才 / 154
领导者很难知道下属的真实想法 / 154
要有仁心和度量，谦逊地听别人的意见 / 155
君子始终关注自己有没有过失 / 158
秦皇汉武，都是中华文明奠基人 / 160

卷第二十三　汉纪十五

（公元前86年—公元前75年，共12年）/ 161

【主要历史事件】

燕王刘旦、齐王刘泽密谋反叛失败 / 163
孤鹿姑单于去世，匈奴从此衰落 / 166
"盐铁会议"召开，《盐铁论》成书 / 169
苏武回国 / 170
武帝末年，海内虚耗，户口减半 / 171
上官桀等人密谋除掉霍光 / 172
辽东乌桓部落反叛 / 177
傅介子刺杀楼兰王 / 179

【主要学习点】

利欲熏心，鲜有不败亡 / 165
接受利益最小化，保障最不坏的结果 / 165
人君之德，莫大于明 / 173
小人没逻辑，所以什么都敢干 / 174

卷第二十四 汉纪十六

（公元前74年—公元前68年，共7年）/ 183

【主要历史事件】

汉昭帝驾崩，无子 / 185
刘贺被立为帝，27天后被废黜 / 186
刘病已被立为帝，是为汉宣帝 / 198
田延年贪污畏罪自杀 / 201
夏侯胜、黄霸因非议汉武帝而被下狱 / 201
霍光之妻毒死许皇后 / 203
汉宣帝立霍光之女为皇后 / 206
汉与乌孙共击匈奴 / 204
霍光去世，汉宣帝亲政 / 207

【主要学习点】

武丁的"绝对沉默"策略 / 189
把平凡的事做彻底 / 190
人性的弱点，是容易自我膨胀 / 199
具有仁义礼智信的真勇士 / 202
治国的三条至简大道 / 209

卷第二十五　汉纪十七

（公元前67年—公元前62年，共6年）/ 211

【主要历史事件】

霍氏家族地位尊贵，骄侈纵横 / 215
路温舒《尚德缓刑书》/ 217
霍氏家族图谋造反被灭族 / 221
龚遂治理渤海郡 / 226
京兆尹赵广汉因私怨杀人被处死 / 228
冯奉世平定莎车 / 230
汉宣帝刘病已改名为刘询 / 232
汉宣帝封刘贺为海昏侯 / 235
颍川太守黄霸治理政绩全国第一 / 238
韦成玄装疯让爵 / 239

【主要学习点】

不要把难得可贵的事当作理所应当 / 214
霍氏家族的4个教训 / 216
疑罪从无 / 218
官吏们总想有自由裁量权 / 219
"亲亲相隐"原则 / 220
干大事，靠修养，不靠本事 / 226
做善事不张扬，有功劳不夸张 / 230
荐贤而不市恩，始终站在老板的立场 / 236
家有斗金，不如日进分文 / 237

卷第十七 汉纪九

（公元前140年—公元前134年，共7年）

主要历史事件

董仲舒《举贤良对策》提出"独尊儒术" 003
窦太后喜爱黄老学说，讨厌儒术 010
陈阿娇失宠，卫子夫入宫 012
武帝厚诸侯之礼 013
闽越攻东瓯 014
东方朔、司马相如劝谏汉武帝 015
淮南王刘安《上书谏伐南越》 018
汉武帝同意与匈奴和亲 023
李广与程不识治军 024

主要学习点

贪心让人失去智商和逻辑 010
凡事缓则圆，不要急于求成 011
治理军队，纪律比结果的好坏更重要 024
带兵不是冲锋陷阵，而是组织管理 025

世宗孝武皇帝上之上

武帝建元元年（辛丑，公元前140年）

1 冬，十月，汉武帝下诏，要求各地推荐贤良、刚正和直言极谏的人，并将亲自策试他们，听取关于古今统治之道的观点。参加策问的有百余人，其中广川人董仲舒在试卷上如此回答：

道，是所依从往行的治国道路；仁、义、礼、乐，则都是实现治平的工具。圣王薨逝之后，子孙之所以还能长久安宁数百年，都是礼乐教化之功。为人君者，没有不想让国家安定存续的，但为什么仍然有那么多政乱国亡呢？是因为他们用人不当，也没有遵循治国之道，所以政治就一天天走向败坏灭亡。周朝的道，是在周幽王、周厉王时期衰微的，不是没有道，而是周幽王、周厉王不遵照道去做。后来，周宣王思慕先王的德政，兴滞补敝，阐明周文王、周武王的功业，周道又粲然复兴。这是周宣王日夜不懈地推行善政的结果。

孔子说："人能弘道，非道弘人。"所以国家的治乱兴废完全在于君王自己，而并不是说由天命来规定。政治之所以变坏变乱，都是国君自己的行为不合道，失去体统。因此，为人君者，自己要先正心，正心才能正朝廷，正朝廷才能正百官，正百官才能正万民，正万民才能正四方。四方正了，夷狄各族也就不敢不一于正，而没有邪恶奸诈滋生其间。于是，阴阳调和，风调雨顺，万物和谐，万民繁衍，所有福气之物、祥瑞之兆，全都来了，这就是王道的极致！

孔子说："凤鸟不至，河不出图，吾已矣夫！"

【华杉讲透】

孔子哀叹："凤凰不飞来，黄河不出河图，我这辈子算是无望了吧！"

凤鸟至，河图出，都是有圣人将要统治天下，出现盛世的祥瑞。

凤鸟至，是指舜帝时凤凰来仪于庭，文王时凤凰鸣于岐山的事。

河图，一般与洛书并称"河图洛书"，传说上古伏羲氏时，黄河中浮出龙马，背负"河图"，献给伏羲。伏羲依此而演成八卦，后为《周易》来源。又相传，大禹时，洛河中浮出神龟，背驮"洛书"，献给大禹。大禹依此治水成功，遂划天下为九州。又依此定九章大法，治理社会，流传下来收入《尚书》中，名《洪范》。《易·系辞上》说"河出图，洛出书，圣人则之"，就是指这两件事。

孔子哀叹自己的才能可以让凤鸟至，河图出。但是，他有德无位，地位卑贱，没有机会施展啊！如今陛下贵为天子，富有四海，居于可以让王者祥瑞并致的地位，掌握可致的权势，又有能致的天资，行为高明而恩德博厚，智慧明达而意图美善，慈爱人民而喜好人才，可以说是仁义之君了。但是，天地鬼神，还是没有反应；美善的祥瑞，一个也没有出现。这是为什么呢？

因为教化不立，万民不正。万民之从利，就像水往低处流，不修建教化的堤防，就不能制止。古代的王者明白这个道理，所以南面而治天下时，没有不以教化为根本大事的。在首都设立太学，在县邑设立庠序，用仁来浸润人民，用义来砥砺人民，用礼来节制人民，所以他们的刑罚很轻，禁止做的事情，没有人会侵犯，都是因为推行了教化而风俗好啊！

【柏杨曰】

古代的学校体系是：家族有塾，乡镇设小学（庠），郡县设中学（序），封国设大学（太学）。

圣王继承乱世，首先要扫除乱世的痕迹，全部消除，然后重修教化，崇尚美德。完成了教化，形成了风俗，子孙就依循这教化风俗，五六百年也不会败亡。秦朝呢，毁灭先王之道，为苟且之治，所以立国十四年而亡，而其遗毒余烈至今未灭，让风俗薄情险恶，人民背理顽劣，触犯法令，拒绝教化，到了如此糜烂败坏的地步。臣私下做个比喻：琴瑟声音不和谐，严重的要解开琴弦，重新安装，才可以弹奏。为政而不行，严重的要改变风俗，施以教化，才可以重新梳理。自从汉朝得天下以来，虽然总是想要治理，却至今得不到善治，就是该更化而没有更化的缘故。

我听说古代圣王治理天下，让人们在年少的时候就去学校读书学习，成年之后再根据他的才能，授给他官位。用官爵俸禄来滋养他的美德，用刑罚来威慑不让他做坏事，所以人们能晓于礼义，而耻于犯上。周武王奉行大义，消灭残暴的纣王。周公制作礼乐以文教天下，以至于到了周成王、周康王时期，礼义隆盛，天下无贼，监狱空虚四十年。这也是教化而非刑罚的效果。

到了秦朝就变了。秦王师从申不害、商鞅之法，实行韩非子的学说，憎恨帝王仁义之道，崇尚贪暴的狼性，坚持表面的法律条文，而不问事情的本源实质，善良的人不能免于刑罚，作恶的人反而未必受刑。所以百官都行虚礼，说虚话，而不顾事实，看上去有侍奉君王之礼，却藏着背叛皇上之心，造伪饰诈，趋利无耻，所以受刑者甚众，死者一个接一个，而奸恶的事情永无止息，这是风俗败坏了的缘故。

如今陛下拥有天下，人民没有不服从的，然而老天并没有降下祥兆，这是为什么呢？您还没有意识到这些事吧！曾子说："尊其所闻，则高明矣；行其所知，则光大矣。高明光大，不在于他，在乎加之意而已！"（尊奉他所听到的道理，就会变得高明；按他所知道的道理去做，就能变得光大。高明光大，不在于别的，关键在于意识，在于你有没有诚意正心去做！）希望陛下遵循采用您听到的这些道理，诚意正心于内，切实笃行于外。长此以往，陛下的功德与古代三王也没有什么两样了。

平时不养士，到了要用人的时候再来求贤，这就好比一块玉石，你不去雕琢，却希望它有美丽的文采。而养士最重要的举措，莫过于设立太学。太学，就是培养贤士的地方，就是教化的本原。如今，郡或封国的人口众多，但是召他们来参加皇上的策问，却没有什么人应征，那就是因为王道已经断绝失传了。臣希望陛下兴建太学，设置明师，以养天下之士，之后再经常考试策问，以尽其才，使英俊之士可以为国家所用。郡守、县令，就是百姓的表率和导师，让他们承接陛下的教诲，宣扬教化。如果这些导师自己都没有贤德，那么皇上的美德就不能宣扬，皇上的恩泽就不能施布。然而，如今的官吏既不能教导百姓，又不能听从主上的法令，反而暴虐百姓，以权谋私。贫穷孤弱的人因此蒙冤受苦，流离失所，不能让陛下称心如意。于是阴阳错谬，戾气充塞，人民生活困难，得不到救济，都是因为官吏不贤明，以至于此！

官吏的来源，一是郎（中宫廷禁卫官），二是中郎（皇家警卫官），三是俸禄二千石官员的子弟，选拔郎吏又以财产为标准，未必有贤德。而且，古代的有功者，则是以他任官职的能力而非年资为标准：如果他的才能小，任职时间再长，也是小官；如果他是大贤大才，就算任职时间很短，也不妨成为君王的辅佐。所以有关官员都竭心尽职，努力做好他的工作，争取立功。如今则不然，时间混得长就可以升职做官，所以廉耻混乱，贤人与无才之人混杂，不能体现出每个人的真才实学。

臣建议：让诸位列侯、郡守、二千石以上官员，各自选拔他的境内贤能的吏民，每年举荐二人来做宫廷宿卫。从他们举荐的人的表现，考察他们的贤能。被举荐人如果有贤能，给举荐人赏赐；被举荐人如果不好，给举荐人处罚。如此，则二千石以上官员都尽心访求人才，而天下之士也能得到官位了。如果能得到全天下的贤人，则能达到三王时期的鼎盛，甚至可以达到尧舜的名声。不以时间长短为功，而以考试贤能为上，量才以授官，录德而定位，这样就能将廉与耻、贤与不肖的人区分清楚了。

我听说，积少可以成多，积小可以至大，所以圣人无不是从黑暗到光明，从微末到显贵。尧本只是一个诸侯（唐侯），舜本来是深山里的农夫，都不是一步登天，而是逐渐到那个地位。自己说的话，不可能再堵塞回去；自己的行为，不可能掩藏。君王的言行，是治国的大事，也是君子之所以感动天地。所以，尽小者大，慎微者著（能将小事做到极致，就是高大，能在细微之处谨慎，就能显著）。积善在身，就像小孩子一天天长高，却不觉得；积恶在身，就像火烧油脂（好比点蜡烛），一点点消亡，也没感觉。这就是为什么尧舜得到美名，而桀纣的下场可悲。

快乐而不淫乱，反复而不厌倦的，就是道。遵循道，则万世无弊害；有弊病，那是因为失去了道。先王之道，也有偏颇的地方，所以，政治也有不明而行不通的时候。这时，就矫正纠偏，补救缺失。三王之道，源头不同，但并不是相反的，都是为了医治社会积弊，只是他们所遇到的时变不同，所以各自有增有减。

孔子说："无为而治者其舜乎！"（无为而治的，就是舜吧！）改变历法和服装颜色，只是顺应天命而已，其他的一概因循尧的道，没有什么改变。所以王者有改制之名，无变道之实，根本的道，并没有改变。夏朝的核心价值观是忠，殷朝是敬，周朝是文，那是根据他们所继承的上一个朝代的弊病针对性地加以补救。孔子说："殷商的礼，是在夏朝的基础上制定的，有增有减，这我们知道；周朝的礼，是在殷商的基础上制定的，有增有减，这我们也知道。以后，或许有继承周朝的，就算是百世之后，也可以知道大概会怎样。"这就是说，就算是以后一百代的王者，他所用之礼，也不过是忠、敬、文，这三者而已，因循为教，立政垂则，不会离得太远。夏朝继承的是虞，但夏没有说在虞的基础上有什么增减，那是因为他们的道一样，而彼此崇尚的理念相同。道的源头是天，天不变，道亦不变，所以禹继承舜，舜继承尧，三圣相传而守同一个道，政通人和，不需要救弊，所以孔子没有说他们之间有什么增减。由此观之，如果传下来的是治世，则道相同；如果继承的是乱世，则道要变革。

如今，汉朝继承的是乱世，所以应该变革道——稍微减少周朝的"文"，而用夏朝的"忠"。古代和今日处于同一个天下，用古代的准则来衡量的话，为什么现代反而比古代差得那么远呢？为什么今天反而错谬乖戾到这个地步呢？是不是有所失于古道，或者说有所违背天理呢？

上天赋予万物，是有所分际的：给它尖牙利齿，就不给它角；给它一对翅膀，就只给它两只脚。所以接受了大的就不能占小的。古代给官员俸禄，他就不需要耕田，也不能从事工商业，这也是得了大的就不能占小的，和上天给动物器官的分配是一样的。如果是哪头都要占，拿了大的还要拿小的，就是上天也满足不了，更何况人呢！这就是人民嚣嚣而怨，不得满足的原因。那些身居高位的官员，家庭饱暖，享受着丰厚的俸禄，还要去与民争利，百姓如何能够抵挡他们呢？于是百姓的生计一天天被侵夺，最终陷于穷困。富者骄奢淫逸，贫者穷极愁苦，民不聊生，不得不走上犯罪的道路！这就是刑罚越来越多，奸邪却不可抑制的原因。

天子、大夫，是下面的人民效法的榜样，是远近四方崇拜向往的对象。近处的人仰望而模仿，远方的人遥望而仿效，怎么能居于贤者之位，却和普通老百姓一样呢？迫不及待地追求财富，唯恐财物匮乏，这是老百姓的事；迫不及待地追求仁义，唯恐不能教化人民，这是士大夫该干的事。《易经》上说："负且乘，致寇至。"乘，是乘车，是君子的事；负，是背负重物，那是老百姓的事。这就是说，你居于领导者之位，却干着老百姓的事，祸患就一定会到来。居于君子之位，就要有君子之行。就像当初公仪休做鲁国宰相，回家看见家人织布，很不高兴；又看见妻子吃自家菜园种的葵菜，更愤怒，把菜给拔了，说："我已经有国家的俸禄，为什么还要去抢夺菜农、织女的生计呢？"

《春秋》说"大一统"（万物之统皆归于一，诸侯都归统于中央，不得独自统治），是天地之常经，古今之通义。如今各种老师太多，议论不同，百家学派，就有百家治世的处方，意旨不同，所以皇上也没有一个能形成"大一统"的理论，法制经常改变，在下位的人不知道该遵守啥。依臣愚见，所有不在六经（《诗经》《尚书》《礼记》《乐经》《周易》《春秋》）之内的各家学说，以及和孔子思想相违背的，全部应该根绝，不要让它发展起来。只有歪理邪说灭绝了，道统纲纪才能一统，法令明确，人民才知道该依从什么。

皇上非常欣赏董仲舒的对答，任命董仲舒为江都国丞相。会稽人庄助也参加了这次贤良对策，被提拔为中大夫。

丞相卫绾上奏说："各地所推举的贤良，有研究申不害、韩非子、苏秦、张仪之学问，用他们的言论惑乱国政的，请一概罢黜。"皇上批准。

董仲舒年少的时候就研究《春秋》，孝景帝在位时是博士，不符合礼仪的事一概不做，学者们都尊他为师。等到做了江都国丞相，侍奉江都易王。易王是皇上的哥哥，一向骄纵好勇。董仲舒用礼来匡正他，易王对他非常敬重。

【钱穆曰】

西汉政府的文治思想，最先由贾谊发其端，之后走向董仲舒的复古更化。

贾谊陈政事疏，提出好多重要的见解，除了裁抑诸侯国和抵御匈奴外，尤其强调的是教育太子，尊礼大臣，阐扬文教，转移风俗。强调教育，是因为当时诸王、列侯家庭都已经堕落腐化，没有教育，就不足以维持长久；强调文教，是因为黄老清静无为的思想，只能管一时，渐渐地，政事松弛，国家就会走向申、韩的刑法之路，沿袭秦朝"以吏为师，以法为教"的老路。要革除秦朝的弊病，就要另开文教。如果朝廷只讲法令，社会只重钱财，风俗就会日渐败坏，阐扬文教之后就是移风易俗。由此，西汉的政治思想，就逐渐从申、韩走向儒家。

贾谊虽然被周勃、灌婴等排挤，但他的主张——被汉廷采用。武帝以王臧为师。王臧是儒生，武帝即位，大兴儒术，跟他早年所受教育有关。

先秦诸子百家，最重视教育的是儒家。道家的根本主张是不学习，当然也不搞教育。法家只重视刑名法律。墨家不适于实际。其他各家，都是用世之学，不是教育之学。所以只要幼主需要教育，儒家就一定会兴起。儒家之兴起，就从友教贵族子弟开始，所以文帝用贾谊，先用他做长沙王太傅，然后用他做梁王丞相。武帝用董仲舒，也是先用他做易王的丞相。儒家在汉初，就以友教青年贵族为第一任务。

2 春，二月，赦天下。

3 发行三铢钱。

4 夏，六月，丞相卫绾免职。

六月七日，汉武帝任命魏其侯窦婴为丞相，武安侯田蚡为太尉。皇上向往儒术，窦婴、田蚡也好儒学，共同推荐代郡人赵绾为御史大夫，兰陵人王臧为郎中令。赵绾建议兴建明堂，用来给各诸侯王朝觐使用。他还推荐他的老师申公。这年秋天，皇上派使臣用四匹马拉的车去迎接申公，为了表示尊崇，带着绸缎、玉璧等礼物，并用蒲草包裹车轮以防颠簸。申公到了朝廷，见了天子。天子问他治乱之事，申公已经八十多岁，回答说："为治者不在多言，顾力行何如耳！"当时，皇上正喜好文辞，听了申公这话，默然无语，但是已经把他请来了，还是任命他为太中大夫，安置他住在鲁国公馆（申公是鲁国人），商议建造明堂、厘定天子出巡规章、改变历法、改变服装颜色等大事。

5 这一年，内史宁成有罪，被判剃光头发，颈戴锁链。

武帝建元二年（壬寅，公元前139年）

1 冬，十月，淮南王刘安来朝。皇上因为刘安是叔父，而且很有才华，对他非常尊重，每每宴见谈话，都要谈到黄昏才罢。

刘安和武安侯田蚡关系很好。有一次，刘安入朝，田蚡到霸上迎接，对他说："皇上没有太子，大王您是高皇帝的孙子，行仁义，天下无人不晓您的美名。皇上一旦晏驾，除了大王您，还能立谁为新君呢？"刘安闻言大喜，赏赐田蚡很多金钱财物。

【华杉讲透】

刘安的表现，是一种蠢，我称为"贪蠢"。人本来不蠢，对事物有基本的判断和逻辑思维能力，但是贪心一起，就立即丧失了智商，完全不讲逻辑。这一年，刘安已经四十岁，汉武帝才十七岁。刘安竟然相信皇上现在没太子，他如果死了，可能立我为帝！

这种贪蠢并不罕见，恰恰相反，非常普遍。人们相信一切不可能，只不过符合他的一厢情愿，他就心存侥幸。再然后呢，他就要下赌注了。他能下多大的赌注呢？赌上性命他也不在乎，因为他相信自己会成功。田蚡今天埋下的种子，刘安会为此赌上性命。

一厢情愿，心存侥幸，这些都是人性的弱点。而不要认为跟自己万蠢之王——贪蠢——没关系。即使是很有智慧的人，也容易掉进这个坑里。

2 太皇窦太后喜爱黄帝和老子的道家学说，主张清心寡欲，简单明了，无为而治，讨厌儒术。丞相赵绾建议，以后国家大事不要再向东宫汇报。窦太后大怒说："他想做新垣平吗？"于是窦太后秘密派人调查赵绾、王臧作奸犯科之事，责成皇上处理。皇上无奈，废除明堂工程，其他所行之改正朔、易服色之事，一概废除。将赵绾、王臧交给有司治罪，二人皆自杀。丞相窦婴、太尉田蚡被免职，申公也以身体有病为借口免职回家了。

【华杉讲透】

赵绾直接上书只有十八岁的皇上，明确要求把太皇太后排除在国事讨论之外，实在是太不明智了。窦太后问他是不是想做新垣平，就是说他要蒙蔽皇上，一切都听他的。这个指控是非常严重的，所以他最后也非死不可。

凡事缓则圆，要懂得等待，善于忍耐，不要急于求成，马上就要见分晓，特别是反对你的势力，大到皇上都抵御不了，怎么能急于求成呢？

春秋时期，秦穆公问蹇叔，怎样才能称霸天下？蹇叔对曰："夫霸天下者，有三戒：毋贪，毋忿，毋急。贪则多失，忿则多难，急则多蹶。夫审大小而图之，乌用贪？衡彼己而施之，乌用忿？酌缓急而布之，乌用急？君能戒此三者，于霸也近矣。"

三戒之中，首戒贪，贪则多失。前面我们已经说了，贪蠢，贪心让人变蠢，失去一切智商、判断力和逻辑能力，一厢情愿，贪巧求速，掉进坑里也不知道。你把哪头大哪头小仔细算清楚，就不会盲目贪婪了。

次戒忿，忿则多难。俗话说：冲动是魔鬼。一个人如果控制不住自己的情绪，倒霉的往往是自己。愤怒和贪婪一样，能瞬间将人的智商降为零。要戒忿，要制怒，就要多站在对方的角度想想，将心比心，衡彼己而施之。

三戒急，急则多蹶。走路太急，容易摔跟头，赵绾就一跟头把自己脑袋摔掉了。酌缓急而布之，乌用急？你把事情的轻重缓急斟酌一下，急不来的事情就不要急。赵绾急切到要求不给太皇太后送中央文件，违背了"疏不间亲"的古训，离间人家奶奶和孙子的骨肉亲情，太鲁莽了。

当初，景帝因为太子太傅石奋和他的四个儿子都是二千石官员，父子五人加起来就是一万石了，于是称呼石奋为"万石君"。万石君没有受过什么教育，但是恭谨的态度无人能比。子孙做小吏，回家来拜见，万石君一定穿着朝服接见，称呼他们的官名，不喊他们的名字。子孙有过失，也不指责，只是坐在一旁，看着饭菜，也不动筷子。于是子孙们互相责备，开展批评和自我批评，请长老要求向万石君肉袒谢罪，承诺改正，万石君这才点头。

子孙长到加冠年纪的坐他旁边，平常无事时在家里也服装整齐，戴着帽子。遇到丧葬之事，无不悲哀悼念。子孙们遵守教导，家风以孝顺谨慎闻名于诸侯。

后来，赵绾、王臧因为舞文弄墨获罪。太后认为儒者文多质少，而万石君家不言而躬行，于是以其长子石建为郎中令（宫廷禁卫司令），以小儿子石庆为内史（首都长安市长）。石建在皇上身边，有事需要向皇上进谏，一定找没有旁人在的时候，畅所欲言。到了廷见会议的时候呢，就木讷得好像不会说话一样。皇上由此很亲近他。石庆曾经做太仆，管交通。皇上御驾出行，问前面有几匹马拉车。石庆用鞭子点数，然后举手回答："六匹。"石庆在万石君几个儿子当中，是最言简意赅的。

窦婴、田蚡都被免职，以侯爵身份在家闲住。田蚡虽然没有职务，但他是太后同母异父的弟弟，仍受皇上亲信，数次提出建议，都被皇上采用。所以趋炎附势的势利者，都远离窦婴而投到田蚡门下。田蚡日益骄横。

3 春，二月一日，日食。

4 二月十日（柏杨注：原文误为三月，根据《史记·汉兴以来将相名臣年表》改），提升太常（祭祀部长）、柏至侯许昌为宰相。

5 当初，堂邑侯陈午（高祖时功臣陈婴的孙子），娶皇上的姑姑馆陶公主刘嫖。皇上能当上太子，公主是出了大力的。所以以其女为太子妃，即位之后，太子妃为皇后。窦太主刘嫖仗着自己的功劳，求请无度，皇上也没法都满足她，成了一个大麻烦。皇后呢，也骄纵妒忌，专擅皇上的宠爱，却又没有儿子。赏赐给医生九千万钱以求子，还是没有办法。皇上对她的宠爱渐渐衰弛了。皇太后对皇上说："你刚刚即位，大臣们还没有心服。之前建造明堂，已经惹太皇太后发怒，如今又忤逆长公主，必然又要得罪人。女人的性情，是很容易讨她们欢心的，你要慎之又慎！"于是皇上对长公主、皇后重新又加以恩礼。

皇上前往霸上，举行消灾除恶的祭祀，回宫途中，经过姐姐平阳公主家，喜欢上了公主家的歌女卫子夫。卫子夫的母亲卫媪，是平阳公主家的仆妇。公主于是送子夫入宫，恩宠日隆。陈皇后听说了，愠怒，几次闹得寻死觅活，皇上更加恼怒。

子夫的同母弟卫青，他父亲郑季，本来是平阳的县吏。在平阳侯家当差，和卫媪私通，生下卫青，冒姓卫氏。卫青长大后，在平阳侯家做马童。大长公主刘嫖要为皇后报仇，派人抓捕卫青，准备杀掉他。他的朋友骑郎公孙敖跟一批好汉发动奇袭，把卫青抢救出来。皇上听说后，召卫青为建章宫工程监理，兼侍中（宫廷随从）。给他的赏赐，数日之间就累积千金。不久，天子立卫子夫为夫人，提升卫青为太中大夫。

【华杉讲透】

没有对比就没有伤害。可以想象，皇后对皇上，以"没有我妈就没有你的皇位"的功劳自居，骄纵炉忌，动不动就寻死觅活，反而弄得皇上敢怒不敢言。等到有了卫子夫，能歌善舞，千娇百媚，百依百顺，皇上简直不知道怎么赏赐回报她了。卫青就成了太中大夫。而在野史中留下"金屋藏娇"典故的皇后陈娇，最终遭受被抛弃的命运。

6 夏，四月，夜晚的天空，出现一颗像太阳一样的巨星。

7 设立茂陵邑。（武帝开始准备他的陵墓。）

8 当时的大臣都认为晁错的事情是冤案，个个以摧残抑制诸侯王为务，多次揭发他们的罪恶，吹毛求疵，一丁点小事也竭力追查到底，甚至鞭笞诸侯王的家臣，让他们指证自己的主公。各诸侯王都悲愤怨恨。

武帝建元三年（癸卯，公元前138年）

1 冬，十月，代王刘登、长沙王刘发、中山王刘胜、济川王刘明来朝。皇上设宴招待。刘胜听到奏乐的声音，忍不住哭泣流泪。皇上问他哭什么，他说："悲苦的人听不得唏嘘之声，哀伤的人听不得别人的叹息。臣心中积郁已久，每次一听到细微的哀声，就不免涕泪横流！臣能蒙受皇上的肺腑之恩，得以成为东方的藩属国，从亲属关系来说，皇上还称我为兄。而如今群臣和皇上没有一丝一毫的亲缘，关系轻如鸿毛，却能群居党议，朋友相为，让皇上的宗室亲人遭到推挤摈弃，骨肉亲情，像冰块溶解一样消逝，臣私下里非常悲伤啊！"然后将官吏们对宗室亲王侵辱之事，一件件向皇上诉说。于是皇上加厚对诸侯王的礼敬，减少有司对诸侯王公的弹劾，增加宗室亲人之间的恩情。

2 黄河洪水，在平原郡泛滥。

3 大饥荒，人相食。

4 秋，七月，西北天际出现孛星（一种尾巴比彗星短的流星）。

5 济川王刘明，因为杀死中傅（诸侯王有太傅，还有中傅，中傅也有教导诸侯王之职责，但是在王宫出入，在王左右，为宦官），被废了王位，贬黜到房陵。

6 当初，七国之乱后，吴王刘濞的太子刘驹逃亡到闽越，怨恨东瓯王杀了他的父亲，不断鼓动闽越王攻打东瓯。闽越王终于听从他的意见，发兵包围东瓯。东瓯王派人向天子告急。天子问田蚡，田蚡说："越人互相攻击，本来就是他们的常态，又反复无常，在秦朝的时候，就已经不属于中央政府，不值得为他们发救兵。"庄助说："问题在于我们没有能力去救，恩德不能覆盖他们。如果能，怎么能抛弃他们呢？不能拿秦朝来说事儿，秦朝连咸阳、全天下都抛弃了，何况是抛弃闽越！如今小国穷困告急，天子不救，他们将向谁诉苦？天子又何以以万国为子民？"

皇上说："田蚡的话不足取。不过，朕刚刚即位，不想动用虎符去征发郡国军队。"于是，派遣庄助持节，前往会稽郡征调军队。因为没有虎符，只有天子的普通符节，不合调兵的要求，会稽郡守依法拒绝发兵。庄助当即斩杀一位司马（军政官），传达天子为什么没有动虎符的原因。于是发兵渡海救东瓯。大军未至，闽越已经撤兵。东瓯王请求举国人民移居内地，于是将他们全部迁移，安置在长江、淮河之间的江淮平原地带。

7 九月三十日，日食。

8 皇上从刚刚即位开始，就招选天下文学才智之士，破格提拔到高位。四方之士，纷纷上书谈论政治得失，毛遂自荐的，数以千计。皇上就在其中选拔优异者，加以宠幸任用。庄助就是其中最先得到任命的。后来又有吴人朱买臣、赵人吾丘寿王、蜀人司马相如、平原人东方朔、吴人枚皋、济南人终军等，都在皇上左右，每每与大臣们辩论，引用义理之文，大臣们经常都辩不过他们。然而司马相如以诗词歌赋的才能得到宠幸，东方朔、枚皋则议论无所根据，只是诙谐幽默，所以皇上对他们的宠幸，也是像戏子一样养着罢了，虽然经常赏赐，但是并不给他们具体任事的职务。东方朔呢，经常对皇上察言观色，时时直言进谏，倒是有所补益。

这一年，皇上开始喜欢微服出行，北至池阳，西至黄山，南猎长杨，东游宜春，与左右能骑射者约定在宫门集合。经常夜晚出去，自称平阳侯，天快亮时，抵达终南山下，追逐射杀鹿、野猪、狐狸、野兔，乱马奔腾，践踏农民庄稼田地，当地百姓都呼号咒骂。鄠县及杜县县令准备抓捕他们，侍从们拿出皇上乘舆之物，表明身份，才得以脱身。

又曾经夜晚到了柏谷，到民间旅馆投宿，向旅馆主人要酒。主人说："没有酒，正好有尿！"并且怀疑皇上是强盗，聚集一群少年准备攻击。旅馆老板娘看皇上相貌奇伟，制止她老公说："这些客人不是常人，况且他们也有防备，不能攻击。"店老板不听，老板娘用酒把他灌醉，又捆起来。已经聚集的少年们群龙无首，自己散去了。老板娘杀鸡招待客人，向客人们谢罪。第二天，皇上回宫，召见老板娘，赐给黄金千斤，拜她的丈夫为羽林郎（羽林军警卫武士）。

由于这次危险，皇上就设立更衣（秘密旅舍），从宣曲以南一共建了十二所，供休息更衣之用。夜晚则投宿在长杨、五柞等宫殿。

皇上觉得道远劳苦，又骚扰了百姓，于是派太中大夫吾丘寿王调查阿城以南，盩厔以东，宜春以西，登记田亩总数，估算价格，准备全部买下，划入上林苑范围，让上林苑可以和终南山连成一片。又下诏中尉、左右内史，呈报首都附近各县未开垦的荒田，准备用来补偿鄠县和杜县的百姓。寿王调查规划完毕上奏，皇上大悦称善。当时东方朔在旁边，进谏说：

"终南山，是天下之险阻，关中之屏障。汉朝初兴的时候，离开了河南、河内、河东肥沃的三河之地，迁居在灞水、浐水以西，定都于泾水、渭水之南，这正所谓天下'陆海之地'，虽是陆地，却像大海一样富饶。秦朝当年之所以能吞并西戎,兼并山东,就是因为这山川里物产丰富,玉、石、金、银、铜、铁、木材,这些物产都是百工所需的材料,也是百姓生活所依赖的。又有粳、稻、梨、栗、桑、麻、竹箭等丰富的物产,土地适宜种姜、芋,水里多有蛙、鱼,贫者得以人给家足,无饥寒之忧;所以鄠、镐之间,是最肥沃的膏腴之地,号为'土膏',土地价值每亩要卖到黄金一斤!如今把这么大一片土地规划为上林苑,断绝了池塘、草泽的收益,夺取人民的膏腴之地,上无国家税收,下夺百姓农桑生产生活之利,这是第一个不可以!全力培养充满荆棘荒野的森林,扩大狐狸、野兔的栖息地,开拓老虎、豺狼的巢穴,毁坏人民的先人祖坟,推倒百姓的居所房屋,让幼弱之人,思念他们的故土;年老的人,悲伤涕泣他们被驱逐的命运,这是第二个不可以!经营这块土地,用高墙围起来,在里面骑驰东西,车惊南北,有深沟大渠。为了一时的快乐,忘了随时有倾覆翻车的危险。这是第三个不可以!

"当初商朝兴建'九市之宫',在宫殿里修建市场,做买卖游戏,于是诸侯国叛变。楚灵王修建章华之台,而楚国人民离散。秦王兴建阿房宫,而天下大乱。我这个粪土愚臣,说这些顶撞皇上的话,罪该万死!"

于是,皇上拜东方朔为太中大夫,兼给事中(御前监督官),赐黄金一百斤。但是,照常按寿王的方案扩大上林苑。

皇上又喜欢自己亲自搏击熊、野猪,飞马追逐野兽。司马相如上疏劝谏说:"臣听说物有同类,但其中有能力特异的,比如力大如山的乌获,快如闪电的庆忌,勇猛强梁的孟贲、夏育。依臣愚见,人有特异的,动物也有特异的吧!如今陛下喜好跳跃山沟,闯荡险阻,射猎猛兽,如果突然遇到特异勇猛的猛兽,或者在没有预料到的地方受到惊骇,冒犯陛下车前的尘土,到那时候,车轮来不及转头,人来不及反应,就算有乌获、逢蒙的巧计,也来不及施展。一根枯木朽枝,都可能给陛下带来灾难。这就好像胡人、越人在陛下车轮下兴起反叛,而羌人、夷人在车身后追杀,岂不危殆!虽然陛下出猎,有完全无患的保障,但是这本来就不是天子该干的事。先清道戒严,然后出行,天子的车在大路中间奔驰,还可能发生勒马的缰绳断裂,或其他马具出差错的事故,更何况在茂密的草丛中飞奔,在丘墼中驰骋,前有追猎之乐,而内无存变之意,要不出事也难!对自己身为皇帝的万乘之重,不以为安,而以万有一危之途为娱乐,臣觉得陛下不该如此!明者远见于未萌,智者避危于无形。祸端都藏在隐微之处，发于人所忽略的地方。所以民间有谚语说：'家累千金，坐不垂堂。'意思是有钱人家的孩子，都不在屋檐下坐，怕被瓦片掉下来砸到。这话讲的虽然是小事，但是也可以小中见大。"

皇上觉得他讲得好！

武帝建元四年（甲辰，公元前137年）

1 夏，大风赤红如血。

2 六月，天旱。

3 秋，九月，东北天际出现孛星。

4 这一年，南越王赵佗死。其孙文王赵胡即位。

武帝建元五年（乙巳，公元前136年）

1 春，取消三铢钱，发行半两钱。

2 置五经博士。

【柏杨曰】

五经博士——《诗经》博士、《尚书》博士、《春秋公羊传》博士、《礼经》博士、《易经》博士。称五经而不称六经，因为《乐经》已经失传。

3 夏，五月，大蝗灾。

4 秋，八月，广川惠王刘越、清河哀王刘乘皆薨，没有后嗣，封国被撤除。

武帝建元六年（丙午，公元前135年）

1 春，二月三日，辽东郡高庙失火。

2 夏，四月二十一日，高帝陵寝的偏殿失火，皇上素服五日。

3 五月二十六日，太皇太后（孝文帝皇后窦氏）崩。

4 六月三日，丞相许昌被免职。武安侯田蚡为丞相。田蚡骄侈，建造的住宅是所有大臣中最大的，田园都是最肥厚之处，派往各郡县采买物产的车辆，多到在路上连绵不断，大量接受四方贿赂馈赠，家里的金玉、妇女、狗马、声乐、玩好，不可胜数。每次入朝奏事，与皇上对坐很长时间，提的建议都被采纳；他推荐的人，有的官位做到二千石，皇上的权力都转移到他手里了。皇上说："你的人用完了没有？我也想任命几个我的人呢！"田蚡曾经请求把考工（兵工厂）的土地划给他扩大住宅。皇上怒道："你干脆把武库也划走算了！"这之后他才稍微收敛些。

5 秋，八月，有彗星出现在东方，彗尾一直长到天的边际。

6 闽越王骆郢兴兵攻击南越边境。南越王遵守与天子的约定，不敢擅自兴兵，派使臣上书向天子报告。于是天子以南越王为义，派出大军，任命大行令王恢从豫章出兵，大农令韩安国从会稽郡出兵，两路攻击闽越。

淮南王刘安上书劝谏说：

"陛下君临天下，布德施惠，天下太平，人民安生，自以为一生都不会见到战争。如今听说有司举兵诛越，臣替陛下感到担忧。

"越，本是方外之地，剪发文身之民，不可用礼仪之邦的法度进行治理。自三代鼎盛之时起，胡、越就不接受中原的统治，不用中原王朝的年号，不用中原王朝的历法，不是中原王朝不够强大，不能征服他们，也不是中原王朝不够权威，不能控制他们，实在是不宜居住的地方、不易教化的人民，不足以烦劳中原王朝。从汉朝初定以来，至今七十余年，越人互相攻击者不可胜数，天子未曾举兵到他们的地盘。臣听说，越国没有城郭、村邑、里巷，就居住在溪谷之间，竹林之中，习于水战，便于用舟，地方深僻幽暗，又多水险，中原地区之人不知其险阻而入其地，一百个也打不过他一个。就算得了他的土地，也没法设置郡县；想要攻打他呢，不能速战速决。从地图上看越地的山川要塞，直线距离似乎很近，而实际中间的道路呢，可能以数百千里计，中间的险阻、林丛，无穷无尽，从地图上看起来很容易，实际要行军就太难了。如今赖宗庙之灵，天下太平，白发老人也没有见过兵革，人民得以夫妇相守，父子相保，这是陛下之德啊！越人名义上是藩臣，实际上既不贡献土产，又不贡献祭祀用的醇酒和助祭之金，也没有为中央政府派遣过一个人的差役。他们自相攻击，而陛下发兵援救，那反而是劳中原之众而服务于蛮夷了！而且越人愚昧轻薄，反复无常，不守盟约，他们不遵守天子之法度，也不是一天两天了。一不奉诏，就举兵征讨，臣担心从此战争不息了！

"最近，连续数年收成都不好，老百姓都出卖爵位，甚至让儿子当赘婿来接济衣食，全靠陛下的德泽赈济，才不至于饿死在沟壑之中。四年歉收，第五年又闹蝗灾，老百姓的生计还没有恢复。如今发兵数千里，自带衣服粮食，深入越国蛮荒之地，不能使用车辆，全靠肩挑背扛，靠纤夫拉着车船才能在水里行动，这样行军数百上千里，夹在森林草丛之间，水道上下，巨石嶙峋，和舟船相撞击；树林之中，毒蛇猛兽，多如牛毛。夏季暑湿，痢疾霍乱等传染病相随而至，还没等接敌用兵，就已经死伤甚众了。

"之前南海王反，我的父亲淮南厉王刘长派将军简忌出征，将投降的军队，安置在上淦。后来又造反，当时正是盛夏，酷热多雨，战士们日夜挤在船上撑篙划桨，还未交战，疾病而死的就超过一半。亲老涕泣，孤儿啼号，破家散业，迎尸千里之外，裹骸骨而归，悲哀之气，数年不息，老年人至今都还记得，还没有进入敌境，大祸就已临头啊！陛下德配天地，英明如同日月，恩德至于禽兽，福泽及于草木，天下有一个人因饥寒而不得终其天年而死的，您都为之凄怆于心。如今国内连狗叫一声的警情都没有，却让陛下的士卒，去为那蛮荒之人死亡，暴尸于原野之上，鲜血洒满山谷，边城早早关闭，很晚才开启，边民朝不保夕，臣刘安很为陛下担心啊！

"不熟悉南方地形的人，都以为越国人众兵强，能给我们的边境城市带来威胁。我了解的实际情况不是这样。当初淮南国还没有一分为三之时（公元前164年，文帝将淮南国分为三个封国：淮南国、衡山国、庐江国），淮南国的人在边城做官吏的很多。我听他们说，百越与中原风俗不同，高山峻岭，互相隔绝，车道不通，这是上天的旨意，要把他们和中原隔开。他们如果要入寇中原，只有一条路出来，就是顺着赣江而出。赣江山岭峭峻，飘石破舟，不可以载大船运粮食。越人如果要入寇，就必须先在余干屯田，积蓄粮食。其次，还得砍伐山林，建造战船。边城守备如果谨慎，看见有越人来伐木的，马上搜捕，烧掉他们积聚的物资粮草，这样就是百越部落全来，也不能奈何我边城。况且越人战斗力像棉花一样薄弱，不能陆战，又没有战车、骑兵、强弓劲弩。之所以我们不能去攻击他们，是因为他们的地形险阻，而北方人不习南方水土。我听说百越士兵不下数十万，如果要攻打他们，我们得有五倍的兵力，还不包括后勤运输部队。南方暑湿，接近夏天更加炎热，军队暴露在水边，蝮蛇毒虫，使疾病丛生，还没有交战，病死的就达到十分之二三了，就算把越国全国都俘虏了，也不能补偿我们的损失。

"我收到的消息说，闽越王的弟弟骆甲已经杀掉闽越王骆郢，然后骆甲也被杀死，其人民现在没有归属。陛下如果要招降他们，就把他们迁移到内地居住，派一位重臣前往，施行恩德，给予奖赏，他们一定扶老携幼，以归圣德。如果陛下不需要他们的人口，就在南越王族中另立新君，使已经断绝的世代，重新存续；已经灭亡的国家，重新建国，再给他们建立王侯的贵族体系，以畜养越人，这样他们一定会送来人质，做我们的藩臣，世世代代缴纳贡品和赋税。这样陛下只需要刻一个一寸见方的小小印玺，编织一丈二尺长的印绶，就可以镇抚方外，不费一兵一卒，不让一根矛戟钝挫，而威德并行。

"现在用兵进占越地，他们一定会震惊恐惧，以为有司将要屠灭他们，必然像兔子一样逃跑，进入山林险阻。我们撤兵而回，他们又重新聚集起来；我们留下来驻守呢，几年下来，士卒疲惫，粮秣缺乏，人民苦于兵事，盗贼必起。我听老人们说，秦朝的时候，曾经派都尉屠睢攻击百越，又派监郡御史禄开山凿路。越人逃入深山林丛，无法进攻。于是在空旷地留军驻屯，旷日持久，士卒劳疲。这时越人出击，秦军大败，然后又征召犯罪的戍卒来防备边境。当此之时，外内骚动，民不聊生，结伴逃亡，聚集成了盗贼，于是崤山以东的变乱开始出现，以至于天下大乱。兵者，凶险之事也！一方有急，四面耸动。臣担心变故的产生、奸邪的出现，就由此开始啊！

"臣听说，天子之兵有征而无战，意思是没有一个对手敢应战较量的。如果越人心存侥幸，敢于迎战我大军前锋，炊事兵也好，马夫、车夫也好，只要有一个受到伤害，我们就算最终能砍下越王的人头，我也为陛下感到羞耻。陛下以四海为家，人民都是您的臣子。陛下当恩垂德惠，雨露滋润，让他们能够安生乐业，则泽被万世，传之子孙，施之无穷，天下之安，就如四面联系起来的泰山一样！夷狄之地，都不值得花一天的时间去关心他，更何况还要劳师动众呢？《诗经》说：'王犹允塞，徐方既来（如果王道信而充满于天下，则徐方、淮夷尽来归附）。'就是说王道甚大而远方怀服。臣刘安认为，派将吏带十万之师去做的事，不如派一个使臣去办。"

当时，汉兵出动，还没越过仙霞岭，闽越王骆郢已发兵在险要处布防。骆郢的弟弟骆馀善与国相及宗族密谋说："大王没有请示天子，擅自发兵攻打南越，所以天子兴兵来诛。汉兵人多势强，即使侥幸战胜，后面必然有更多军队来，一直到将我们灭国为止。如今我们不如杀了大王，向天子谢罪。天子能撤军，咱们的国家能够保全。天子不听，咱们再力战，还是不能取胜，就逃到海里去！"都说："善！"于是用短矛将越王刺杀，派使臣将他的人头送给大行令。大行令说："我来的目的，就是诛杀闽越王。如今闽越王的人头已经送来了，向朝廷谢罪，不必作战就将敌人歼灭，这是国家之福。"于是停止前进，一面通知大农令，而派使者奉闽越王人头驰报天子，天子下诏让两位将领撤军，说："骆郢是首恶，但是骆无诸（闽越王国一任王）的孙子骆丑没有参与恶谋。"于是派中郎将出使，立骆丑为越繇王，奉闽越祖先祭祀。骆馀善杀了骆郢，威行于国，国民很多都归服于他，他就自立为王，繇王也治不了他。皇上听说后，认为不值得为了骆馀善再出兵了，说："馀善多次与骆郢一起谋乱，不过他有诛杀骆郢的首功，避免了我们军队的劳苦。"于是立骆馀善为东越王，与繇王并处。

皇上派使臣庄助晓谕南越。南越王赵胡磕头说："天子为臣兴兵讨伐闽越，死无以报德！"于是派遣太子婴齐到长安做宿卫，对庄助说："国家刚刚遭遇战争创伤，山河残破，使者您先请回，待我收拾行装，入见天子。"庄助回，过淮南。皇上又让庄助晓谕淮南王刘安此次讨越的过程，嘉奖他上书进言的好意。刘安道歉，承认他的见识判断不如皇上。

庄助离开南越后，南越大臣们都劝谏赵胡说："汉兴兵诛骆郢，也是用他们的行动警告南越。况且先王说过：'侍奉天子最重要的是不要失礼。'关键在于，不要因为使臣的好话，就亲自进京见天子，如果被扣留回不来，那亡国之势就形成了。"

于是赵胡称病，没有去朝见天子。

【华杉讲透】

淮南王承认他的见识判断不如汉武帝，不过，司马光全文收录了他的上书，可见也很重视他的意见。因为此次汉军得胜，实在不是汉军之胜，而是闽越王内部矛盾给汉武帝送上的大礼。如果骆郢能节制他的部下，那事态就会像淮南王信中所说的情况发展，在以后的历史中，这样的情况曾多次发生。

能拦住汉武帝的，大概只有太皇太后了吧？窦太后刚死，汉武帝就发动了战争，第一次就不战而胜，这让汉武帝信心爆棚，豪气干云，雄心壮志，从此一发不可收。

7 这一年，韩安国为御史大夫。

8 东海太守、濮阳人汲黯为主爵都尉，掌封爵事。当初，汲黯为谒者（皇家礼宾官），以严厉而为众臣所忌惮。东越自相攻击，皇上派汲黯去视察情况，他人还没有到，走到吴国就回来了，报告说："越人互相攻打，是他们一贯的风俗，不值得为此折辱天子的使臣。"河内失火，烧了一千多户人家的房子，皇上派汲黯去视察。汲黯回来报告说："市井人家失火，因为房子相接，所以延连而烧，不足为忧。臣经过河南，看见贫苦百姓因为接连遭受水灾旱灾，正在闹饥荒，以致父子相食。臣用天子符节，便宜行事，发河南官仓粮食以赈济灾民。臣请归还符节，并请治我矫诏之罪！"皇上觉得他很贤明，赦免了他。

汲黯在东海做太守时，治官理民，喜好清静无为，选择有才干的人担任丞（助理）和吏来办具体事。他只管大方向，不问小节。汲黯身体多病，总是躺在床上不出门。一年多下来，东海大治，人人称道。皇上听说后，封他为主爵都尉，列于九卿的地位。汲黯为官理政，务在清静无为，顾全大体，不拘泥于法律文本的细节。

汲黯为人,倨傲少礼,经常当面给人难堪,不能容人之过。当时天子正广召文学儒者,有一次,天子说:"我想要怎样怎样……"天子话还没有说完,汲黯打断说:"陛下内心欲望很多,对外却要施仁义,这样能效法尧舜的政治吗?"皇上默然,怒,变色而罢朝。公卿们都为汲黯感到害怕。皇上退朝,对左右说:"汲黯的愚直也太过了!"群臣有的数落汲黯。汲黯说:"天子置公卿辅弼之臣,难道是要他们阿谀奉承,陷君上于不义吗?况且我已经在公卿之位,就算我爱惜自己的身体,难道就辱没朝廷吗?"汲黯多病,请病假将满三个月(按法令,三个月不能康复回来上班,就自动免职)。皇上屡次延长他的假期,病还是不好。后来,汲黯又病倒,庄助替他请假。皇上问:"汲黯是怎样的人呢?"庄助说:"让汲黯做一个普通的官员,他也不会超过别人。但是,如果让他辅佐少主,城池一定守得坚固,召他他不会来,撵他他不会走,就算有孟贲、夏育这样的勇士,也不能让他动摇!"皇上说:"你说得对,自古就有社稷之臣,汲黯就很接近这样的标准了。"

9 匈奴来请和亲,天子让群臣廷议。大行王恢是燕国人,熟悉匈奴事务,说:"汉与匈奴和亲,和平不过能维持数年,他们又会背约叛盟,不如不许,兴兵击之。"韩安国说:"匈奴筑水草而迁徙,跟鸟一样,很难制住他们,自上古以来,从不把他们当人类看待。如今汉军行数千里而与之争利,则人马疲惫,匈奴正好利用我们的疲惫,发动反攻,这是非常危险的事,不如和亲。"群臣的意见大多和韩安国一致,于是皇上同意和亲。

武帝元光元年(丁未,公元前134年)

1 冬,十一月,下令郡国各推举孝廉一人。这是根据之前董仲舒的建议实施的。

2 卫尉李广为骁骑将军,驻守云中。中尉程不识为车骑将军,驻守雁门。六月,两军都班师,将军称号也被撤销。

【胡三省曰】

周朝末年设左将军、右将军、前将军、后将军，秦、汉也沿袭这些编制和称号。到了汉武帝时，设骁骑将军、车骑将军等，各种名号越来越多，不可胜数，这些统称"杂号将军"，掌征伐，军事行动结束后就被撤销。

李广和程不识都以边郡太守身份统率军队，在当时都是名将。李广行军作战，没有部伍的划分，也不排兵布阵，宿营像游牧部落一样，逐水草而居，将士们人人自便，怎么舒服怎么来，也不击刁斗（一种有柄的铜锅，白天可以用于做饭，晚上敲击警戒），将军帐幕里也没有什么文书工作，不过呢，他把侦察兵放得很远，倒也没有吃过亏。

程不识则相反，首先是正部曲，部队编制、组织架构、指挥层级系统，十分严格；行军、宿营、构筑阵地，刁斗警戒，一丝不苟。将军帐幕中，军吏处理军中文书，每天都到天亮，不得休息。程不识的部队，也没有栽过跟头。

程不识说："李将军极其简易，但是，如果遭到突袭，很难应战。当然，士兵们跟着他也觉得舒服开心，愿意为他效力死战。我的部队呢，虽然管理繁杂琐碎，但是敌人也不敢来侵犯。"

不过，匈奴人对李广的谋略非常害怕，而汉军士兵们都愿意跟着李将军，一想到程将军就头疼。

【司马光曰】

《易经》上讲："师出以律，否臧凶。"军队出动，应有严格的纪律，如果没有纪律，即便结果是好的，那也是凶事，即使有功，也是法所不赦。所以如果治理军队没有纪律，无论结果好坏，都是凶事。李广带兵，让大家人人自便，以李广的天才，这样做或许可以吧，但是别人不能跟他学。为什么呢？因为后人要有他那样的才能是不容易的，更何况同时代的人了。小人之情，都追求快乐放肆，而看不见近在眼前的灾祸，他们既然都觉得跟着程不识很烦，跟着李广很爽，就会仇视严格管理他们的上级，而不能养成服从命令的品格。所以这简便的害处，不仅仅是抵挡不了敌人的突袭。所以说："兵事以严终。"带兵打仗，自始至终都要严格，为将者，就是一个"严"字而已。效仿程不识，虽然无功，至少也可不败。效仿李广，很少有不覆亡的。

【华杉讲透】

我在《华杉讲透〈孙子兵法〉》一书里，对李广和程不识有详细的比较。司马光虽然不认同李广的做法，但还是把李广抬高了。李广有极强的个人能力，但他不是一个合格的管理者，根本就不应该做大将。

将军带兵打仗，怎么舒服怎么来的话，只能带一支小部队；如果给他十万兵，他还能怎么舒服怎么来吗？带兵不是冲锋陷阵，而是组织管理。李广只能带小分队，带不了大部队，所以他虽然有"飞将军"的名声，但一生都没有什么像样的功勋。汉武帝在位的大部分时期都充满了战争，与李广同辈的几十人都因战功封侯了，他却始终不能建功封侯，留下"冯唐易老，李广难封"的典故。司马光在这里说他没吃过亏，但后面他就要吃大亏了。李广一生经历了全军覆没、被俘、逃回、被贬为庶人、重新启用但不能立功，最终羞愧自杀等故事。而程不识呢，绰号叫"不败将军"，一生不败。

《孙子兵法》说："善战者，无智名，无勇功。"就是说程不识这样的人。像李广这样，千古留名，故事特多，多到妇孺皆知。人人津津乐道的人，就是不会打仗的人。飞将军李广，实在是——虚名垂青史，误会两千年。

3 夏，四月，赦天下。

4 五月，下诏察举贤良和文学之士，皇上亲自策问选拔。

5 秋，七月二十九日，日食。

卷第十八 汉纪十

（公元前133年—公元前125年，共9年）

主要历史事件

汉武帝痴迷李少君"长生之术" 029
马邑之谋，诱歼匈奴失败 030
汉武帝放任黄河泛滥 032
唐蒙出使夜郎 035
皇后陈阿娇因巫蛊之案被废 037
公孙弘《第二次贤良对策》 038
卫青、李广攻打匈奴 042
卫夫人生下皇子刘据，被立为皇后 043
主父偃《谏伐匈奴书》 044
严安《上书言世务》 045
徐乐《言世务书》 046
汉武帝颁行推恩令 047
河套地区并入中国版图 048
张骞从西域返回长安 054

主要学习点

领导者要注意分辨下属说的话 032
不要自信地以为自己不会受人影响 038
公孙弘的八条至理名言 039
圣人有四种 040
领导者的第一职责是培养新的领导者 043
有使命感，才能基业长青 045
明白很多道理后，还要知行合一 047
认错，是给自己打疫苗 053

世宗孝武皇帝上之下

武帝元光二年（戊申，公元前133年）

1 冬，十月，皇上行幸雍县，祭祀五色帝庙。

2 李少君以祭祀灶神就可以长生不老的方术觐见皇上。皇上很尊敬他。李少君是已经去世的深泽侯的舍人，隐瞒了自己的年龄和出生地，以长生不老的方术遍游诸侯，没有妻子儿女。人们听说他能役使鬼物和长生不老，送给他很多东西，所以他衣食丰足，钱财有余。大家觉得他不事生业却能生活富足，又不知道他是哪里人，更加相信他，竞相侍奉他。李少君善于说话，而且能说得让人信以为真。有一次在武安侯田蚡家饮宴，在座有一位九十余岁的老人，李少君就谈起当年跟那位老人的爷爷在某处打猎射箭。老人儿时跟从他的爷爷，确实在那个地方打过猎，当时就信了，满座皆惊。

李少君对皇上说："祭祀灶神，就可以驱使鬼神。鬼神至，则丹砂可化为黄金，寿命可以延长，可以见到蓬莱的神仙。见到了神仙，举行封禅大典，就可以不死，就像黄帝一样。我曾经在海上巡游，遇到神仙安期生，他给我枣子吃，像瓜一样大。安期生是蓬莱山中的神仙，合意的话就现身见人，不合意就不见。"

于是皇上开始亲自祭祀灶神，派遣方士入海求蓬莱神仙安期生，研究丹砂化黄金的炼金术。过了很久，李少君病死。皇上还坚持认为他化为仙人而去，没有死。于是沿海一带燕、齐的方士就纷至沓来，大谈神仙之事了。

3 亳县人谬忌上奏说，要祭祀太一神，并解释说："天神当中最尊贵的是太一，五色帝是太一的五个辅佐。"于是皇上在长安东南郊建太一庙。

4 雁门马邑县土豪聂壹，通过大行（官职，掌管外交事务）王恢向皇上建议说："匈奴和亲，亲信咱们边境，可以利诱他过来，伏兵袭击，一定可以击破他们。"皇上召公卿商议。王恢说："我听说代郡还是独立王国的时代，北有强胡之敌，南与中原交兵，但还是能够老有所养，幼有所长，该种树种树，该耕田耕田，仓库总是充实的。为什么呢？因为匈奴也不敢轻易来袭。如今海内统一，而匈奴却侵盗不已。为什么呢？因为他们一点也不怕我们。所以，我认为伏击他们一次，给他们点教训，是好的！"

韩安国说："我听说高皇帝当初遭遇平城之围，七天没有饭吃，到了解围而回之后，并无愤怒之心。为什么呢？因为圣人以天下人心为心，宽宏大度而已，不会因为自己个人的愤怒而伤害天下的公平。自从派遣刘敬和亲到今天，已是五世。臣以为，还是不要搞这些伏击。"

王恢说："不然！高皇帝被坚执锐，南征北战几十年，之所以不报平城之仇，不是力所不能，而是为了让天下休养生息。如今，边境警报不断，士卒死伤累累，运送遗体返乡的灵柩车相望于道，这是仁人志士心头之痛！应该教训教训他们！"

韩安国说："不然！我听说，用兵者应当以饱待饥，以治待乱，以逸待劳。所以，要么发动大军，攻入敌境，毁敌城池；要么按兵不动，役使调动敌国，这些都是圣人用兵的方法。但是，像如今计划的这样，卷甲而驱，轻举妄动，长驱直入，恐怕难以建功。如果纵队前进，一旦与敌人遭遇，恐怕无力应战；如果以横队前进呢，又容易被敌人切段分割。走得快了，粮秣跟不上；走得慢呢，又抓不到敌人，行军不到一千里，则人马都没吃的了。兵法云：'遗人，获也（派出军队，都被敌人俘虏了）。'所以，我认为不要发动这样的偷袭。"

王恢说："不对！我今天说袭击他，并不是要发兵深入敌境，而是把单于引诱到我们的边境来，然后我选枭骑、壮士埋伏，根据地形险阻，我的阵地全都构筑好了，或者扎营在他的左路，或者在他的右路，或者挡他的前路，或者绝他的后路，总之，一定可以生擒单于，万无一失！"

皇上同意了王恢的方案。

夏，六月，以御史大夫韩安国为护军将军，卫尉李广为骁骑将军，太仆公孙贺为轻车将军，大行王恢为将屯将军，太中大夫李息为材官将军，率领步兵、骑兵、战车三十余万埋伏在马邑旁的山谷中，准备引诱单于来马邑，一举歼灭。

秘密派遣聂壹为间谍，假装逃亡到匈奴，对单于说："我能够击斩马邑县令、县丞，举城投降，财物可尽得。"单于贪爱财物，相信了聂壹，同意举兵前来。聂壹于是斩了死刑犯的头，悬挂在城墙上，给单于使者看，以此来证明，说："马邑县令、县丞都已经死了，速来！"于是单于越过边塞，率领十万骑兵进入武州塞。离马邑还有百余里时，单于看见牲畜布满原野，却看不到放牧的人，觉得很奇怪。后来，攻打附近一个碉堡时，匈奴抓获了一个雁门尉吏，并准备斩杀他。尉吏怕死，就向单于汇报汉军埋伏的地点。单于大惊，说："我正怀疑呢！"于是带兵撤退，出了边境，说："我能得到尉吏，这是天意啊！"于是以尉吏为天王。

边塞附近都传说单于回去了。汉军追到边塞，觉得反正也追不上，于是班师回朝。王恢本来的任务，是从代郡出击胡人辎重，听说单于撤退，兵又多，不敢出击。

皇上对王恢十分愤怒。王恢辩解道："我们当初的约定，是等单于进入马邑城，我军主力与单于接战，我再击其辎重，可以得利。如今单于半途而返，臣以三万人进攻，寡不敌众，只能自取其辱。我也知道，回来就是斩首的死罪。但是，至少为陛下保全这三万人。"

于是让廷尉（官职，掌刑狱）给王恢治罪。廷尉认定王恢逗留观望，判死罪。

王恢向田蚡行贿千金，田蚡也不敢跟皇上说，就对太后说："王恢是马邑之事的首谋，如今事情未成，诛杀王恢，这是为匈奴人报仇啊！"皇上朝见太后的时候，太后就把田蚡的话告诉了皇上。皇上说："没错，王恢是马邑之事的首谋，所以发天下之兵数十万去执行他的谋略。况且，即使捉不到单于，王恢的军队袭击匈奴的辎重，仍可以安慰将士们的心。如今不诛杀王恢，没法向天下人交代。"王恢听说是皇上的话，于是自杀。从此之后，匈奴拒绝和亲，不断攻击交通要塞，入寇边境，不可胜数。不过，匈奴人仍然贪图双方自由贸易的关市，喜欢汉朝财物。汉朝也不关闭关市，用以满足匈奴人的需要。

武帝元光三年（己酉，公元前132年）

1 春，黄河决口改道，从顿丘流向东南方向。夏，五月三日，又在濮阳瓠子决口，河水注入巨野，与淮水、泗水合流后又淹没十六个郡。天子派汲黯、郑当时发十万士兵填堵。刚填堵完缺口，又再次溃决。当时，田蚡的食邑在鄃县，而鄃县在河北，河水向南溃决，鄃县没有遭灾，收成反而更好。田蚡对皇上说："江河决堤，是上天的事，不容易以人力强塞，强行堵塞，可能违反天意。"那些望气用术的巫师也这么说。于是天子很长时间也不再组织填堵河堤的事。

【华杉讲透】

大臣的话，往往首先是保护他自己的权位和利益，然后才是为国家着想，毕竟没有私心的人太少了！在公司里开会也是同样的情况：一个人发表意见并捍卫他的意见，不是因为他的意见能解决问题，也不是因为他真的相信自己的办法能行。他发表意见，是为了显示他的存在和地位；而他的意见是否被接受，则反映了他在公司的权位利禄的稳定性，更代表了他的面子。所以，当他说出来之后，这句话就成了他神圣不可侵犯的财产，接下来就是为捍卫自己的财产而战的事了，这是人性。而主持会议的领导呢，还以为大家都在讨论问题，而实际上没几个人会关心。至少是把问题的解决与否，放在自己的权位和面子之后。就算是老板自己，面子重要还是解决问题重要？也不好说！因为面子的得失是当场看见的，哪个意见是对的倒不是那么明显。

作为领导者，一定要注意分辨说话人的话，跟他个人利益和面子的关系；

另一方面，明知他的意见不对，也要找到其中对的部分来夸奖，不按他说的做就是了。不要让任何人因为说的话不对而损失面子，这样大家就没有强词夺理的必要，开会比较接近实际，并且有效率。

2 当初孝景帝在位时，魏其侯窦婴是大将军，武安侯田蚡还是一个普通的郎（宫廷禁卫官），田蚡侍奉窦婴喝酒，一跪一起，就像子侄一样。后来田蚡日益贵幸，做了丞相，而窦婴失势，门庭冷落，宾客们都不去了，唯独曾经做过燕国丞相的颍阴人灌夫，一如既往。窦婴于是与灌夫交厚，相互敬重，亲如父子。灌夫为人刚直，喝了酒更要耍性子，旁边如果坐了地位比自己高的人，他一定会想办法凌辱对方，所以多次忤逆田蚡。

田蚡于是上奏告灌夫说："灌夫家族横行颍川，使人民疾苦。"灌夫及其家属因此被逮捕，并且都被判了斩首弃市之刑。窦婴上书救灌夫，皇上下令让窦婴和田蚡在太后东宫当庭对质辩论。两人互相攻讦。皇上问群臣："他俩谁对？"只有汲黯支持窦婴，韩安国认为两人都对，郑当时刚开始说窦婴对，后来又不敢坚持。皇上怒怼郑当时说："我连你这种人一起斩首！"当场散会，皇上起身，进到太后宫中，与太后一起吃饭。太后怒而不吃，说："今天我还活着，就有人欺负我弟弟。等我百岁之后，那不都是人为刀俎，我为鱼肉了吗？"

皇上不得已，于是将灌夫灭族。再让有司将窦婴立案调查，也判了斩首弃市的罪。

武帝元光四年（庚戌，公元前131年）

1 冬，十二月三十日，在渭城将魏其侯窦婴诛杀。

春，三月十七日，武安侯田蚡薨。

后来，等到淮南王刘安事败，皇上才听说田蚡收受贿赂及鼓动刘安觊觎帝位的事。皇上说："如果田蚡今天还活着，也被灭族了。"

2 夏，四月，霜冻，冻死花草。

3 御史大夫韩安国代理丞相职务，在引导天子车队时，不幸从车上坠下，受伤，成了跛脚。五月二十日，任命平棘侯薛泽为丞相。韩安国因病免职。

4 地震，赦天下。

5 九月，以中尉张欧为御史大夫。韩安国病愈，重新任命为中尉。

6 河间王刘德，修德好古，实事求是，以金帛为奖励，征求那些经过严格校勘、无讹文脱字的古籍善本，得到的书的数量和中央政府相当。当时，淮南王刘安也喜好藏书，但他收集的都是些浮华辩论之辞，而刘德的藏书则都是秦朝焚书之前的古籍。刘德采摘礼乐古事，自己编辑补充，竟然也编成五百余篇之多。他平时穿着儒者的衣服，一举一动，都符合儒家的规矩。崤山以东的诸儒，很多都和他交往同游。

武帝元光五年（辛亥，公元前130年）

1 冬，十月，河间王刘德来朝，献上雅乐，并回答有关三雍宫的问题。

【柏杨曰】
三雍宫，指辟雍（国立大学）、明堂（皇家大礼堂）、灵台（皇家天文台）。

【胡三省曰】
雍，就是和，而且是天地、君臣、人民皆和。三雍宫问对，我认为是讨论三雍的制度，不仅仅是讨论这三座建筑物。

刘彻下诏策问了河间王三十多件事，他的回答，都以推崇儒术为主，能抓住事情的本质，意旨明确，清楚明了，就像以手指物一样明确。天子把河间王所献的雅乐交给太乐官，由皇家乐队排练，在盛典时演奏，不过也不常用。

春，正月，河间王薨，中尉常丽报告消息时说："王身端行治，温仁恭俭，笃敬爱下，明知深察，惠于鳏寡。"大行令上奏说："根据《谥法》中'聪明睿知曰献'，建议定谥号为献王。"

【班固曰】

鲁哀公曾经说："寡人生于深宫之中，长于妇人之手，未尝知忧，未尝知惧。"这话非常深刻，因为在那种情况下，想要不危亡是不可能的！所以古人以没有节制的安逸快乐为鸩毒，以无德而富贵为不幸。汉朝兴起，直到第十四任孝平帝，诸侯王以百数，大多骄淫失道。为什么呢？沉溺于放纵恣肆之中，形势让他们如此。凡人都会跟着风俗行事，更何况鲁哀公这样的王公贵族？"夫唯大雅，卓尔不群（只有伟大高雅的人，才能卓尔不群）。"就是说的河间王这样的人吧！

2 当初，王恢讨伐东越的时候，派番阳令唐蒙晓谕南越。南越以蜀地出产的枸酱（类似桑葚）招待唐蒙。唐蒙问这东西哪里来的。主人回答说："从西北方牂柯江（上游称北盘江，下游称南盘江，再下称红水河、黔江、浔江、西江）运来。牂柯江有几里宽，流经番禺城下。"唐蒙回到长安，再向蜀地的商人打听。商人说："只有蜀地出产枸酱，很多人偷运到夜郎国（贵州关岭县）去卖。夜郎国在牂柯江旁，江面有一百多步宽，足以行船。南越用财物使夜郎归附，向西一直到桐师（云南保山）。但是，也不足以让他们称臣。"

唐蒙于是上书皇上说："南越王乘坐天子专用的黄盖之车，车前竖着天子大旗左纛，地方东西万余里，名为外臣，实际上是一州之主。如今从长沙、豫章前往，水路很多，道远难行。我听说夜郎国征召所有精兵，可达十余万，如果从牂柯江浮船而下，出其不意，这就是征服南越的一条奇计了。以汉之强，再加上巴蜀的富饶，打通前往夜郎的道路，兼并夜郎，设置汉朝官吏，应该是很容易的事。"

皇上同意了唐蒙的计划。于是拜唐蒙为中郎将，率领一千士卒，运送粮食和辎重的人员一万多人，从巴蜀莋关进入，见到夜郎侯多同。

【华杉讲透】

汉武帝继承的，是文景之治留下的富得流油的国家，但为什么会搞到民穷财尽，战争的消耗为什么那么可怕？从这里的记载可以一睹端倪——士卒只有一千多，但是后勤要一万多人。

《孙子兵法》说，要因粮于敌，"食敌一钟，当吾二十钟"。就是说，运一种粮食上前线的成本，是二十钟。这二十倍的成本，只是孙子所处的春秋时期，那时候战争的距离还没那么远，而且都是已开发地区。到了秦朝征匈奴，运粮成本已达两百倍。汉武帝开拓西南，运粮成本也超过一百倍。所以无论国家有多少钱，被战争这么一折腾也吃不消。

唐蒙给多同送上厚礼，喻以威德，要求他接受汉朝政府派遣官员，并承诺让他的儿子做县令。夜郎旁边的小邑都贪图汉朝的布匹绸缎，认为汉朝隔那么远，终究也没法来统治他们，所以全都承诺接受汉朝的管辖。

唐蒙回来汇报，皇上将这些地方改名为犍，设立犍郡。征发巴国和蜀国的士卒，修建从僰到牂柯江的道路，筑路工兵有数万人，很多人病死，也有逃亡的，就用军法诛杀为首带领的人。巴蜀人民大为惊恐。皇上听说后，派司马相如去责备唐蒙等人，晓谕巴蜀人民，这不是皇上的意思。相如完成任务后，返回长安汇报。

这时候，邛（今四川西昌）、莋（今四川汉源）的君长，听说南夷因为与汉朝连通道路得到了很多赏赐，也都愿意做汉朝臣子，像南夷那样接受汉朝官吏。天子问司马相如意见，相如说："邛、莋、冉駹跟蜀郡接近，道路也容易打通。秦朝的时候曾经设置郡县，到汉朝没有了。如今重新开通，设置郡县，比南夷更好！"

天子深以为然，于是拜司马相如为中郎将，建节往使，与副使王然于一同乘坐政府驿车前往，就用巴蜀两郡的钱币财物作为赏赐，邛、莋、冉駹、斯榆（云南大理）的君长，都请为内臣。于是撤去旧有的关隘，将关口拓宽，疆界西到沫水（大渡河）、若水（雅砻江），南到牂柯江。又开凿零山道路，在孙水架桥，以通邛都。在邛都设置一个都尉，十几个县，归蜀郡管辖。天子大悦。

3 下诏征发一万人修治雁门险阻地区，以防备匈奴。

4 秋，七月，大风，拔起树木。

5 女巫楚服等教陈皇后祭祀和做木偶人埋地里诅咒压服人，以及蛊惑男人的妇人媚道的巫术。事情被发觉，皇上派御史张汤彻底追究。张汤深入调查楚服的同党，牵连及诛杀三百余人，楚服枭首于市。七月九日，废陈娇皇后位，收回皇后印玺，退居长门宫。皇后之母窦太主刘嫖惭愧恐惧，向皇上磕头谢罪。皇上说："皇后的所作所为，不合于大义，不得不废。你应当相信大道，自己安心，不要受别人的妄言妄语影响而生疑惧。皇后虽废，一切供奉待遇不变，长门宫跟正宫也没有分别。"

6 当初，皇上在刘嫖家设酒宴，看见刘嫖宠幸的珠宝商董偃（刘嫖丈夫陈午早逝，董偃是她的情夫），皇上赏赐他衣冠，不以名字称呼，称他为"主人翁"，让他侍饮，于是天下人无不知道董偃受皇上宠幸。皇上曾经和他一起在北宫游戏玩耍，又在平乐观驰马逐兽，斗鸡、蹴鞠、赛马、赛狗，皇上大欢乐之。

皇上曾经为刘嫖在未央宫宣室设置酒宴，派谒者也带董偃进来。当时，中郎将东方朔持戟立于殿下，放下戟，上前说："董偃有当斩之罪三条，怎么能让他进来！"皇上说："此话怎讲？"东方朔说："董偃以人臣的身份私通公主，这是罪一；败坏男女风化，乱婚姻之礼，伤害王室制度，这是罪二；陛下正是年富力强之时，正该集中心思在《六经》上。董偃不尊经劝学，反以靡丽为尊，奢侈为务，尽狗马之乐，极耳目之欲，这正是国家的大贼，人主之大蜮（妖怪），这是罪三。"

皇上默然不应，过了好一阵，说："我这酒已经摆上了，下次再改吧。"

东方朔说："宣室，是先帝的正室，不合法度的事不能进入。让淫乱继续发展，就会变成篡夺。所以春秋时期，齐国竖貂谄媚，易牙作乱，鲁国庆父死掉，国家才得以保全。"

皇上说："善！"下诏停止在宣室设酒宴，将酒席移到北宫，让谒者带董偃从东司马门进入。赏赐东方朔黄金三十斤。对董偃的恩宠就从那时起慢慢衰减了。但是，从此之后，公主、贵人等很多都逾越礼制了。

【华杉讲透】

东方朔的制止很及时，道理确实像他说的那样，淫乱发展下去，就会变成篡夺。每个人都会受到身边人的影响，不要自信你有判断力，只是和别人游戏玩乐，不会让他参与政治，不会受到他的影响。因为你也是人，根本无法防备。田蚡说黄河改道是天意不可为的时候，皇上哪里能想到那是因为对他有利呢？董偃如果能进入天子正殿，你认为他没有权力，但是如果所有大臣都认为他有权力，并且有人会利用他的权力，他就会跟人勾结。而实际上，他的确进到了皇上身边，表明他确确实实已经掌握了巨大的权力。他掌握别人没掌握的信息，信息就是权力。

我们不能对自己的判断力太过自信，以为自己不会受别人的影响。我们要首先搞清楚自己的判断，决定我准备接受谁的影响。这就是"亲贤臣，远小人"的原理，是领导者的第一大要务。

7 皇上任命张汤为太中大夫，与赵禹一起制定诸律令，务在严谨细密。严格控制守职的官吏，看见人犯罪，知而不报，就与犯人同罪，让官吏之间互相监视。

西汉政府的严刑峻法时代，就从这时候开始。

8 八月，稻田螟虫成灾。

9 这一年，征召有明当世之务、习先圣之术者，由地方政府安排与每年进京交簿册的计簿使者一起进京，沿途各县负责供应饮食。

菑川人公孙弘回答策问说：

"臣听说上古尧舜之时，并不注重官爵和赏赐，而人民都互相勉励向善；不注重严刑峻法，而人民并不违法乱纪。为什么呢？那是在上位者率先垂范，立身正直，对人民讲信用。后来的世道呢，贵爵厚赏而人民不能向善，深刑重法而作奸犯科不止。为什么呢？因为在上位者自己就立身不正，对人民也不讲信用。所以说，厚赏重刑，都不足以劝善而禁非，唯有一个'信'字而已。所以，能任命有贤能的官员，让他们各司其职，去掉那些没用的废话，则工作可以得到落实；不制作没有实际用处的器物，就不用征收那么多赋税;不要在农忙时节征发徭役,不消耗浪费人民的劳力,则百姓可以富足;有德者进,无德者退,则朝廷有尊严;有功者上,无功者下,则群臣有次序;处罚有罪之人,则奸邪止;奖赏贤德的人,则群臣相互劝善。以上八条,就是治国之本。

"所以,人民各有各的生业,就不会起争执;凡事都有讲理的地方,就不会有怨气;能得到以礼相待,就不会暴虐;能感受到国家对他的爱,就会对在上位者亲近,这是有天下者的急务。礼仪,是人民所服的,再顺之以赏罚,人民就不会犯禁了。

"臣听说,声气相通则相互应和,如今人主和德于上,百姓和合于下,所以心和则气和,气和则形和,形和则声和,声和则天地之和相应。如此阴阳和而有风调雨顺之和,天降甘露,五谷丰登,六畜繁衍,庄稼美盛,百草丰茂,山不光秃,泽不干涸,这就是和的极致。"

当时参加策问考试的有一百多人,太常(祭祀部长)将公孙弘名次居下。应对的策文呈奏后,皇上将公孙弘的答卷擢升为第一名,拜为博士,待诏金马门,随时听候传见。

齐人辕固,当时已经九十多岁,也以贤良身份应征,公孙弘对他侧目而视。辕固说:"公孙先生!你应该立正学,说正事,不要以曲学媚世求荣!"当时诸儒中有很多人都强烈毁谤辕固,于是辕固就告老还乡了。

【华杉讲透】

公孙弘的八条,都是儒家正学,至理名言,是最有价值,也切中时弊的大道理。武帝将他擢升为第一名,似乎是看懂了这些价值。但是,武帝的作为,并没有体现这八条的思想,可见知行合一之难。

至于公孙弘是"正学以言",还是"曲学阿世",还得听其言,观其行。当然,正如公孙弘所言,关键看皇上是什么样的皇上。武帝正,则天下皆正;武帝不正,则天下皆曲。

当时,巴蜀四郡凿山开道通西南夷,粮饷运送,辗转一千多里,搞了好几年,道路仍不能修通,士卒因饥饿和暑湿而死者众多,西南夷又数次造反,汉政府发兵攻伐,耗资巨万,劳而无功。皇上很头疼,下诏派公孙弘去视察情况。公孙弘回来，极力诋毁开通西南夷没有什么用处，皇上不听。

公孙弘每次朝会提出意见时，只是列举事实，提出建议，让皇上自己选择决策，不肯当面指斥，也不愿当庭争辩。于是皇上觉得他的作风谨慎厚道，富有辩才，熟悉文法吏事，又以儒术加以修饰，非常喜欢他，一年工夫，就升到左内史。

公孙弘奏事，如果不被采纳，从不当庭争辩。经常在皇上空闲时，和汲黯一起请求单独奏事，由汲黯先讲，公孙弘补充，皇上总是非常欣赏，所提的建议都被听取，由此日益亲贵。

公孙弘曾经和公卿们约定一起向皇上奏事，而到了皇上跟前呢，总是违背之前跟他们约定的意见，而顺着皇上的意思说。汲黯当着皇上的面诘问他："齐人多欺诈而不实在，你开始跟我们商量好一起跟皇上上奏的意见，到现场又改，这是对皇上不忠！"皇上问公孙弘。公孙弘说："了解我的人，认为我忠；不了解我的人，认为我不忠。"皇上赞同公孙弘评价自己的话。尽管左右幸臣诋毁公孙弘，皇上反而对他更加优待。

【华杉讲透】

公孙弘是个争议人物，争议之处就是他到底是不是伪君子。

在我看来，他的态度非常典型，他是儒家，他追求的是"圣之时者"。

孟子说，有四种圣人，也有四个原型人物：

伯夷，圣之清者也。伊尹，圣之任者也。柳下惠，圣之和者也。孔子，圣之时者也。

伯夷是圣之清者，眼里容不得一点沙子。跟别人谈话，人家帽子没戴正，他也接受不了。周武王伐纣，他认为这是以下犯上，于是选择绝食而死。

伊尹是圣之任者，以天下为己任。天下百姓但凡有一个人在受苦，他也认为是自己把他推进沟里的，都是"我的责任"，一定要为所有人负责到底！天子昏庸，于是他把天子太甲软禁三年，让他悔过改正后，再迎接他复位，最终太甲成为一代圣君。这是伊尹的本事，也是他的至诚。

柳下惠是圣之和者，与世无争，跟谁都能干，能干一点就干一点。因为秉公办事，保护百姓，柳下惠得罪了鲁国权贵，被连贬三级。但他本人无所谓，认为被贬到哪一级，就干好哪一级。但他的妻子觉得丢人，说你还给他们干什么？咱不干了！他说："这些老百姓啊，我不管他们，又有谁来管他们呢？我能照顾多少人，就照顾多少人吧！"他就是这样的人。各国诸侯都知道他的美名，都来请他，但他坚决不去。别人说，鲁国权贵这么欺负你，你为何不去别的国家呢？他说："直道而事人，焉往而不三黜？枉道而事人，何必去父母之邦？"我这样按原则办事，到哪儿不是一样被贬？他们今天请我，明天就会贬我。如果我要高官厚禄，就得改而枉道事人。枉道事人，我在鲁国就可以，何必离开父母之邦？

孔子是圣之时者，无可无不可，可以进则进，可以退则退。用之则行，舍之则藏。用我，就是用我的道，行道于天下；不用我，我转身走了就是，绝不枉道事人。孔子、孟子，都是这个态度。

公孙弘呢，他的策文是大道恢宏，对西南夷的意见，也符合他的观念。但是，当武帝不听他的意见时，他既不面折廷争，也不退而求去，而是马上调整立场，站在老板的立场，来帮老板"缘饰以儒术"，所以武帝喜欢他。

而辕固和汲黯都指责他，说他曲学而枉道。

我看公孙弘呢，他是先直道事人，但是，"开陈其端，是人主自择"。我都给您摆出来，您自己选择决策。当皇上做出决策后，他马上站在皇上的立场，"缘饰以儒术"，帮皇上修补。他是忠，还是不忠呢？

我们用孟子立的标准来鉴定一下。孟子说，人臣有事君之臣，有社稷之臣。事君之臣，是忠于君王个人的；社稷之臣，是忠于国家人民的。公孙弘，是先为社稷，后为君王，已经算是忠臣了。这就是他的自我鉴定："夫臣者，以臣为忠；不知臣者，以臣为不忠。"

我算是知公孙弘者耶！

武帝元光六年（壬子，公元前129年）

1 冬，开始对商人的货车、货船征税。

2 大司农郑当时曾经建议："建造水渠连通渭河与黄河，不但从关东漕运粮食直接又容易，而且可以引水灌溉运河两岸一万多顷民田。"这年春天，征发士卒数万人建渠，就和郑当时建议的路线一样，三年后建成通水，人人都觉得很方便！

3 匈奴入寇上谷，杀死和掳掠官吏百姓。遣车骑将军卫青出上谷，骑将军公孙敖出代，轻车将军公孙贺出云中，骁骑将军李广出雁门，各自率领一万骑兵，在各边关关市下攻击匈奴军队。卫青至龙城，斩杀和俘虏七百人；公孙贺无所得；公孙敖为匈奴所败，损失七千骑；李广也被击败。匈奴生擒李广，匈奴人在两匹马之间架一个网兜，让他躺在上面。走了十几里，李广装死，突然一跃而起，扑上一个匈奴士兵的马，夺了他的弓箭，鞭马南驰，逃脱回来。汉政府将公孙敖、李广逮捕治罪，当斩，免死贬为庶人。唯有卫青被赐为关内侯。卫青虽然出身低微，是平阳公主家的骑奴，但是善骑射，才力绝人，遇士大夫以礼，对士卒有恩，乐意为他所用，有将帅才，所以每次出兵，都能建功。天下由此服气皇上有知人之明。

4 夏，大旱，发生蝗灾。

5 六月，皇上行幸雍县。

6 秋，匈奴数次攻入边境，渔阳尤其受害。以卫尉韩安国为材官将军，屯驻渔阳。

武帝元朔元年（癸丑，公元前128年）

1 冬，十一月，下诏说："朕特别下诏令给执事大臣，号召举荐廉洁孝顺之士，希望能形成风气，将往圣先贤的美德美业，发扬光大。所谓十室之邑，必有忠信；三人行，必有我师。而如今有的地方，整个郡一个人都不举荐，这是教化不能到达民间，还是有德行的君子被阻绝而不能让我知道？况且举荐人才的，受上等赏赐，压制贤能的，当公开诛戮，这是自古以来之道。主管单位对官居二千石却不能推举人才的，制定处罚规定！"

有司奏报:"不推举孝顺人士,以不奉诏、不敬之罪论;不推荐廉洁人士,就是不能胜任自己的职位,应当免职!"

【胡三省曰】

身为二千石官员,应该以身化下。如今为州郡宰牧,而一郡之中没有贤人,那就是不称职,不能胜任。

【华杉讲透】

领导者的第一职责,就是培养新的领导者。培养、推荐人才,是领导者的本职工作,所以,如果在你的手下没有人才辈出,那么你就不是一个合格的领导者。

任何一项事业想要可持续发展,基业长青,都依赖于源源不绝的人才。如果一个领导者,他的部门只能出业绩,不能出人才,那么他所负责的领域就面临巨大的风险和危机。一旦哪天他不干了,他负责的那部分就会塌陷。因此,他不是一个合格的领导者。

所以,必须把培养和举荐人才当成一项事业的最大业绩,"进贤受上赏",但是,是不是要"蔽贤蒙显戮"?我们当然要注意识别和排除那些嫉贤妒能的人,不能让他们处在领导岗位上。但是按汉武帝的做法,在觉得举孝廉不够踊跃、不够理想的时候,优先做的并不是"千金市骨",下诏表彰奖赏那些做得好的地区,而是要下诏威胁处罚做得不好的地区,这又是他的性格和胸怀问题了。

2 十二月,江都易王刘非薨。

3 皇子刘据出生,是卫夫人之子。三月十三日,立卫夫人为皇后,赦天下。

4 秋,匈奴二万骑兵入寇,杀辽西太守,掳走二千余人,包围韩安国营垒,又侵入渔阳、雁门,分别杀死和掳走千余人。韩安国向东迁徙,屯驻北平。数月后,韩安国病死。天子于是重新征召李广,拜为右北平太守。匈奴人称李广为"汉之飞将军",躲避他,数年不敢入右北平。

5 车骑将军卫青率领三万骑兵出雁门，将军李息出代。卫青杀敌斩首数千人。

6 东夷薉君南闾率二十八万人降汉，设置为苍海郡。征伐东夷等国时，士卒车徒等费用，和征南夷时相当，以致燕、齐之间的百姓困苦，人心骚动。

7 这一年，鲁共王刘余、长沙定王刘发皆薨。

8 临淄人主父偃、严安，无终人徐乐，皆上书言事。

当初，主父偃在齐、燕、赵之间游历，都没有得到好的待遇。其他儒生又容不得他，排挤他。他家里穷，借贷也借不到，于是西行入函谷关，到皇宫门口上书。早上将奏章递进去，晚上皇上就召见他。所奏九件事，八件都成为律令。没有被接纳的一件，是进谏不要再发动攻打匈奴的战争。主父偃说：

"《司马法》曰：'国虽大，好战必亡；天下虽平，忘战必危。'愤怒，是逆德；兵，是凶器；争夺，是末节。一心追求战胜，穷兵黩武者，没有不后悔的。

"当年秦始皇并吞战国，一心追求战胜而不知止，还想攻打匈奴。李斯进谏说：'不可！匈奴没有定居的城郭，也没有粮食仓库，像鸟一样迁徙，很难制伏。轻兵深入，则必然粮草断绝，带着粮草辎重进兵呢，又赶不上。得了他们的土地，也没有什么利益；得了他们的人民，也不能和汉人和谐共居。要么取得胜利后杀了他们，但杀人就不是民之父母了。这样靡敝中国，只图在匈奴称快一时，不是长久之策。'秦始皇不听，派蒙恬领兵攻打匈奴，开疆拓土一千里，以黄河为边境。占领的土地，都是盐卤沼泽，五谷不能生长。然后征发天下男丁防守北河，暴兵露师十余年，死者不可胜数。结果怎么样呢？还是始终不能越过黄河以北。是人众不足，还是武器装备不够？都不是，是形势不可！又让天下人飞快地运输草料和军粮，从东腄、琅邪等沿海郡县，转运到北河，大概要三十钟的成本，才能运到一石。（六斛四斗为一钟，三十钟就是一百九十二斛。一斛，大概就是十斗，所以运粮的成本，是192:1，非常惊人！）男子拼命耕种，也供应不上军粮；女子拼命纺织，也供应不上营帐。直到百姓靡敝，孤寡老弱得不到供养，道路死者相望，天下才开始反抗秦朝。

"等到高皇帝平定天下,攻略边疆土地,听说匈奴在代谷之外集结,也想攻打他们。御史成进谏说:'不可!匈奴之性,兽聚而鸟散,攻打他们,就像跟影子搏斗。如今陛下以盛德攻匈奴,臣以为很危险!'高皇帝不听,于是北至于代谷,果然有平城之围。高皇帝非常后悔,派刘敬去结约和亲,然后天下太平,没有干戈之事。

"所以说,匈奴难以制伏,这已经不是一代两代的事了,他们侵犯我边境,掠夺人畜,这是他们的天性使然,是他们的生业。上古虞、夏、殷、周,都没法督责他们,只能把他们当禽兽畜养,不把他们当人看。皇上您不遵循虞、夏、殷、周的传统政策,而重蹈近世秦汉失败的方针,这正是我所忧虑的事,也是让天下百姓疾苦的原因啊!"

【华杉讲透】

征服欲是人的本能,尤其是有巨大权势的人。所谓身怀利器,杀心自起,就是要不停地征服。但是,正如主父偃所说:"务战胜,穷武事者,未有不悔者也。"以仁爱人民为务,让近者悦,远者来,这是王道,是使命感;穷兵黩武,不停地征服,这是强道,是征服欲,最终会把自己拖垮。汉武帝晚年,就应验了主父偃说的"未有不悔者也"。在《轮台罪己诏》里,汉武帝反思说:"朕即位以来,所为狂悖,使天下愁苦,不可追悔。"

亚历山大、成吉思汗,都是典型的征服者,顾不上统治,就是不停地征服!征服!征服!汉武帝是征服者加统治者,但还不是王者。王者,一定是行仁政,王道。文帝、景帝,这是仁者、王者。但是,人们都崇拜征服者和统治者。

我们自己做事业,要分清自己的起心发愿:到底是征服欲,还是使命感?有使命,则能基业长青;如果只是为了满足自己的征服欲,会永不知止,所谓的做大做强,不过是一直扩张到崩溃为止罢了。

严安上书说:

"今天下人民,用财侈靡,车辆马匹、衣服住宅,都竞相豪华攀比。调和五声,形成有节奏的音乐;混杂五色,让它有绚丽的文采;重叠五味,面前摆着丰盛的食物,有一丈见方那么大一桌子;这样向天下彰显物欲。那人之常情,看见好东西就想要,这就是教导人民奢侈了。奢侈而没有节制,则自己的收入永远都不够开支，人民就会离开农耕，而从事工商末业。工商业赚钱也不是那么容易，于是一般士绅就不惜走向欺诈，带剑的勇士就走向杀人越货，巧取豪夺，而世人也不觉得羞耻，所以犯法的人越来越多。臣愿意为人民制定制度，以防止他们淫乱，让富者不再炫富，贫者富者都心平气和，心志定，则盗贼消失，刑罚减少，阴阳调和，万物繁盛。

"当初秦王志广心逸，想要威震海外，于是派蒙恬领兵向北攻击匈奴，又派屠睢率楼船水师向南攻打越。当时，秦祸北构于匈奴，南挂于越，军队驻扎在无用之地，只能前进，不能后退。军事行动持续了十几年，青年男子在前线服役，年轻女子在后方负责运输，苦不聊生，生不如死，干脆在路边的树上吊死，死者相望于道路。等到秦始皇崩逝，天下反叛，以致灭世绝嗣，这都是穷兵黩武带来的灾祸。所以周朝的灭亡，是因为太弱；而秦朝的灭亡，是因为太强，这样的灾难，都是因为不改变政策带来的。

"如今陛下发兵夺取西夷，又征服夜郎，降服羌、僰，攻略薉州，建城邑，深入匈奴，焚烧龙城。有人赞美这种做法，实际上，这是人臣的利益，不是天下之长策。"

徐乐上书说：

"臣听说天下之患，在于土崩，不在于瓦解，古今都是一个道理。

"什么叫土崩呢？秦朝末世就是土崩。陈涉没有千乘之尊位，没有尺寸之土地，不是王公大臣，也不是名门之后，在家乡也没有什么美名，也没有孔子、曾子或者墨子那样的贤德，也没有陶朱、猗顿那样的财富，他啥也没有，但是，他从一个穷巷中站出来，举着刀枪大声呼喊，天下人就风而从之。为什么呢？因为人民困苦，而主上不知体恤；天下怨愤，而在上位者没有知觉；风俗已乱，而政策没有修正。这三条，就是陈涉叛乱的资本，这就叫土崩。所以说天下之患在于土崩。

"什么叫瓦解呢？吴、楚、齐、赵纷纷起兵，七国之乱，就叫瓦解。七国谋为大逆，他们都是万乘之君，带甲之士数十万之多，威足以严其境内，财足以劝其士民，却不能向西前进一寸，反而被擒于中原，这是为什么呢？不是他们的权势比匹夫还轻，不是他们的兵比陈涉还弱，是因为当时，先帝之德未衰，而人民都安居乐业，所以他们得不到支持。这就叫瓦解。所以说天下之患不在瓦解。

"这两点，是影响国家安危的要点，贤主当留意而深察的。

"最近，关东粮食收成好几年都不理想，政府又没有减免税赋，很多百姓都很穷困，在这样的形势下，又在边境兴兵，推演情势，按照道理来看，人民有不安于其处境的心理了。民心不安，就易动；易动，就是土崩之势。所以，贤主要善于观察万般变化的源头，明察安危的契机，修明政治于庙堂之上，把祸患消灭在还没有形成的时候，其要点，就是让天下没有土崩之势。"

奏书递上去，皇上召见三人，说："你们之前在哪里啊！我与你们相见恨晚！"于是都拜为郎中。主父偃尤其受宠幸，一年之中连升四级，做到中大夫。大臣们害怕被他在皇上面前说坏话，纷纷向他行贿，累积到千金之多。有人对主父偃说："你这样太横行霸道了。"主父偃回答说："我如果活着不能享受五鼎的豪华饮食（用五鼎分盛羊、猪、鹿、鱼、干肉），宁愿死的时候被五鼎烹杀！"

【华杉讲透】

主父偃上书，劝汉武帝不要穷奢极欲，他自己却也穷奢极欲，说出"生不五鼎食，死即五鼎烹"的狠话，结果一语成谶，预言了自己身死族灭的命运。

为什么明白很多道理，却依然过不好这一生？因为没有知行合一，不是真明白，只是拿来自欺欺人，哄别人，也哄自己。汉武帝也一样，三人都劝他不要穷兵黩武，他相见恨晚，给他们升官，然后继续穷兵黩武。

武帝元朔二年（甲寅，公元前127年）

1 冬，赐给淮南王刘安几案手杖，特许不必来京朝见。

2 主父偃向皇上建议："古代诸侯国地方不过百里，天子和诸侯强弱形势分明，容易控制。如今的诸侯国大到数十座城池，地方千里。管得松，他们就容易骄奢淫逸；管得严，他们就凭借其强大合纵联盟，对抗中央；用法令来削割他们呢，就萌生叛乱之心。之前晁错他们遇到的就是这种情势。如今诸侯王的子弟，都有十几个、几十个之多，只有嫡子一个人继承，其他人虽然也是骨肉兄弟，却没有尺地之封，仁孝之道也不能发扬。愿陛下令诸侯推恩封子弟，让其他子弟也能封地封侯。让他们人人喜得所愿，皇上的恩德施加于他们，实际上又分解了他的国家，每一个封国越来越小，不用削割他，他自己就弱了。"

皇上听从了主父偃的建议。春，正月，下诏说："诸侯王中，如果愿意推恩，把土地分封给子弟的，可以上报，朕为他们制定名号。"于是藩国开始分割，诸侯王的子弟们都被封侯了。

【华杉讲透】

这就是历史上著名的"推恩令"。

3 匈奴入上谷，渔阳，杀掠吏民千余人。派遣卫青、李息从云中以西出兵，直至陇西，攻击楼烦王和白羊王于河套地区，斩首和俘虏数千人，得牛羊百余万头，白羊王、楼烦王逃走，于是河套地区并入中国版图。下诏封卫青为长平侯。卫青手下校尉苏建、张次公都有功劳，封苏建为平陵侯，张次公为岸头侯。

主父偃说："河套地区土地肥沃，外有黄河作为天堑屏障，蒙恬当年在那里筑城以驱逐匈奴，可以省掉粮食物资转运的麻烦，扩大中国的疆域，是消灭匈奴的根本大计。"

皇上让公卿们讨论主父偃的建议，都说不切实际。但皇上还是采纳了主父偃的方案，设立朔方郡，派苏建率领十余万人修筑朔方城，重新修缮蒙恬当年的要塞，以黄河作为屏障。士卒民夫所需粮食和工程器材，都从很远的地方转运而来，崤山以东的人民都受到影响，费用高达数千万，国库为之一空。汉朝也将上谷郡偏僻的造阳县抛弃给匈奴了。

4 三月三十日，日食。

5 夏，招募十万人，移民朔方郡。

6 主父偃向皇上建议说："茂陵（汉武帝的陵墓）刚刚开始兴建，天下豪杰人物、富有的大家族，还有蛊惑煽动百姓的不安分的人，都可以迁徙到茂陵，对内充实京师人口，对外将地方上的奸猾势力连根拔除，这就叫不必诛杀，而祸害自除。"皇上听从他的建议，下令将各郡国豪杰及家产三百万以上的土豪迁移到茂陵。

轵县人郭解，关东大侠，也在迁徙名单上。卫将军替郭解求情，说："郭解家贫，不符合迁徙条件。"皇上说："郭解，一个布衣百姓，居然能让将军替他说话，这就证明他家不穷。"于是下令郭解家也要迁徙。郭解生平，睚眦必报，杀人甚众。皇上听说后，下令有司逮捕郭解治罪。审问下来，他所杀的人，作案都在大赦之前。轵县有一个儒生，陪使者坐在郭解家。有宾客称誉郭解贤德。那儒生说："郭解专门作奸犯科，何谓贤！"郭解的一个门客听到，把那儒生杀死，割下他的舌头。官吏以此责问郭解。郭解确实不知道是谁杀的，凶手到最后也没人知道是谁。官吏奏报说郭解无罪。公孙弘说："郭解，一个布衣百姓，为任侠横行乡里，好像官府一样行使权力，谁得罪他，他就要杀谁。这个儒生虽然不是郭解亲自杀的，其罪行更甚于他亲自动手，应当处以大逆不道之罪。"于是将郭解全家灭族。

【华杉讲透】

公孙弘的意思是：杀人，本来是个刑事问题，但谁得罪了他就要被杀，甚至不用他亲自动手，也有人替他去杀，这就成了政治问题，相当于他在行使公权力杀人了，所以是大逆之罪。所谓"替天行道"，是僭越了"天"的权力，更何况行的还不是天道，是自己的歪门邪道。

【班固曰】

古代天子建国，诸侯立家，从卿大夫到庶人，各有各的等级，所以人民服侍于其上，没有觊觎之心。周朝王室衰微之后，礼乐征伐自诸侯出，齐桓公、晋文公之后呢，大夫掌握了诸侯国的权力（比如晋国六卿、鲁国三桓、齐国田氏），甚至大夫的家臣又僭越大夫掌握了国家权力（比如鲁国的阳虎）。这样每况愈下，到了战国，合纵连横，于是列国公子，如魏国信陵君、赵国平原君、齐国孟尝君、楚国春申君，都凭借王公之势，竞相聘请游侠和鸡鸣狗盗之徒做自己的贵宾。而赵国宰相虞卿，抛弃他的国家和君王去救助魏齐的危难；信陵君无忌，竟然偷窃国家兵符，矫君命，杀主将，夺取国家的军队，去救他的姐夫平原君。而这所谓战国四大公子，都能取重于诸侯，显名于天下。江湖上高谈阔论天下英雄的人，都以他们四人为首聚在一起。于是，背弃公义、私结死党的风气逐渐形成，而守法守职、侍奉君上的公义渐渐荒废了。

到了汉朝初期，法网宽舒，也还没有来得及匡正。所以，代国宰相陈豨，其随从车辆能有千辆之多；吴王刘濞、淮南王刘安，所招的宾客都以千数；外戚大臣魏其侯窦婴、武安侯田蚡之流，竞逐于京师；布衣游侠剧孟、郭解之徒驰骋于乡里，横行州县，力折公侯。那些围观群众，羡慕他们的美名事迹，恨不得成为他们那样的人，就算陷于刑戮，也不惜杀身成名，就像季路、仇牧那样，死而不悔。所以曾子说："在上位的人失去了道，民心已经离散很久了。"如果没有明主在上，明白教导什么是善、什么是恶，用礼教熏陶，人民怎么能知道禁忌，怎么会回归正道呢？

按照古代的正法，对于三王来说，春秋五霸就是罪人；对于春秋五霸来说，六国国君就是罪人；对于六国国君来说，四大公子就是罪人。更何况郭解之流，以布衣百姓的身份，窃取生杀大权，其罪不容诛。看他平时为人，也温和善良，博爱众人，别人穷困急迫的时候，他能提供帮助；又能谦让恭谨，从不自夸，似乎也有绝异于世的天资。但是，不能走上道德的正途，而放纵于旁门左道，以致杀身灭族，也是活该如此，不是什么不幸的事。

【荀悦曰】

世上有三宗"游"罪，都是伤害道德之贼：一是游侠，二是游说，三是游行。

建立一种气势，作威作福，结交私党以强横于世，这叫游侠。巧言善辩，设立诈谋，驰骋于天下，利用时势，弄权逐利，这叫游说。和颜悦色，假仁假义，拉帮结党，欺世盗名以图谋权力利益，这叫游行。这三种人，伤道害德，败法惑世，都是产生祸乱的源头，先王对他们非常警惕。国家只有四种人民——士农工商，各有各的行业，不在四种行业之内，就是奸民。奸民不生，才能成就王道。

这"三游"的兴起，都出现在王朝的末期，周朝和秦朝末年尤其猖獗。在上位者不贤明，下面的百姓不端正，制度建立不起来，纲纪废弛；统治者听信别人的毁誉，将其作为官位升贬的标准，而不去考察真才实学；用个人的爱憎作为利害的标准，也不管对方做得对不对；用自己的喜怒来作为赏罚的标准，也不管有没有道理。如此上下互相欺瞒，所有事情都颠倒混乱。所以议政的大臣要把利益算清楚了才开口说话，选举贤能的官吏则根据亲疏远近来推举。善恶的标准都被众人的意见搅浑了，功罪的赏罚又被王者不良的法令搞乱了。行仁义不能得到利禄，遵守道德不能躲避祸害，于是君子犯礼，小人犯法，奔走驰骋，超越自己的职责和法度，追求浮华却不看实际，竞相追逐世俗之利。对父兄怠慢，却对宾客尊敬；对骨肉亲情淡薄，却与朋友生死相许；不追求自身的修身之道，却去求众人的美誉；甚至自己节衣俭食，用丰盛的宴席去招待朋友。馈赠的礼物，堆满庭院，相互聘问的使者，挤塞于道路。私人来往的信件，比公文还要繁杂；私人的事务，比公事还要繁多。人们都崇尚这样的行为，国家正道就败坏了。

所以圣王在上，经邦纬国，让人民上下有序，建立制度的尊严，赏罚基于善恶功罪，而不是众人的毁誉；听他说话，还要看他办的事情；不管他有美名恶名，要考察他的实际。如果名不副实，就是虚；情实不符，就是伪；毁誉失真，就是诬；汇报不实，就是罔。这样，虚、伪、诬、罔都去除了，有罪恶的人就不得侥幸，没有罪过的人没有忧惧，走后门没有道路，行贿赂没人接收。浮华之辞禁绝，伪辩淫智无用，驱逐纷乱的百家思想，专一于圣人之至道，养之以仁惠，文之以礼乐，则风俗定而大化成矣！

7 燕王刘定国与父亲康王的姬妾通奸，又把弟媳夺为姬妾，还杀死肥如县令郢人。郢人的兄弟上书告发。主父偃把这件事扩大，公卿会议请诛杀刘定国，皇上批准。刘定国自杀，燕国被撤除。

齐厉王刘次昌也和他的姐姐纪翁主私通。主父偃曾经想把他的女儿嫁给齐王，齐国纪太后不许。主父偃于是对皇上说："齐国首都临淄就有十万户人家之众，市租有千金之多，人众殷富，超过长安，不是天子的亲弟弟、亲儿子，不应该在此为王。如今齐王和皇上的血缘关系越发疏远了，又听说他和自己的姐姐乱伦，请给他治罪！"于是皇上拜主父偃为齐相，派往处理。

主父偃到了齐国，马上逮捕审讯齐王后宫宦官，口供很快牵涉到齐王。齐王恐惧，饮药自杀。

主父偃年轻的时候，在齐、燕、赵之间游历，等到他荣登高位，接连毁了燕国、齐国。赵王刘彭祖恐惧，上书告发主父偃收受诸侯王贿赂，很多诸侯子弟都因为贿赂他而得到封地。等到齐王自杀，皇上大怒，认为是主父偃逼死的，将主父偃逮捕审讯。审讯结果，主父偃招认受贿，但齐王之死，确实不是他逼令自杀的。皇上不想杀他。公孙弘说："齐王自杀，没有后嗣，齐国被撤除，成为中央直属郡县。这件事，主父偃本是首恶。陛下不诛杀主父偃，无法向天下人解释。"于是将主父偃灭族。

【柏杨曰】

如果不杀主父偃，天下人会误以为中央政府贪图齐国的土地。

8 御史大夫张欧免职，皇上想任命蓼侯孔臧为御史大夫。孔臧推辞说："我是专门研究儒家经学的，请准许我当太常（主管祭祀），整理我们孔家的家学家业，与我的堂弟孔安国一起，纲纪古训，使它成为永久的法则，垂范后嗣。"皇上于是任命孔臧为太常，对他优礼厚赐，规格和三公一样。

武帝元朔三年（乙卯，公元前126年）

1 冬，匈奴军臣单于死，其弟左谷蠡王伊稚斜自立为单于，攻破军臣单于太子于单，于单逃亡，投降汉朝。

2 以公孙弘为御史大夫。当时，军队正在打通西南夷，东置苍海郡，北筑朔方城。公孙弘数次进谏，认为这么做只会疲敝中国，把人力财力浪费在无用之地，希望停止这些动作。天子让朱买臣等和公孙弘辩论置朔方郡的好处。朱买臣讲了十条，公孙弘不能驳倒一条，于是辞谢说："我是崤山以东的粗鄙之人，不知道设立朔方郡对国家有这么大意义。既然如此，我希望撤销西南夷、苍海郡，全力经营朔方。"皇上接受他的意见。这年春天，撤销苍海郡。

公孙弘在家，盖着布棉被，饮食也不注重吃肉。汲黯说："公孙弘高居三公之位，俸禄很多，却盖着布棉被，这是虚伪骗人。"皇上问公孙弘，公孙弘谢罪说："确实有这回事。九卿当中，和我关系最好的就是汲黯了，而今日当廷诘问我,正说中我的毛病。以三公之尊,却盖棉被,与小吏没有差别,我确实是矫饰欺骗,想要沽名钓誉,被汲黯说中了。如果没有汲黯这样的忠臣,陛下怎么能听到这样的话啊!"

天子认为公孙弘谦让,更加尊敬他。

【华杉讲透】

公孙弘太高明了!君子不辩。当我们被别人指责时,条件反射就是反击。但是,一来我就算是沽名钓誉,也不是什么大罪,更何况我勤俭节约招谁惹了呢,这根本就不重要。二来如果辩解反击,根本就说不清,你赢了辩论,未必赢了皇上的心。公孙弘就能分清轻重缓急,始终抓住本质,关注最终目的——那就是皇上的看法。一个自我批评,皇上反而不信,认为他谦让,夸汲黯是忠臣,实际是拍马屁,说皇上是明君。

一般人没有这个智慧,因为只看到这一件事,只看到这一步,却看不到前因,也看不到后果,更看不到后面的步骤。

前因后果是什么呢?就是因为公孙弘在皇上面前形象太好,太受宠了,所以汲黯嫉妒,才揭发他家里的事。如果这一条也被驳回了,那就继续翻找别的呗,就不信你没毛病!

公孙弘痛痛快快地自己认了,一方面汲黯一拳打在棉花上,没法再找他其他毛病了;另一方面,汲黯如果再揭发公孙弘的什么破事,连皇上都看不下去了。

这是高明,是气度,也是智慧。不要把自己装扮成圣人形象,君子不仅不辩污,而且还自污,因为你如果一身刷白,人人都想给你泼点污水,凭什么就你白玉无瑕呢?你自己给自己泼一点,大家就都放松了。

公孙弘认错,是让汲黯给自己打了一针疫苗,获得了被告发诋毁的免疫力。现在西方搞选举,那人要竞选议员之前,先找媒体自暴家丑,防止参选之后被别人挖出来,这都属于打疫苗。

3 三月,赦天下。

4 夏,四月七日,封流亡降汉的匈奴太子于单为涉安侯,数月后,于单逝世。

5 当初，有投降的匈奴人说："月氏以前居住在敦煌跟祁连山之间，是一个强国。后来，匈奴冒顿单于攻破月氏，老上单于杀月氏王，把他的头盖骨做成饮器，月氏民众向西逃亡远去，与匈奴有深仇大恨，愿意与汉朝联合攻击匈奴。"皇上于是招募能出使月氏的人，汉中人张骞以郎官身份应募，从陇西出发，经过匈奴，被匈奴单于俘获。张骞被匈奴羁留了十几年，找到机会逃走，继续西行前往月氏。走了几十天，到了大宛。大宛人一向听说汉朝富饶多财，想要打通联系，一直找不到办法，见了张骞，大喜，给张骞配置向导和翻译，陪同到康居国，再到大月氏。大月氏太子为王，当初西行时击败大夏，分得其土地建国。土地肥沃，少有敌寇，生活安逸，完全没有再报匈奴大仇的心思。张骞在月氏滞留了一年多，不得要领，于是启程回国。他沿着终南山行进，准备穿过羌族地界回国，没想到又被匈奴俘获，被羁留了一年多。赶上军臣单于去世，伊稚斜驱逐太子于单，匈奴内乱，张骞才乘乱与家奴堂邑人甘父一起逃归。皇上拜张骞为太中大夫，甘父为奉使君。张骞出发时带了一百多人，走了十三年，就他们两人活着回来。

6 匈奴数万骑兵入塞，杀代郡太守恭，俘虏一千余人。

7 六月二日，皇太后薨。

8 秋，停止经营西夷，唯独设置南夷和夜郎两县一都尉，下令犍为县自己保卫固守，国家倾全力筑朔方城。

9 匈奴再次入寇雁门，杀死俘虏一千余人。

10 这一年，中大夫张汤任廷尉，掌管司法。张汤为人多机诈，用智谋来驾驭他人。当时皇上正热衷文学，张汤就假装仰慕，尊奉董仲舒、公孙弘等。张汤用千乘人儿宽为奏谳掾（负责向皇上奏报判决结果），附会古代的法律来议决疑难案件。他所治重罪的，都是皇上想要加罪，以及廷尉府的官吏们痛恨，想要置之于死地的人；所释放或轻判的人呢，都是皇上想要释放，以及廷尉府官吏们想要宽容的人。皇上由此非常欣赏他。张汤对故人子弟的照顾非常优厚，对公侯权贵的问候呢，寒暑都不间断。所以张汤虽然引用法律条文深狠刻毒，心怀猜忌，断狱不公，但是他的声誉一直很好！

汲黯数次在皇上面前斥责张汤，说："你身居正卿之位，上不能弘扬先帝之功业，下不能抑制天下之邪心、安国富民，让监狱里没有罪犯，为什么反而把先帝的法令改得混乱不堪，你这样下去，恐怕将来要断子绝孙吧！"汲黯经常与张汤辩论，张汤总是引用条文，在细节上纠缠。汲黯刚直严厉，只能在原则上坚持，无法用术语驳斥，说不过张汤，积愤爆发，破口大骂："天下人说刀笔吏不可为公卿，果然！就是讲张汤这样的人，让天下人生活在恐惧之中，侧目不敢正视，蹑足不敢向前一步！"

武帝元朔四年（丙辰，公元前125年）

1 冬，皇上行幸甘泉。

2 夏，匈奴入寇代郡、定襄、上郡，各有三万骑兵，杀死和掳掠数千人。

卷第十九 汉纪十一

（公元前124年—公元前119年，共6年）

主要历史事件

公孙弘：第一位以丞相封侯者 059
卫青被拜为大将军 061
淮南王刘安、衡山王刘赐共同谋反 062
霍去病其人 064
夜郎自大 069
霍去病地位逐渐与卫青比肩 070
荒淫无道的江都王刘建 070
浑邪王、休屠王归降汉朝 071
开凿昆明池以练习水战 073
汉武帝的货币和财政政策 074
漠北之战 076
李广自杀 077
酷吏王温舒杀人如麻 079
少翁伪造"牛腹之书" 080

主要学习点

人性的弱点是心存侥幸，一厢情愿 063
世上没有败不光的家 065
君王的性格，就是国家的命运 074

世宗孝武皇帝中之上

武帝元朔五年（丁巳，公元前124年）

1 冬，十一月五日，薛泽被免了职，公孙弘任丞相，封平津侯。丞相封侯，从公孙弘开始。

【胡三省曰】

汉初通常任命列侯做丞相，而公孙弘先做了丞相，然后才被封侯。所以说丞相封侯的事，从公孙弘开始。

在皇上刚开始要建功立业的时候，公孙弘特意在宰相府东边开了个门，招揽贤人做参谋，讨论国家大事。等到每次入朝奏事时，他就将这些意见上奏。皇上也让左右的文学之士和他辩论。

公孙弘曾经上奏说："仅仅十个盗贼张着弓，百姓就不敢反抗。我建议禁止人民携带弓弩，以利治安。"皇上让大家讨论这个提议。侍中吾丘寿王说："我听说古人之所以制作矛、戟、弓、剑、戈五种兵器，并不是希望大家互相攻杀，而是为了阻止暴力，讨伐邪恶。秦朝兼并天下，销毁了所有的兵器盔甲。尽管如此，人民仍然能使用犁耙、锄头、马鞭、木棒互相攻击，结果犯法的事反而更多，盗贼更是猖獗，以至于出现了乱世。所以圣王着力于教化而不是禁止，因为圣王知道仅仅禁止是不够的。《礼》说：'男孩出生，用桑木弓、蓬草箭，向天和地及东南西北各射一箭，宣告周知。'射礼，作为一种礼节，上至天子，下至小民都该掌握。这也是夏、商、周三代传承到今天的规矩。我只听说过圣王行射礼是用来教化百姓的，没听说过禁止弓矢的。况且您要禁，是为了防止强盗用它来抢劫。抢劫是死罪，但无法禁止，因为巨奸大恶，并不回避死罪。我担心禁令一下，官吏不能禁止坏人带着刀箭，善良的老百姓用武器保卫自己反而成了犯法的行为。夺走百姓自卫的武器，这是给强盗助威，不妥！"

皇上把吾丘寿王的奏书拿给公孙弘看，诘问他的道理。公孙弘无言以对，表示服气。

公孙弘生性猜忌，表面上看起来是一个宽厚长者，实际上心机很深。凡是和他有过节的人，无论关系远近，他都表现得非常和气，但之后一定会伺机报复。董仲舒为人廉洁刚直，认为公孙弘是阿谀之辈，公孙弘非常嫉恨他。后来，胶西王刘端骄奢恣肆，多次犯法，所杀伤二千石以上官员甚众，公孙弘就建议皇上派董仲舒去做胶西国丞相。董仲舒借口生病，最后辞官不去。汲黯经常诋毁儒生，让公孙弘在皇上面前难堪。公孙弘想找机会栽赃他，诛杀他，就向皇上建议说："右内史所管辖的区域（管首都长安）有许多贵臣、宗室，难以管治，不是朝廷重臣根本管不了，建议调汲黯为右内史。"皇上听从了他的建议。

2 春，大旱。

3 匈奴右贤王数次侵扰朔方。天子令车骑将军卫青率三万骑兵从高阙出击。卫尉苏建为游击将军，左内史李沮为强弩将军，太仆公孙贺为骑将军，代相李蔡为轻车将军，都归卫青指挥，从朔方出击；大行李息、岸头侯张次公为将军，从右北平出击。一共十几万人，攻打匈奴。右贤王以为汉军还离得远，到不了他那里，于是放心大胆地喝酒，并喝醉了。卫青等领兵出塞六七百里，夜里抵达，包围了右贤王。右贤王大惊，夜逃，独自与数百骑突围逃走。卫青俘虏除右贤王以外的小王十余人，男女一万五千人，牲畜数十万到一百万之多，于是引兵而还。

到了边塞，天子派使者持大将军印，在军中拜卫青为大将军，诸将都归他统率。夏，四月八日，又给卫青增加采邑八千七百户人家，封卫青的三个儿子卫伉、卫不疑、卫登为列侯。卫青坚决推辞说："我有幸能在军队效力，多亏了陛下的神威英明，今天部队取得大捷，都是诸校尉奋力作战的功劳。陛下已经给臣增加了封邑，而臣的儿子们还在襁褓之中，没有任何功劳，陛下却封他们为三侯，这不是我效力军队、鼓励将士们奋力作战的本意啊！"天子说："我没有忘记诸位校尉的功劳。"于是，天子封护军都尉公孙敖为合骑侯，都尉韩说为龙颔侯，公孙贺为南窌侯，李蔡为乐安侯，校尉李朔为涉轵侯，赵不虞为随成侯，公孙戎奴为从平侯，而李沮、李息和校尉豆如意都被封为爵关内侯。

此事之后，汉武帝对卫青的尊宠超过了任何一位大臣，三公、九卿及以下的官员都谦卑地对待卫青，只有汲黯以平等的礼节相待。有人劝汲黯："天子希望群臣的地位，都居于大将军之下。大将军地位尊贵，你见了他不可不拜。"汲黯说："以大将军之尊，还能礼贤下士，有对他仅仅作揖而不用下拜的平辈宾客，大将军反而不尊重了吗？"卫青听说后，更加觉得汲黯有贤德，经常向他请教国家朝廷的问题，对待汲黯比平常更加尊重。

卫青虽然地位尊贵，但有时进宫，皇上张开两腿，坐在床边见他；丞相公孙弘在皇上空闲的时候见皇上呢，皇上有时候也不戴帽子；但如果是汲黯要来，皇上一定要戴上帽子才会见。有一次，皇上坐在武帐中，正好汲黯前来奏事，皇上没戴帽子，远远看见汲黯走来，赶紧回避到帐幕里面，派人传话，批准他的奏报。可见皇上对汲黯的礼敬。

4 夏，六月，皇上下诏说："我听说，引导人民应该用礼，教化百姓应该用乐。如今礼坏乐崩，朕非常担心，因此下令负责礼教的官员，引导百姓学习，振兴礼教，为天下人做个表率！"于是丞相公孙弘等上奏说："请在博士之下，设置弟子五十人，免除他们的赋税和劳役，按品学的高低排列次序，并分别任命他们为郎中（宫廷侍卫官）、文学（教育官）、掌故（档案官）。如果有异常优秀的人才，就上奏名字让皇上知道；如果有不学无术的庸才，就把他开除；如果下级官吏中有能够精通六艺之其一的，请加以选拔，填补更高级的职位。"皇上采纳了公孙弘的建议。从此，公卿、大夫、士以及下级官员中，文质彬彬的知识分子越来越多。

5 秋，匈奴一万骑兵侵入代郡，杀都尉朱英，掳掠百姓一千余人。

6 当初，淮南王刘安，好读书写作，喜立名誉，网罗各地的宾客、方术之士数千人。他的群臣、门客，多是江淮之地轻佻浮薄之士，常常用淮南厉王刘长在流放途中死于非命的事来刺激刘安。公元前135年，有彗星出现。有人对刘安说："之前吴王刘濞起兵之时就出现过彗星，彗尾长不过数尺，就已经流血千里。如今彗星贯穿天际，恐怕将有大规模战事发生。"刘安深以为然，于是加紧建造进攻性的兵器，储蓄金钱。

郎中雷被精通剑术，与淮南太子刘迁练剑，结果因误伤刘迁而得罪。当时天子有诏，自愿参军的可以到长安报名。于是雷被报名愿意参军攻打匈奴。刘迁在淮南王面前说雷被的坏话，刘安斥责了雷被，并将他免职，以阻止其他人效法他。就在这一年，雷被自己逃亡到长安，上书朝廷说明自己的冤情。汉武帝将此事交给廷尉审理，因为牵连到刘安，公卿们都建议将刘安逮捕治罪。刘迁计划让人穿着卫士衣服，手持长戟站在刘安身边，如果汉朝使者态度恶劣，就立即将他刺死，然后发兵造反。天子派中尉段宏到淮南国讯问刘安，刘安见段宏颜色温和，就没有发动。公卿们上奏说："刘安阻拦壮士奋击匈奴，阻格天子明诏，应当斩首弃市。"皇上下诏，削夺两个县的封地，以示薄惩。刘安却自怨自艾说："我做了仁义之事，反而被削减封地。"他以此为耻，于是更加紧准备造反。

刘安和他的弟弟衡山王刘赐关系不好，在礼节上彼此互相指责。衡山王听说淮南王有反谋，担心第一个就要兼并他，于是也结交宾客准备造反，认为淮南以西、江淮之间的土地，他可以先发兵占领。衡山王后徐来和太子刘爽关系恶劣，在刘赐面前诋毁刘爽，想要废掉他，立刘爽的弟弟刘孝为太子。刘赐囚禁太子，让刘孝佩戴王印，招致宾客。宾客们隐约了解到淮南王、衡山王准备谋反，便日夜劝说怂恿刘赐赶紧起事。衡山王于是派刘孝的门客江都人枚赫、陈喜制造战车、利箭，雕刻天子玉玺、文武官员的官印。

这一年秋，衡山王按惯例应当入朝谒见皇帝，路过淮南国。淮南王与他以亲兄弟才有的家常话交谈，二人尽弃前嫌，结盟共同造反。于是衡山王上书请病假，不肯上朝。皇上赐书，允许他不来朝见。

【华杉讲透】

君子戒慎恐惧，小人无所忌惮。汉武帝想不到淮南王、衡山王会造反，因为这是不可能成功的事。但是淮南王、衡山王不认为不可能。两人一起造反，都想当皇上，都认为可以先利用对方，再把对方吃掉。这是不可能的事，但两人都自以为得计。天下不可智取，君子诚意正心，小人斗智斗勇，以为自己的智谋比别人高。

人性的弱点，就是侥幸心理，一厢情愿。他常常会坚定地相信一些事情，是因为那符合他的期望。别人都能一眼看出那根本不可能，但是他就要试一试。看明白不可能的人，躲得远远的；比他更傻的，希望从中渔利、火中取栗的人，向他靠拢，更坚定了他的信心：赶紧发动！就是干！

武帝元朔六年（戊午，公元前123年）

1 春，二月，大将军卫青从定襄出击匈奴。汉武帝任命合骑侯公孙敖为中将军，太仆公孙贺为左将军，翕侯赵信为前将军，卫尉苏建为右将军，郎中令李广为后将军，左内史李沮为强弩将军，都归大将军卫青指挥，最后斩首数千级而还，在定襄、云中、雁门一带休养兵马。

2 大赦天下。

3 夏，四月，卫青再次率领公孙敖等六位将军从定襄出击匈奴，斩首和俘虏一万余人。右将军苏建、前将军赵信两支部队合兵一处，共有骑兵三千余人，与单于主力遭遇，大战一天多，汉军伤亡殆尽。赵信本来是匈奴小王，降汉受封为翕侯，兵败之时，匈奴引诱他，于是赵信率麾下八百骑兵投降匈奴。苏建全军覆没，独自脱身逃回，向大将军报到。

议郎周霸说："自从大将军带兵以来，还未曾斩杀过部将。如今苏建弃军而还，应当将其斩首，以示大将军的威严。"军正（军法官）闳、长史（秘书长）安说："不对！《孙子兵法》说：'小敌之坚，大敌之擒也。'小部队碰上敌人的大部队，如果坚持作战就会被生擒。如今苏建以数千人敌单于数万人，力战一天多，士卒伤亡殆尽，不敢有二心，自己逃回大营。如果这样都被斩首，那就是在告诉以后的将领，兵败后千万不要回来。所以不当斩！"

卫青说："我很幸运，皇上给了我肺腑般的信任，让我带兵，所以我不担心没有威严。周霸说要杀人立威，实在是丧失了为人臣子的本分。虽然我有权斩杀兵败的将领，但作为天子尊宠的臣子，我也不敢擅自诛杀大臣于国境之外。把他送给天子自己裁决，不是可以做个表率，让大家都知道人臣不可擅自行使诛杀之权吗？"

军吏们都说："好！"于是将苏建装上囚车，运到皇上那儿。

当初，平阳县吏霍仲孺在平阳侯家做事，跟卫青的姐姐卫少儿私通，生下了霍去病。霍去病十八岁时就做了侍中，擅长骑马射箭。后来在跟随大将军卫青攻击匈奴时，霍去病身为票姚校尉，率领轻骑勇士八百人，把大军抛在数百里之后杀敌，斩首和俘虏敌人很多，远远超过通常的战果。于是天子说："票姚校尉霍去病，斩首和俘虏两千余人，抓获匈奴相国、当户，斩杀单于祖父辈籍若侯栾提产，生擒单于叔父栾提罗姑，功劳多次名列诸将之冠，封霍去病为冠军侯。上谷太守郝贤四次跟从大将军出战，斩首和俘虏两千余人，封郝贤为众利侯。"

这一年，两位将军阵亡，赵信投敌，军功不多，所以大将军的采邑没有增加，只是赏赐千金。右将军苏建被押解到皇上行在，皇上没有诛杀他，只是罚他缴纳赎金，废为平民。

单于得到赵信后，封其为自次王，地位仅次于单于，并且把自己的姐姐嫁给他，与他商量对付汉朝的方略。赵信建议单于向北迁徙，越过沙漠，以引诱汉军远来，乘其疲惫而击之，而不要再靠近边塞。单于听从了他的战略。

汉朝连年动员十几万人攻打匈奴，曾经斩首和俘虏敌人的将士，被赏赐黄金二十余万斤，而汉军人马死亡也有十几万，这还不算后勤部队运输粮草的费用，因此国库枯竭，不能再支撑军费。六月，汉武帝颁布诏书说：人民可以出钱购买爵位；被判囚禁罪的人，也可以出钱赎免；要减罪免罪，都可以出钱赎买。又特别设立"赏官",名为"武功爵",每级定价十七万,总值三十余万金。凡是买爵买到"千夫"一级的,可以优先出任政府官吏。于是当官的渠道变得多且杂乱,官职也就混乱废弛了。

【华杉讲透】

世上没有败不光的家。汉武帝花钱太快了,再雄厚的国力,也无法支撑君王的欲望。为了满足他的雄心壮志,他需要钱!钱!钱!缺钱了,就要不择手段地搞钱。卖官鬻爵,只是最轻的第一步。这些钱花完了,他就要找下一个有钱的地方。

武帝元狩元年(己未,公元前122年)

1 冬,十月,皇上巡视至雍县,祭祀五色帝庙,捕获一头长有一个角、五只蹄的野兽。主管官员说:"陛下祭祀恭敬,上苍赐陛下这只独角之兽作为回报,这可能就是传说中的麒麟。"于是就将它呈献给五色帝的祭坛之上,再加上一头牛,一起烧烤。过了些日子,主管官员又上奏说:"年号应该以上天所降的祥瑞命名,而不是只用数字一二三,开始的第一年叫'建',第二年因为长星出现,所以叫'光',今年郊祀得了一角兽,应该叫'狩'。"当时,济北王刘胡以为天子将要到泰山封禅,祭祀天地,便上书朝廷,表示愿意献出泰山及周边县邑。天子将别的县赏给他作为补偿。

2 淮南王刘安和他的宾客左吴等日夜谋划造反,研究地图,部署部队行进路线。出使中央朝廷的使者从长安回来,凡是说"皇上没有儿子,中央政治混乱"的,他就高兴;凡是说"皇上有儿子,中央政治有序"的,他就发怒,认为使者妄言,不是实情。

淮南王召见中郎伍被,跟他商量谋反的事。伍被说:"大王怎么说出这种亡国之言呢?我好像已经看见这王宫中荆棘丛生,露水沾湿衣服的惨状了。"淮南王怒,逮捕囚禁了伍被的父母。三个月之后,刘安再次召见伍被问话。伍被说:"当年秦国无道,百姓之中,十家有六七家都盼着天下叛乱。高皇帝起于行伍之间，立为天子，正是利用对方的缺点伺机而动，是利用秦国败亡的时机而已。如今大王以为高皇帝得天下很容易，但您没有看见吴王、楚王的失败吗？吴王有四个郡那么大的地盘，国富民众，计定谋成，举兵而西。结果呢，破于大梁，奔逃于东，身死祀绝。为什么呢？因为他逆天道而不识时务。如今以大王您的军事实力，不如吴楚十分之一；而天下之安宁，万倍于吴楚之时。大王您不听我的意见，我已经看得见您的结局，将抛下您的王座，被天子赐下绝命之书，比群臣先死在这王宫之中了。"淮南王听得涕泪横流，起身，打消了叛意。

淮南王的庶长子刘不害，淮南王不喜欢他，王后不把他当儿子，太子不把他当兄长。刘不害有个儿子叫刘建，才能高，且有英武之气，经常怨恨太子刘迁，偷偷派人告发太子准备谋杀汉朝中尉段宏。皇上下令廷尉查办。

淮南王担心此事，又准备发动叛变，再次问伍被："你认为吴王兴兵，是做得对，还是不对？"伍被说："当然不对。我听说吴王自己也非常后悔，希望大王您不要再去做吴王也后悔的事！"淮南王说："吴王哪里懂得如何造反！他都没有堵塞成皋，以至于汉朝将领一天之中，有四十余人通过了成皋。如今我阻绝成皋关口，据有三川之险，招募山东之兵。如果这样举事，左吴、赵贤、朱骄都认为有九成把握，为什么就你认为有祸无福呢？难道真像你说的，不可侥幸吗？"

伍被说："大王如果实在要干，我倒有一条愚计。当今诸侯无异心，百姓无怨气。我们可以假造丞相、御史向皇上建议的奏书，请求皇上把各郡国豪杰和富户都迁徙到朔方郡，再大量征发士兵，催促他们集合启程。又再伪造逮捕诸侯太子、宠臣的诏书。如此，则民怨沸腾，诸侯恐惧，再派辩士去游说他们一起造反，或许可以有十分之一的侥幸机会吧！"淮南王说："你这条计也还可以，不过，用不着如此。"

于是淮南王开始制作皇帝玉玺，丞相、御史大夫、将军、军吏、中二千石官员以及附近各郡太守、都尉的官印，还有汉朝符节，等等。再准备派人假装得罪逃亡，西入京师，侍奉大将军卫青。等到发兵之日，即刺杀大将军。刘安又说："汉廷大臣，独有汲黯好直谏，守节死义，难以收买。对付其他大臣，比如丞相公孙弘等，就跟抖落枯叶一样轻松容易！"

淮南王想要发动国内军队，怕他的丞相和二千石官员不听从，于是与伍被密谋，先杀丞相和二千石以上官员。同时打算派人身穿士兵的衣服，手持告急文书从东边奔来，并大呼："南越国的军队攻入我国边界了！"想要以此为借口发动军队。

正赶上廷尉要逮捕淮南太子。淮南王听说后，与太子密谋，召集丞相及二千石官员，准备杀了他们，发兵。召丞相，丞相来了。但是，内史、中尉都不来。淮南王想，就杀一个丞相，没什么好处，于是将丞相罢免了事。淮南王犹豫不决，太子就挥剑自刎，但没死成。

伍被自己到中央派来的官员处，详细告发淮南王的反谋。官吏于是抓捕太子、王后，包围王宫，将参与谋反的宾客一网打尽，审问得到谋反的证据。皇上让公卿们给淮南王的党羽治罪，让宗正持符节去处理淮南王。人还没到，淮南王自刎。于是杀王后荼、太子刘迁，参与谋反的都灭族。

天子因为伍被素来言语对汉朝多有赞美，想要免他死罪。廷尉张汤说："伍被是为淮南王筹划谋反的首谋，罪不可赦。"于是伍被被杀。

侍中庄助一向与淮南王结交，私下有过接触。淮南王送给庄助厚重的礼物。皇上认为这是小事，想要免他死罪。张汤又力争，说："庄助出入宫门，是天子腹心之臣，却外与诸侯王结交如此，如果不杀他，以后的大臣们都管不了了！"于是庄助也被斩首弃市。

衡山王上书，要求废太子刘爽，立他的弟弟刘孝为太子。刘爽听说后，就派平时和他关系好的白嬴到长安上书，说"刘孝制造战车、利箭，和父亲的姬妾通奸"，想要借此除掉刘孝。正好主管官员在逮捕参与淮南王谋反计划的人时，在刘孝家中抓到了陈喜，于是参劾刘孝窝藏陈喜。刘孝听说法律规定"先行自首的，可以免除罪责"，便自己先向朝廷告发了共同密谋反叛的枚赫、陈喜等人。公卿大臣们奏请汉武帝逮捕衡山王治罪，衡山王自刎而死。王后徐来、太子刘爽及刘孝都被当众斩首，参与谋反计划的人一律灭族。

淮南王和衡山王谋反两案中，因受牵连而被处死的列侯、二千石官员及地方豪侠人物，达数万人。

3 夏，四月，大赦天下。

4 四月九日，立皇子刘据为皇太子，年七岁。

5 五月三十日，日食。

6 匈奴一万人入侵上谷地区，杀了数百人。

7 当初，张骞从月氏国归来，向天子详细介绍了西域各国的风俗，说："大宛在汉朝正西方，距长安大概一万里。大宛是定居民族，农耕国家，不像匈奴那样逐水草游牧；多产良马，出汗如血一样红；有城郭、房屋，和中原国家一样。大宛国的东北是乌孙国，东边是于寘国。于寘的西边，水都向西流，注入西海；于寘的东边，河水往东流，注入盐泽。盐泽一带的河水流入地下，成为暗流，再往南行，就是黄河的源头。盐泽离长安大概五千里。匈奴的西边边界，在盐泽以东，一直到达陇西长城，南边是羌族地区，恰好把中原通往西域的道路隔开。乌孙、康居、奄蔡、大月氏都是游牧民族，逐水草而畜牧，风俗与匈奴相同。大夏国在大宛的西南方向，与大宛的风俗相同。我在大夏的时候，曾见到邛都出产的竹杖和蜀地出产的布匹。我问他们：'这些东西从哪儿来的？'大夏国人说：'是我们的商人去身毒国贩运回来的。'身毒国在大夏东南数千里之外，也是定居民族，风俗与大夏相同。我估算了一下，大夏国距我国一万二千里，而身毒国又在大夏的东南数千里外，且有我国蜀地出产的东西。因此，身毒国距蜀地应该不远。如今我们出使大夏，从羌族地区走，道路艰险，羌人又要拦阻，稍微往北一点走呢，又被匈奴抓获。如果从蜀地出发，路途更近，又没有贼寇。"

天子听到大宛、大夏、安息等都是大国，盛产珍奇之物，又都是定居民族，和中原一样有城郭，从事农耕，但军事实力较弱，喜爱汉人的财物。其北方的大月氏、康居等国，虽然军事实力较强，但是也可以用金钱贿赂，让他们归附。如果能够不发动战争，就让他们臣服，那就可以扩张疆域一万里，可以让语言不同，经过九次转译才能沟通，而且风俗各异的民族，都接受中国的教化，这是威德遍于四海的大事业！于是欣然同意张骞的方案，命令张骞主持这项工作，叫蜀郡、犍为郡选派王然等使节，分别从駹、冉、徙、僰四道并出，寻找打通身毒国的道路。四路使节各自走了一二千里，往北方走的，被氐、莋阻拦，向南方走的，被嶲、昆明阻拦。昆明地区没有统一君长，寇盗林立，经常抢劫杀死汉朝使者，所以这些道路始终没有打通。后来，汉朝使者因为想要打通身毒国道路，总算到了滇国。滇王当羌问汉使："汉与我孰大？"派到夜郎国的使者，也被夜郎侯这样问过。因为道路不通，他们各自为一州之主，不知道汉朝的广大。使者回来，一再强调滇国是大国，应该让它归附。天子留了心，于是重新开始经营西南夷地区。

武帝元狩二年（庚申，公元前121年）

1 冬，十月，皇上巡视至雍县，祭祀五色帝。

2 三月三日，宰相、平津侯公孙弘薨。

壬辰（二十一日），汉武帝任命御史大夫乐安侯李蔡为丞相，廷尉张汤为御史大夫。

3 汉武帝任命霍去病为骠骑将军，率领一万骑兵从陇西出发，攻击北方的匈奴。霍去病的部队连战五个匈奴小王之国，转战六日，越过焉支山一千余里，最终斩杀折兰王，斩卢侯王，活捉浑邪的王子及相国、都尉，斩首及俘虏八千九百余人，并缴获休屠王祭天所用的金人。因此，皇上下诏书，给霍去病增加采邑二千户。

夏，霍去病再与合骑侯公孙敖率领数万骑兵从北地出塞，分道挺进。卫尉张骞、郎中令李广同时从右北平分道挺进。李广率四千骑兵先行，差不多走了数百里远，张骞率一万骑兵在后。匈奴左贤王率领四万骑兵包围了李广，李广手下军士都非常恐惧。李广命令他的儿子李敢独自率领数十骑兵，飞驰穿过匈奴阵营，再从左右两边返还，告诉李广说："胡虏很容易对付！"于是军士们才安心。李广摆出圆形战阵，方向朝外。匈奴攻势紧急，箭如雨下，汉军死者过半，箭也快用完了。李广于是下令士兵们拉满弓，但不要发射。李广自己用"大黄"连弩射杀匈奴裨将，一连射死好几名，匈奴的攻势才稍稍减弱。到了傍晚，军士们都面无人色，而李广意气自如，巡视部队，调整部署，军中都佩服他的勇敢。第二天，继续力战，死者又过半，所杀敌人则超过自己的损失。这时候，博望侯张骞大军赶到，匈奴军才撤退。汉军疲惫，无力追击，于是也撤退而还。

根据汉朝法律，张骞行军延误，应处死罪，缴纳赎金，贬为庶人。李广功过相抵，没有赏赐。

骠骑将军霍去病深入二千余里，与合骑侯公孙敖失去联络，无法会合。霍去病越过居延，经过小月氏，至祁连山，抓获单桓王、酋涂王，以及相国、都尉及众投降者二千五百人，斩首及俘虏三万二百人，抓获裨将小王七十余人。天子给霍去病增加封邑五千户，又封赏他手下有功的裨将，封鹰击司马赵破奴为从票侯，校尉高不识为宜冠侯，校尉仆多为辉渠侯。

合骑侯公孙敖因为在路途羁留，未能与霍去病会师，本应当斩，缴纳赎金后成为平民。

当时，诸将所率领的将士、马、兵，都不如霍去病，霍去病所率领的都是经过挑选的精锐。但是霍去病也敢于深入敌境，经常和他的部队走在大军前面。他的运气也好，从未遇到绝境。而其他诸将呢，不是沿途迷路，就是搜索不到匈奴主力。由此霍去病的地位越来越尊贵，差不多能和大将军卫青比肩。

匈奴入侵代、雁门，杀死和掳掠数百人。

4 江都王刘建，与他的父亲易王刘非所宠爱的淖姬及自己的妹妹刘徵臣通奸。有一次，刘建在雷陂游玩，忽然刮起大风。刘建命令他的两位郎官乘小船到湖上，小船倾覆，两位郎官落水，手攀着船沿，随着波浪一会儿浮起来，一会儿沉下去。刘建在岸边看着大笑，下令不许营救，致使两人全被淹死了。刘建前后一共杀死无辜者三十五人，非常荒淫暴虐。他自知罪恶深重，害怕被诛杀，于是和他的王后成光下令越女行使巫术，作法请神，诅咒皇上快死。又听说淮南王、衡山王的阴谋，于是刘建也制作皇帝玉玺，准备谋反。事情被发觉，主管官员奏请汉武帝将其逮捕处决。最后，刘建自杀，王后成光等都被斩首弃市，江都国被撤销。

5 胶东康王刘寄薨。

6 秋，匈奴浑邪王投降汉朝。当时，浑邪王、休屠王住在西部地区，被汉军杀死和俘虏数万人。单于非常生气，想要召他们来杀掉。浑邪王与休屠王恐惧，密谋降汉，先派使者在边境拦截汉人，请他们向天子报告。当时，大行李息正在黄河上筑城，得到浑邪王使者，用传车送到长安。天子听说后，担心他是诈降，借机袭击边塞，于是下令骠骑将军霍去病率领大军去迎接。休屠王果然后悔，浑邪王杀了他，兼并了他的部众。霍去病渡过黄河，与浑邪王部队遥遥相望。浑邪王手下裨将看见汉军，很多都不愿意投降，转身逃遁。霍去病飞马奔入浑邪王大营，斩杀想要逃亡者八千人，于是单独派浑邪王乘坐传车到皇上行在，霍去病率领他的部众渡河，降者一共四万余人，号称十万。到了长安，天子赏赐数十巨万，封浑邪王万户，为漯阴侯，封其裨王呼毒尼等四人为列侯，又给霍去病增加采邑一千七百户。

浑邪王归降时，汉朝征调了车辆二万乘前往迎接，可朝廷没钱了，只好向百姓赊欠买马。百姓不情愿，把马藏起来，结果找不到足够的马匹。皇上大怒，欲斩长安令。右内史汲黯说："长安令无罪，只有斩了我，百姓才肯把马交出来。况且匈奴人反叛而他们的主上降汉。汉朝只需要用政府驿车，一站一站送来就是了，何至于搞得天下骚动，百姓疲敝，来侍奉夷狄之人呢？！"皇上默然不应。

等浑邪王到了长安，商人因为与匈奴人交易而犯死罪的有五百余人。汲黯在闲暇时求见皇上，皇上在高门殿召见。汲黯说："匈奴人攻击边塞，拒绝和亲，中国兴兵诛之，死伤者不可胜数，而费用数百巨万。臣以为，陛下得到匈奴人，会让他们都做奴婢，赏赐给从军死者家属，所缴获匈奴人财物也一并给予，以谢天下之苦，慰百姓之心。如今，纵然不能这样，浑邪王率数万之众来降，搬空府库来赏赐他，征发良民来侍养他，好像供奉自己的儿子。普通老百姓怎么知道在长安市场上卖东西，官吏们却以携带财物出关的法令来抓捕他们呢？（汉朝法律：严禁携带兵器及钱出关，虽然在京师卖给匈奴人，也视同出关。）陛下既然不能用匈奴的财物以答谢天下，反而以法律中一项苛细的条文杀无知者五百余人，这正所谓'庇护树叶而伤害枝条'了。我认为陛下的做法不可取！"

皇上默然，不接受汲黯的进谏，说："我好久没有听到汲黯发表意见，现在又在这里胡说八道了。"

过了一些日子，汉武帝将归降的浑邪王部属分别迁徙到五个边郡的秦朝时期所筑边塞之外，都在黄河之南的河套地区，让他们还按自己的风俗习惯生活，设立了五个"属国"。从此，金城河以西，沿着祁连山直到盐泽一带都成为真空地带，没有匈奴人了。匈奴偶尔派人来侦探，但也很稀少。

休屠王太子日磾跟他的母亲阏氏、弟弟伦，都被送到官府当奴婢，在黄门养马。过了很长时间，皇上游宴，要看马。日磾与数十人牵马过殿下给皇上检阅，皇上身边满是后宫嫔妃，马夫们都偷偷窥视，只有日磾不敢。日磾身高八尺二寸，容貌庄严，马又养得肥壮，皇上觉得奇异，召他问话，日磾奏报了家世，皇上更加惊异，当天便赐日磾沐浴，又赏赐衣冠，任命为马监，不久又一路提升为侍中、驸马都尉，一直做到光禄大夫。日磾受到皇上的宠爱，从未有过失，皇上非常信任喜爱他，赏赐累计千金，出门也要让他在车上陪侍，回宫后在左右侍奉。不少皇族贵戚都私下埋怨说："陛下得了一个'胡儿'，竟然当作宝贝一样！"皇上听到这些话，对日磾更加优厚。因为休屠王曾用金人祭天，因此汉武帝赐日磾姓金。

【柏杨曰】

霍去病本年两次出击，是汉匈之间的两场决定性战役。匈奴单于大怒之余，要向浑邪王追究失败责任，逼使浑邪王降汉。浑邪王的降汉，对匈奴是巨大打击，他们为之发出哀歌："亡我祁连山，使我牲畜不繁息；失我焉支山，使我妇女无颜色。"从此之后，中国西疆向西北推进九百千米之遥，直抵西域，河西走廊成为中国领土，并作为向西域扩张的前进基地。

武帝元狩三年（辛酉，公元前120年）

1 春，东方天际出现孛星。

2 夏，五月，大赦天下。

3 淮南王当初谋反的时候，胶东康王刘寄也隐约听闻其事，私底下也暗中整顿军事装备。到了官吏办淮南王案，有嫌犯口供牵涉到刘寄。刘寄的母亲王夫人，就是皇太后的妹妹，跟皇上最亲。刘寄羞愧忧惧，发病而死，自己都不敢立后嗣。皇上听闻后，怜悯他，立刘寄长子刘贤为胶东王，封刘寄所爱的小儿子刘庆为六安王，又改衡山国为六安国。

4 秋，匈奴分别以数万骑兵侵入右北平和定襄地区屠杀、掳掠一千余人。

5 崤山以东发生洪灾，民多饥乏。天子派使者到各郡国打开粮仓赈济灾民，全部搬空了，还是不够。又号召各地富豪、官吏、平民，凡是能主动借贷给贫民的，都将名字上报朝廷，仍然不能解救这些贫民。于是，汉武帝将他们迁徙到函谷关以西，以及朔方以南的新秦中地区，一共七十余万人，衣食都由当地政府供应，配给产业，持续数年之久，中央政府接连派出使者分别照顾。使者络绎不绝，冠盖相望，花费以亿计，不可胜数。

6 汉朝得了匈奴浑邪王的土地后，陇西、北地、上郡一带就很少有外族入侵了。于是下诏将这三郡的边防部队裁减一半，以减轻人民征调的负担。

7 汉武帝将要讨伐昆明。因为昆明有方圆三百里的滇池，于是开凿人工湖来练习水战，取名"昆明池"。当时的法令严苛，官吏被判罪免职的很多；并且由于连年征战，政府不得不向人民卖官鬻爵以筹款，很多人都花钱买了免除赋税的权益，或者买了五大夫爵位，可以免除差役，所以可供官府征调服役的人越来越少。于是，朝廷提高了免役的官阶，千夫、五大夫都要出任低层官吏，不愿意出任的，须缴纳马匹。官吏们不尽忠职守，或弄权行私的，都被发配到上林苑砍伐荆棘，挖掘昆明池。

8 这一年，在渥洼水中得到一匹神马。当时，皇上正设立乐府，命令司马相如撰写诗词歌赋，任命宦官李延年为协律都尉，佩二千石官印，将新诗配以八音曲调。诗中很多尔雅之文，非常深奥，只通晓一部经书的博士也不知道诗里写的是啥，必须会同五经专家一起诵读讲习，才能读通诗的意思。获得了神马后，汉武帝要求以神马为题材写歌。汲黯进谏说："王者作乐，上应尊颂祖宗，下应教化兆民。如今陛下得了一匹马，就要赋诗作歌，演奏于宗庙，先帝和百姓能听懂吗？"皇上听了不说话，很不高兴。

皇上招延士大夫，总是觉得人才不足。但是性格严厉刻薄，群臣当中就算是他平时喜爱信任的，偶尔小有犯法，或欺君罔上，就逮捕诛杀，毫不宽免。汲黯进谏说："陛下求贤很辛苦，但是还没来得及使用，就被您杀掉了。以有限的人才，供应无限的诛杀，我担心天下贤才都要被杀光了，陛下用谁来治国呢？"汲黯说得非常愤激，反倒把皇上给说笑了，皇上说："何世无才？只是用才的人不能识别罢了。如果能识人，何患无人！所谓人才，就好比有用的器物。有才却不肯充分施展出来，那就跟没有才一样，不杀他杀谁？"汲黯说："我虽然说不过陛下您，但心里还是认为陛下做得不对。希望陛下能够改正，不要认为是我愚笨而不懂道理。"皇上对群臣说："汲黯如果说自己阿谀奉承，投人所好，那当然不是；但如果说自己愚笨，那就一点不假！"

【华杉讲透】

性格即命运，君王的性格，就是国家的命运。汉武帝为了照顾七十万灾民，不惜代价，不遗余力，可见他对人民的慈爱。对官吏，则是严厉苛刻，砍下一个他不满意的官员的人头，就像摔碎一个瓦罐。不过，在如此捉襟见肘的财政窘迫中，他还忘不了征讨昆明。他的事业太大，举全国之力都支撑不了。

武帝元狩四年（壬戌，公元前119年）

1 冬，主管官员奏言："政府经费过于匮乏，而富商巨贾冶炼金属铸币，煮海水制盐，财富累积万金，却不肯资助国家之急，建议陛下重新制造货币来充足费用，打击那些轻浮奸邪和兼并之徒。"当时禁苑里有白鹿，而宫中少府里有很多银和锡。于是以一尺见方的白鹿皮，四边绣上五彩花纹，成为"皮币"，一张皮币币值四十万。同时下令：凡是王侯、宗室到首都朝觐，或互相聘问，以及参加祭祀大典时，呈献礼物或贡品时，都必须放在皮币上，然后才能通行。

【柏杨曰】

赠送礼物或呈献贡物，必须放在一个华贵的盘子上，这个盘子叫"荐璧"。现在规定，必须将一张皮币先垫在盘子底，以皮币为荐璧。也就是要先用四十万钱购买一张白鹿皮币，才能呈献贡物或致送礼物。国家元首公开勒索敲诈，也是一奇。

又造银、锡为白金三品：大的圆形，图案为龙，币值三千；次之为方形，图案为马，币值五百；最小的椭圆形，图案为龟，币值三百。再下令县官销毁半两钱，重新铸造三铢钱，民间凡是私自铸造各种钱币的，一律死刑。而官吏和民间私自盗铸白金钱的，仍然不可胜数。

因此，汉武帝任命东郭咸阳、孔仅二人为大农丞，管理盐铁事务，桑弘羊也因善于计算和经济事务而当权。东郭咸阳原来是齐国的大盐商，孔仅是南阳大矿主，家产都累积千金。桑弘羊是商人的儿子，精于心算，十三岁便到皇宫做侍中。三人一切以利益为导向，计算经济利益都精入秋毫，大账小账一起算。

汉武帝下诏，禁止民间私自铸造铁器和煮盐，违者处钛刑，钛左趾（一种替代刖刑的酷刑，用六斤重的铁钳钳住左脚趾），并没收其生产设备。公卿大臣们又奏请汉武帝命令：从事工商业的人，自己评估自己的资产价值，向政府申报，每缗钱二千串，缴纳财产税一百二十钱。（这就是著名的算缗令，缗是缗绳，用来穿钱，每一千钱为一缗。一算，是一百二十钱。）人民凡是有小型马车，或者有长度五丈以上船只的，也要缴税。如果隐瞒财产不申报，或者申报不实的，戍边一年，罚没财产。有举报他人隐瞒财产的，奖励被举报者财产的一半。

这些法令大抵都是张汤制定的，张汤每天朝会，讨论国家财政，都说到天黑，汉武帝因此都忘了吃饭时间。虽然有丞相李蔡，但不过是坐在位子上充数，天下事都由张汤决定。百姓骚动，民不聊生，都怨恨指责张汤。

2 当初，河南人卜式，数次请求捐献财产给地方政府，以佐助边境军费。天子派使臣问卜式："你是想当官吗？"卜式说："我从小只知道耕田放牧，不懂仕宦之事，不愿做官。"使者又问："那是你家里有什么冤情，想要上奏吗？"卜式说："我和别人没有什么纷争，家乡人贫穷的，我就借钱给他们；不学好的，我就教导他们。我所住的地方，大家都跟从我，我能有什么冤情呢！没有什么冤情需要申报的。"使臣说："既然如此，你到底有什么要求呢？"卜式说:"天子诛匈奴,我认为贤者应该死节于边疆,有钱人应该捐出财产,如此则匈奴可灭也!"皇上因此觉得卜式很有贤德,想要尊显他,以他为模范来教导百姓。于是召卜式来,拜为中郎,赐爵为左庶长,赐田十顷,布告天下,让全国人民向他学习。没多久,又提拔卜式为齐国太傅。

3 春,有孛星出现在东北天际。夏,有彗星出现在西北天际。

4 皇上与诸将商议说:"翕侯赵信为单于定的战略,远走瀚海沙漠以北,认为汉兵不能越过沙漠,即使越过,也不能久留。咱们如果出其不意,发动大军,越过沙漠去攻打,一定可以得手。"于是挑选用粟米饲养的壮马十万匹,令大将军卫青、骠骑将军霍去病各将五万骑,又有将士们自己私人带的马四万匹,后勤运输的步兵数十万人,大军兴兵出发。其中敢于力战深入的勇士,都归骠骑将军霍去病。

原计划是让霍去病从定襄出塞,直接攻击单于。捕获的俘虏说单于在东方,于是改令霍去病从东方的代郡出塞,让卫青从定襄出塞。

郎中令李广数次请求出征,皇上认为他已经年老,不许。过了很久,终于同意了,任命李广为前将军,太仆公孙贺为左将军,主爵都尉赵食其为右将军,平阳侯曹襄为后将军,都归大将军卫青统领。

赵信对单于说:"汉兵既然要越过沙漠,人马疲惫,匈奴可以以逸待劳,坐收俘虏。"于是将辎重物资向北运到很远的地方去,命精兵在沙漠北侧严阵以待。

大将军卫青出塞之后,抓到俘虏,审问得知单于所在,然后自己率领精兵挺进,命前将军李广合并右将军赵食其部队,从东线走。东线要绕一个大圈,道路遥远,而且水草又少。李广向卫青请求说:"臣本来是前将军,如今大将军将臣调去东线。况且臣从束发加冠开始,就与匈奴作战,如今才得到机会和单于直接对阵,臣愿意做前锋,拼死以取单于。"卫青之所以改变部署,是因为之前皇上嘱咐过他,说:"李广年老,而且运气不好,总是出问题,不要派他去攻打单于,恐怕失败。"另一方面呢,公孙敖因为上次出征战败,被贬去了侯爵之位,而他又是卫青的生死之交,所以卫青想带着公孙敖一起去打单于,这样就把李广调开了。李广知道后,亲自去找卫青,坚决请求做先锋出战。卫青不许。李广也不行礼,转身就走,非常愤怒。

大将军卫青出塞一千余里,越过沙漠,看见单于列阵而待,于是卫青下令将兵车环绕一圈,作为阵地,自己亲率五千骑发动攻击,匈奴也出动一万骑兵迎战,厮杀到黄昏时分,大风起,砂砾击打面部,两军相互都看不见对方,汉军再出动左右两翼,包抄迂回,攻击单于后卫部队。单于见汉军兵多,而且士马皆强,没有远来疲惫之态,自度不能取胜,于是单于乘上六匹健骡拉的车,在精锐骑兵数百人的护卫下,向西北方向逃走。当时已近天黑,汉军和匈奴相互击杀,死伤大致相当。汉军左校抓获俘虏说,单于在天黑之前已经跑了。汉军发轻骑连夜追击,卫青也率大军随后挺进,匈奴兵四散逃走。卫青一路追击,到天亮时,走了二百余里,没有找到单于,斩首、俘虏一万九千人,抵达寘颜山赵信城,缴获匈奴积存的粮秣,供应汉军士兵。停留一日,将城池和剩余的粮草物资全部烧毁,然后回师。

前将军李广与右将军赵食其率军前进,没有向导,在沙漠中迷了路,没有赶上和大将军卫青会合,错过了与单于的交战。直到卫青在回师路上,经过沙漠南边时才遇上二位将军。卫青派长史责问李广、赵食其为什么迷路,命令李广的幕僚马上到统帅部接受讯问。李广说:"诸校尉无罪,是我自己迷路,我亲自到大将军幕府汇报吧!"李广对麾下将士说:"我从束发加冠开始就和匈奴作战,大小七十余战,如今有幸跟从大将军出塞,直接攻打单于。而大将军把我调到东线,路途绕远,又迷路,这岂不是天意吗?况且李广我已经六十多岁了,不想去面对那些刀笔吏!"于是引刀自刭。

李广为人廉洁,得赏赐就分给麾下将士,饮食都和大家一起。做了四十余年二千石官员,家无余财。他臂长如猿猴,善于射击,估计射不中目标的,便不发箭。率领部队到了困境,终于找到水,士兵没有都喝完,李广不靠近水源;士兵们没有都吃饱,李广绝不进食,所以士兵们都乐意为他所用。等到李广一死,全军都恸哭。百姓听说后,无论认识不认识,无论老年人还是青年人,都为他流涕。而右将军赵食其单独下吏审问,论罪当死,缴纳赎金,贬为庶人。

单于逃走后,他的士兵在汉军追兵中杂乱地跟随,单于很长时间都没能与部下会合。右谷蠡王以为单于已死,于是自立为单于。过了十几天,单于终于出现。于是左谷蠡王自己去除了单于称号。

骠骑将军霍去病率领的骑兵和拥有的物资辎重,和大将军卫青相当,不过他没有裨将，于是以李敢等为大校，当裨将使用。从代郡、右北平出塞，行军二千余里，越过沙漠，与匈奴东部兵团遭遇，俘虏屯头王、韩王等三人，将军、相国、当户、都尉等八十三人，封狼居胥山，积土增高，祭祀天神；禅姑衍山，为墠祭地，祭祀地神。登临瀚海沙漠，豪气干云，共俘虏敌人七万零四百四十三人。天子以五千八百户封给骠骑将军霍去病，增加他的采邑。又加封他的部下右北平太守路博德等四人为列侯。跟从霍去病杀敌的赵破奴等二人，增加封户。校尉李敢为关内侯，关内侯本来没有采邑，特准有采邑（二百户）。军中吏卒纷纷升官，赏赐甚多。而大将军卫青没有得到加封，随从军吏也没有封侯的。

卫青与霍去病两支部队出塞时，官私马匹加起来一共十四万匹，回来的不满三万匹。

于是，汉武帝增设大司马官位（全国武装部队最高司令官），卫青、霍去病都是大司马，又下令霍去病的级别和俸禄与卫青完全相等。自此以后，霍去病越来越显贵，而卫青就稍稍衰落了。卫青的门客故人们，纷纷改投霍去病门下，得到官爵，唯独任安不肯这么做。

霍去病为人稳重沉着，沉默寡言，不泄露机密，遇事有胆气，勇往直前。皇上曾经想叫他学习《孙子兵法》和《吴起兵法》，他说："作战只看方略如何，不需要学古人兵法。"天子为他建造了住宅，请他去看，他说："匈奴未灭，何以家为！"由此皇上更加宠幸他。但是，霍去病从小就富贵，不知民间疾苦，也不爱惜军士。他出征，天子派御厨房的餐车几十辆跟着，班师回朝，车里还有没吃完的粮食、食材和肉，全部抛弃，而士卒还有饥者。在塞外行军途中，士卒们粮食短缺，饥饿乏力，霍去病还要他们修建蹴鞠的游戏场地。像这一类的事情有很多。而大将军卫青呢，为人仁厚，尊敬知识分子，凡事谦虚退让，温和柔顺地去讨好皇上。两人的性格节操大致就是这样。

当时，汉朝杀死和俘虏匈奴人有八九万，而汉军也损失了数万人。此后，匈奴迁往很远的地方，沙漠以南再也没有匈奴的王庭了。汉军渡过黄河，从朔方以西到令居县，到处挖掘水渠，设置屯田官，驻扎士卒五六万人，逐渐蚕食至匈奴的旧地。但也因为马匹不足，不再大举进兵匈奴了。

匈奴采纳赵信的建议，派遣使节来汉，好言好语请求和亲。天子让大家讨论。有人主张和亲，有人主张强迫匈奴臣服。丞相府长史任敞说："匈奴刚刚被我们击破，应该可以让他们做汉的外臣，让单于就在边境朝拜。"于是汉政府派任敞出使匈奴，向单于提出臣服朝拜的要求。单于大怒，将任敞扣留，不让他回国。当时，博士狄山认为应该和亲。皇上问张汤，张汤说："这是个愚儒，根本什么都不懂。"狄山说："臣固然愚，但我是愚忠；像御史大夫张汤这样的，是诈忠。"于是皇上变色说："我派你去管一个郡，你能让匈奴不入寇吗？"狄山说："不能。"皇上再问："一个县呢？"答："不能。"再问："一个要塞堡垒呢？"狄山心想，再说不能，就要下狱治罪了，硬着头皮说："能！"于是皇上派狄山去守卫一个要塞。过了一个多月，匈奴来袭，斩了狄山的头。从此之后，群臣震慑，没人敢忤逆张汤了。

5 这一年，汲黯因为犯法被免职，汉武帝任命定襄太守义纵为右内史，河内太守王温舒为中尉。

先前，宁成担任函谷关都尉，官吏人民出入函谷关都说："宁见乳虎，无值宁成之怒。"宁可碰见正在哺乳的母老虎，也不要碰上发怒的宁成。（正在哺乳的母老虎要保护幼崽，是最凶的。）而等到义纵出任南阳太守，经过函谷关，宁成也得站在路边送迎。（《史记》说，宁成是南阳人，义纵到他家乡做父母官，所以他不敢得罪义纵。但是，傲气难改，"宁成侧行送迎，然纵气盛，弗为礼"。那么，这送迎也没讨到好，还是得罪了义纵。）到了郡城，义纵马上调查宁成家族的罪，"破碎其家"，搞到宁成家族家破人亡。南阳官吏人民都生活在恐惧之中。

之后义纵迁徙为定襄太守，一上任就突击检查监狱，把狱中重罪的、轻罪的犯人二百余人，以及犯人的亲友、兄弟私自进来探监的二百余人，全部逮捕审讯，说："为死罪解脱！"（解脱，是解开枷锁刑具。罪犯私自解开枷锁，罪加一等，替人解开枷锁的，与罪犯同罪。私自进来探监的，是行贿赂为罪犯减轻痛苦、获得较好待遇，所以有罪。）当天，就报告诛杀了这四百余人。全郡人民不寒而栗。虽然赵禹、张汤等以深刻残暴位居九卿，但他们做事多多少少还有法律依据；义纵则不然，完全不顾法律，像苍鹰搏击野兔一样，随时发出致命一击。

王温舒起先是广平都尉，选拔郡中豪勇果敢、无所忌惮的恶霸十余人，做他的爪牙属吏。王舒温掌握了他们犯罪的隐私，要挟他们去捕捉盗贼。凡是让王温舒称心快意的，不管他有多大罪，一概没事儿。如果不尽心尽力去捕贼的，就拿他的罪治他，灭他全族。因为这个，齐、赵一带的盗贼都不敢接近广平，广平治安全国闻名，号称道不拾遗。王温舒升官，升为河内太守。

王温舒九月到任，马上下令准备五十匹马，在河内和长安之间设置驿站，然后大举搜捕郡中豪勇狡猾之徒，相互牵连一千多家。快马上书奏请，重的灭族，轻的也至少是死刑，家产全部没收，以偿还他们所受的赃物。奏书送上去，不过两三天就得到批准。王温舒即刻行刑，流血十余里。郡中都觉得奇怪，他从奏报到获得批准，也太神速了，不可思议。到了十二月，郡中一片寂静，没人敢大声说话，夜晚没人敢在外面走动，荒野僻村，都听不到狗叫，盗贼全没了。有些逃亡的罪犯没有抓到的，王温舒就派人到附近郡县追捕。到了春天，王温舒跌足长叹："哎呀！要是冬天再有一个月，我的大事就办成了！"（因为立春之后不能行刑，王舒温遗憾他要杀的人还没来得及杀完。）

天子听说了他们的政绩，认为他们非常有能力，提升他们为中二千石。

【华杉讲透】

司马光没有介绍王温舒的生平，王温舒本身是强盗出身，年轻时从事的就是以铁锥杀人埋尸抢劫的勾当。《史记·酷吏列传》："王温舒者，阳陵人也，少时椎埋为奸。"

6 齐国人少翁，以召唤鬼神的方术觐见皇上。皇上有一位宠幸的王夫人去世了，少翁以方术召唤来的鬼魂和王夫人的容貌相同，皇上在帷帐之中望见了鬼魂，于是拜少翁为文成将军，赏赐很多，而且以客人之礼尊敬他。少翁又建议皇上修建甘泉宫，在宫中筑高台，台上筑屋，供奉天、地、太一等各种鬼神，以招致天神。搞了一年多，他的法术越来越不灵，神仙也没来。于是少翁用绸帛写字，然后喂进牛肚子里，假装不知，说："咦，这牛肚子里有怪事！"杀了牛，剖开肚子，得到帛书，上面写的内容十分古怪。天子认出是少翁笔迹，审问下来，果然是伪书。于是汉武帝诛杀了少翁，并下令将此事隐瞒起来。

卷第二十 汉纪十二

（公元前118年—公元前110年，共9年）

主要历史事件

汉武帝病重求治神灵　084
卫青射杀李广之子李敢　085
霍去病带同父异母弟霍光到长安　086
张汤自杀证清白　086
汉朝打通西域通道　088
汉武帝迷信方士栾大　091
南越太后与汉使私通　094
南越丞相吕嘉反叛　095
东越王骆馀善反叛　099
卜式失宠　101
汉武帝泰山封禅　103
桑弘羊的经济政策　104

主要学习点

不可有报复心，否则只能同归于尽　087
一切智慧都在历史里　092
骗子的"方法论"　092
功劳越大，尾巴就要夹得越紧　100
儒家的"如有神论"　102

世宗孝武皇帝中之下

武帝元狩五年（癸亥，公元前118年）

1 春，三月十一日，丞相李蔡因为盗用孝景皇帝陵园外的空地安葬家人，被依法交有关部门调查。李蔡自杀。

2 废除三铢钱，重新铸造发行五铢钱。于是很多百姓私自铸造五铢钱，楚地尤其多。（去年废除半两钱，发行三铢钱，今年又废除了三铢钱。）

皇上认为淮阳是楚地交通的枢纽，于是任命被免职在家的汲黯为淮阳太守。汲黯在皇上面前哭泣说："臣以为到老死充填沟壑，都不会再见到陛下了，没想到陛下又重新启用我。臣常有犬马之疾，身体不好，力不能胜繁杂的郡县事务。臣愿意做一个中郎，出入宫廷，为陛下弥补过失，提醒遗漏之事。"皇上说："你看不上淮阳郡吗？我现在召你去，是因为淮阳的官吏不能让百姓服气，我借重你的威望去治理，你能躺在床上处理就行！"

汲黯辞行，拜访大行李息说："我被弃置在地方郡县，不能参加朝廷会议了。御史大夫张汤，智谋足以拒斥谏劝，狡诈足以掩饰过错，专门用巧妙的马屁和复杂的论辩，去迎合皇上的意思，不肯为天下正义说一句话。皇上不喜欢的，他就乘机诋毁；皇上喜欢的，他就乘机赞誉。他还好大喜功，喜欢舞弄文法，内怀奸诈来左右主上的心思，依靠不法官吏建立自己的威望。您位列九卿，如果不早日向皇上指出，恐怕最终会和他一同受到惩处。"李息畏惧张汤，终究不敢说话。等到张汤倒台的时候，皇上也一同治了李息的罪。

汉武帝给予汲黯诸侯王国国相的待遇，任命其做淮阳太守。汲黯在淮阳工作十年后逝世。

3 汉武帝颁布诏书，命令将奸猾不法的官吏和百姓迁徙到边疆地区。

4 夏，四月二日，汉武帝任命太子少傅武强侯庄青翟为丞相。

5 天子在鼎湖宫病重，巫师、医生等想尽办法，还是无法治愈。之前，游水发根说，上郡有一个巫师——他本来不是巫师，生病后鬼神附体，就成了巫师。皇上把他召来，安置在甘泉宫祭祀。这回病重，就派人去问这位巫师。神君附体之后，神君说："天子不用担心生病的事，等到病好一点之后，来甘泉宫和我相会。"于是病好之后，就起身去甘泉宫。等到完全康复，在寿宫置酒宴供奉神君。人们看不见神君，但是能听见他说话，声音就跟人一样，时来时去，来的时候风声肃然，居于帷帐之中。神君所说的话，皇上派人把它记下来，名曰"画法"。神君所吩咐的话平淡无奇，都是世俗之言，但是天子却非常喜欢。这件事非常机密，世人都不知道。

当时皇上病势好转，出巡至甘泉宫，经过右内史管辖的区域，看见道路大多损坏失修，因此生气地说道："义纵认为我不会再走这条道了吗？"并怀恨在心。

武帝元狩六年（甲子，公元前117年）

1 冬，十月，下雨，没有结冰。

2 皇上颁布了"算缗令"，又将卜式树立为模范，但是百姓还是觉悟不高，没人老老实实申报财产，分钱捐献给政府。于是皇上派杨可主持告缗令。杨可派出人调查，没收隐瞒财产者的财物。义纵认为这些人是乱民，派人将他们逮捕。天子认为义纵违抗圣旨，破坏告缗令，将义纵斩首弃市。

3 郎中令李敢（李广的儿子）怨恨大将军卫青害死他的父亲，打伤了卫青，但卫青不计较，隐瞒了这件事。过了没多久，李敢跟从皇上到雍县，在甘泉宫打猎。骠骑将军霍去病（卫青的外甥）直接射杀了李敢。霍去病当时正受宠尊贵，皇上为他向世人掩饰了真相，对外宣称李敢是被鹿撞死的。

4 夏，四月二十八日，汉武帝在太庙立皇子刘闳为齐王，刘旦为燕王，刘胥为广陵王，首次用颁布"诰策"的形式册封诸王。

【胡三省曰】

诰策，是用来册封诸侯王的文书，上面有对他的任命、勉励和告诫，类似《尚书》里面的诰书。

【华杉讲透】

比如《康诰》，是西周时周成王任命康叔治理殷商旧地民众的命令。

5 自从开始铸造白金钱、五铢钱之后，官吏和百姓因为私自铸钱被处死的有数十万人，其他没被抓到的更是不可胜数。可想而知，天下几乎所有人都在私自铸造假钱。犯法的人太多，官吏杀也杀不过来。

6 六月，汉武帝下诏书派遣博士褚大、徐偃等六人，分别到各郡县和诸侯国巡视，举发那些兼并他人土地财产之徒和违法乱纪的郡守、相国以及各级官吏。

7 秋，九月，冠军景桓侯霍去病薨。天子非常悲痛，仿造祁连山的形状，为他修建了一座坟墓。

当初，霍仲孺退休回家，娶妻生下儿子霍光。霍去病长大之后，知道霍仲孺是自己的生父。等到他做了骠骑将军，击匈奴，经过河东郡，派人将自己的父亲接来相见,给他买了大量的田宅和奴婢。出征匈奴回来,又把霍光带到长安,任命为宫廷郎官,稍后升至奉车都尉、光禄大夫。

8 这一年,大农令颜异被处死。

当初,颜异因为廉洁正直,逐步升官到九卿之位。皇上与张汤商议要造"白鹿皮币",问颜异的意见。颜异说:"王侯用苍璧朝贡天子,价值不过数千,而以皮币为垫衬,反而值四十万,本末不相称。"天子不悦。张汤又和颜异有矛盾,等到有人告发颜异有罪,交给张汤审理。是什么事呢?说某次颜异和宾客们谈话,有一个宾客说新颁布的一个法令不太恰当,颜异虽然没有回应,但是嘴唇微微翻了一下。于是张汤上奏:"颜异身居九卿高位,见到法令有不便之处,不向皇上进言,反而自己在肚子里诽谤,这是腹诽,应该处死。"从这件事之后,就有了"腹诽罪",公卿大夫们都争相阿谀谄媚以保平安了。

武帝元鼎元年(乙丑,公元前116年)

1 夏,五月,大赦天下。

2 济东王彭离骄横凶悍,经常在黄昏之后,带领他的家奴和亡命之徒数十人,杀人抢劫,夺取财物,被查出来的死者已有一百多人。于是他被废了王位、封国,被流放到上庸。

武帝元鼎二年(丙寅,公元前115年)

1 冬,十一月,张汤有罪自杀。

当初,御史中丞李文和张汤有矛盾。张汤所厚待的属吏鲁谒居秘密派人告发李文奸事。事情交给张汤审理。张汤引用法律条文,将李文处死。

张汤心里知道是鲁谒居策划的。皇上问:"李文是怎么事发的呢?"张汤假装惊讶地说:"可能是他的仇家告发的吧。"

鲁谒居生病，张汤前往探望，亲自为他按摩脚部。赵王刘彭祖（刘彻的哥哥）素来怨恨张汤，上书告状说："张汤身为大臣，却为一个小吏按脚，他们之间一定有大奸大恶之事。"事情交给廷尉调查。鲁谒居病死，牵连到他的弟弟。弟弟被关在宫廷看守所。张汤到看守所办别的犯人的事，看见鲁谒居弟弟，打算营救他，而假装不认识。鲁谒居弟弟误会，以为张汤不管他，非常怨恨，上书告发张汤和鲁谒居合谋陷害李文的经过。事情交给减宣负责调查。减宣与张汤也有矛盾，终于得了机会，穷追猛查，要置张汤于死地，还没来得及奏报，又出了一件事，有盗墓贼盗取孝文帝陵园陪葬的钱币。宰相庄青翟约张汤在上朝的时候一起向皇上谢罪，共同承担责任。等到了皇上跟前，庄青翟谢罪，张汤却不吱声。（胡三省注：巡视陵园是宰相职责，张汤是御史大夫，可以说不是他的职责范围。）皇上就派张汤调查庄青翟的责任，张汤想把庄青翟罗织成"知情不报"的罪名。庄青翟恐惧。丞相府长史朱买臣、王朝、边通三人，之前都是九卿、二千石之位，资格比张汤老。张汤数次行使丞相职权，知道三人地位尊贵，故意侮辱他们，把他们当小吏看待。所以三人对张汤都非常怨恨，想要置他于死地。于是与丞相合谋，派官吏抓捕商人田信等人，说："张汤每次要奏报什么事，田信都能事先得到消息，囤积居奇，获得财富，然后和张汤分成。"事情传开了，传到皇上耳朵里。皇上问张汤："我要做什么，商人们都知道吗？事先囤积居奇。这么说，是有人把我的话告诉他们。"张汤不承认是自己，假装惊讶地说："恐怕有这种情况！"这时候，减宣也上奏了鲁谒居的案情。天子认为张汤心怀狡诈，当面欺君，派赵禹严厉诘责张汤。张汤留下遗书谢罪，说："陷害我的，是三个长史。"于是自杀。

张汤死后，家产不过五百金。兄弟子侄们准备厚葬张汤，张汤母亲说："张汤为天子大臣，被诬陷之言害死，为什么要厚葬？"于是用一辆牛车拉去埋了，只有内棺，没有外椁。天子听说后，又将丞相府的三位长史全部处死。

十二月二十五日，又将丞相庄青翟下狱。庄青翟自杀。

【华杉讲透】

所谓"防人之心不可无，害人之心不可有"，关键是害人之心不可有，尤其是报复之心不可有。你吃了他的亏，想找回来，他又吃了你的亏，想找回来，最后就只有同归于尽才能扯平。如果知道结局是同归于尽，他们还会斗智斗勇吗？历史已经无数次重复了这结局，但每个人都以为自己会例外，这就是以喜怒好恶行事，而不遵循天理。

2 春，汉武帝修筑柏梁台，在台上用铜铸了一个高二十丈的承露盘，需要七人才能合抱得下。上面有一个仙人手掌，用以承接露水，据说和着玉屑喝下去可以长生不老。从此，宫廷修建得越来越大。

3 二月，汉武帝任命太子太傅赵周为丞相。

4 三月十五日，汉武帝任命太子太傅石庆为御史大夫。

5 天降大雨大雪。

6 夏，出现洪灾，函谷关以东地区饿死了数以千计的人。

7 这一年，孔仅担任大农令（农林部长），桑弘羊担任大农中丞（农林部主任秘书），开始设置均输法，负责调节各地的货物流通。

【胡三省曰】
汉武帝在各郡和封国设置均输官，收购各地多余的物资，再卖到短缺的地方。这么做是为了调节运输，平抑物价，不让商贾获利，从而使利益归于官府。

8 由于百姓不愿意使用，白金币逐渐贬值，并最终被废除。接着，汉武帝下令，禁止各郡及封国政府铸钱，由朝廷的上林三官专门负责铸钱，不是三官铸的钱不得使用。（三官：钟官，管钱币铸造；辨铜官，管铜矿；均输官，管物资调节。）因为成本太高，得不偿失，民间私自盗铸的减少了，只有工艺高超的大奸大盗才继续私自铸钱。

9 浑邪王归降汉朝之后，汉军将匈奴驱逐到沙漠以北，盐泽以东的地方再也见不到匈奴的踪迹，通往西域的道路也被打通了。于是张骞建议说："乌孙王昆莫本来臣服于匈奴，后来自己的军事实力逐渐强大，不肯再臣服。匈奴讨伐他，但未能取胜，于是远去。如今单于被汉朝所困，而浑邪王过去的辖地没有人居住。蛮夷之族向来依恋故土，又贪图汉朝的财物，如果我们现在用厚重的银钱拉拢贿赂乌孙王，请他们向东迁移到浑邪王的故地，与汉朝结为兄弟国家，乌孙王肯定会听从于汉朝，那相当于斩断了匈奴的右臂。与乌孙结盟后，西边大夏等国皆可召来成为我国的藩属。"

汉武帝认为有理，于是任命张骞为中郎将，率领三百人，每人带两匹马，数以万计的牛羊，另外携带价值数千万的黄金、钱币和绸缎，再任命多名副使，都赐予符节，沿途如果有通往他国的道路，就派一名副使前往。张骞到了乌孙后，乌孙王昆莫见了他，但态度倨傲。张骞转达了汉武帝的谕旨："乌孙如果能向东返回故土居住，那么我们汉朝将把公主许配给乌孙王做夫人，两国结为兄弟，共同抵御匈奴，匈奴不足为破也。"然而，乌孙自以为距离汉朝太远，也不知道汉朝到底有多大，并且长期以来一直是匈奴的藩属，离得又近，朝中大臣都畏惧匈奴，不想迁徙。张骞在乌孙国逗留了很久，一直得不到明确的答复，于是分别派遣副使出使大宛、康居、大月氏、大夏、安息、身毒、于阗及周边其他国家。乌孙派翻译及向导送张骞回国，又派了数十人、马数十匹跟着张骞一起来长安答谢，趁机看看汉朝到底有多大。

这一年，张骞回到长安，汉武帝任命他为大行。过了一年多，张骞派到大夏等国的副使也先后回国，同样带着各国报聘的使节。于是西域开始和汉朝有了交通往来。

西域地区共有三十六个国家，南北为大山（北有天山，南有昆仑山），中间有河流（塔里木河），东西长六千余里，南北宽千余里，东与汉朝玉门关、阳关相接，西边到达葱岭（帕米尔高原）。塔里木河有两个源头，一个在葱岭（叶尔羌河），一个在于阗（和田河），合流之后，向东注入盐泽（罗布泊）。盐泽距玉门关、阳关三百余里。从玉门关、阳关出西域有两条道：从鄯善顺着昆仑山北麓，顺着河向西一直到莎车，为南道。从南道向西越过葱岭，就抵达大月氏、安息。从车师前国顺着天山南麓，沿着河向西至疏勒，为北道，北道向西越过葱岭，就抵达大宛、康居、奄蔡。这些国家都臣服于匈奴。匈奴西边的日逐王，设置童仆都尉以统治西域，常驻焉耆、危须、尉犁等地，向各国征收赋税，掠取财富。乌孙王既然不肯东还，汉朝就在浑邪王故地设置酒泉郡，逐渐从内地迁徙百姓来充实这个地区。后来又设置武威郡，以断绝匈奴和羌族地区之间的交通。

天子得到大宛的汗血宝马，非常喜爱，命名为"天马"。去大宛搜求宝马的使者络绎不绝，相望于道路。中国派往西域的使团，大的一行数百人，小的一百余人，所带的礼物和当时张骞出使时的相当。后来汉朝慢慢跟西域熟悉了，使团才开始减少规模。大概一年派出使者多的十几次，少的五六次。远的要八九年才能回来，近的也得几年。

武帝元鼎三年（丁卯，公元前114年）

1 冬，汉武帝将函谷关的百姓迁移到新安县。

【华杉讲透】

自此，函谷关分为新旧两座，旧的秦关在河南上灵宝市，新的汉关在新安县，在旧关以东三百里。

2 春，正月二十七日，汉景帝的阳陵园发生火灾。

3 夏，四月，天降冰雹。

4 函谷关以东十余个郡国饥荒，发生人吃人的惨剧。

5 常山宪王刘舜薨，他的儿子刘勃继嗣王位。后来，刘勃因为在刘舜病重时没有侍奉汤药，守孝时又违反规定，荒淫无礼，被废除王位，流放到房陵。又过了一个月，天子改封刘舜的另一个儿子刘平为真定王，将常山改为郡。至此，五岳都在中央政府的直接管辖内了。

6 汉武帝将代王刘义改封为清河王。

7 这一年，匈奴伊稚斜单于去世，其子乌维继位。

武帝元鼎四年（戊辰，公元前113年）

1 冬，十月，皇上出巡至雍县，祭祀五色帝庙。汉武帝下诏说："对于上帝天神，我亲自郊祀，对于后土地神，却没有祭祀，这样祭天不祭地，祭礼不配套，请有司研究该怎么做。"有司建议在沼泽中圆丘上立后土祠。皇上从夏阳向东巡幸汾阴。当时，天子首次巡幸郡县的封国，河东郡守没想到皇上突然要来，准备供应来不及，恐惧自杀。

十一月八日，在汾阴的黄河边高地上立后土祠，皇上亲自前往拜祭，和五色帝庙祭礼一样。祭祀完毕，皇上出巡至荥阳，回来又到洛阳，封周朝王室后裔姬嘉为周子南君。

2 春，二月，中山靖王刘胜薨。

3 乐成侯丁义向汉武帝推荐方士栾大，说他与文成将军少翁出自同一个师门。皇上正后悔不该杀了少翁，所以见到栾大后非常高兴。

栾大之前侍奉胶东康王刘寄，擅长说好话，富于谋略，敢说大话，毫不犹疑。他大言不惭地对皇上说："我经常往来于海中，见到安期、羡门等神仙，只因为我地位低贱，他们不信任我，又认为康王不过是一个诸侯国君，不肯给长生不老的方子。我师父说：'黄金可以炼成，黄河缺口可以堵上，不死之药可得，神仙可以招致。'但是，我担心步少翁的后尘。如果那样，所有的方士都掩口不敢讲真话，谁还敢谈长生不老之方呀！"

皇上说："少翁是自己不小心吃马肝被毒死的，不是我杀的。你如果真的有方子，我有什么不舍得给你的呢？"

栾大说："我师父是不求人的，只有别人求他。陛下如果一定要招来神仙，就要让他的使者尊贵，让他成为你的亲属，以客人之礼，而不是臣子之礼相待，才可以让他给神仙传递消息。"

于是皇上先检验一下他的小方术。栾大在庭院中竖起若干旗帜，旗帜之间竟能互相攻击！当时，皇上正为黄河缺口不能堵上而担忧（黄河于公元前132年决口，至今已二十年，还在泛滥），炼金术又一直没有突破，于是拜栾大为五利将军，后来又拜他为天士将军、地士将军、大通将军。夏，四月二十二日，皇上又封栾大为乐通侯，食邑二千户，赐给一等住宅，童仆千人，并把自己用不着的车辆、马匹、帷帐、器物等赏给栾大以充家用，又将亲生女儿卫夫人所生的长公主嫁给他为妻，赏赐黄金十万斤。天子亲自到他家做客，拜问的使者络绎不绝，问还缺什么。汉武帝的姑妈窦太主刘嫖、丞相、将军及以下的人，都在栾大家设置酒宴，赠送礼物。汉武帝还亲自到栾大家给他刻一枚"天道将军"的玉印，派使者穿着羽毛衣裳，夜晚站立于白茅草之上授印。栾大也穿着羽毛衣裳，站在白茅草之上接受，以表示他不是臣下身份。

栾大见了皇上数月之后，身佩六个印信，富贵震动天下。于是海上燕、齐之间，个个都说自己有方术，可以招来神仙。

【华杉讲透】

为什么要读历史，因为一切智慧都在历史里。大道至简，正邪都一样，骗术也简单得不得了，但足以骗取天下英雄。

骗子的方法论，就是利用人性的两大弱点：一是贪婪、侥幸，一厢情愿，只要他想要的，他就会相信一切皆有可能，就会赌一把，而且谁也拦不住他，谁阻拦他，他就要干掉谁；二是人们会在他已经下注的地方继续下注，只要他下了第一注，你就可以一直骗光他。

所以骗子的诀窍，就是要骗得大，开口要的代价也要大，要"开出一个自己都不敢相信的价码"，要价越高，越能让受骗者上当。为什么呢？因为被骗者的心态，就是"赌一把"，再说他有的是钱，你只管去骗。

栾大登峰造极之处，就是他不仅要骗钱，他连官位都嗤之以鼻，他是神仙的使者，不是凡人，不是皇上的臣子，所以他要求要成为皇上的家人，要皇上把女儿也给他。汉武帝为什么要把女儿也给他呢？因为他想向神仙表明诚意呀！他要下注呀！

贪心和侥幸会让人失去一切智商，失去最基本的逻辑能力。所以千百年来，贪心侥幸的人太多，以至于骗子都不够用。这样的骗子，今天还比比皆是；这样的骗术，未来一万年还可以如法炮制。不要嘲笑汉武帝，以为你不会上当，或者以为那是古人愚昧，只要你贪巧求速，有侥幸心理，就会招来"骗神"。因为这是人性。

4 六月，汾阴一位叫锦的巫师，在魏脽后土祠旁发现一个大鼎。河东太守将此事奏报朝廷。天子派人核查，证实巫师得鼎之事属实，没有欺诈，于是以礼祭祀，并将大鼎迎接到甘泉宫。皇上带着鼎同行，呈献给宗庙和皇天上帝，保存在甘泉宫中。文武百官都向汉武帝祝贺。

5 秋，立常山宪王刘舜之子刘商为泗水王。

6 当初，条侯周亚夫为丞相，赵禹为丞相史（丞相府秘书长），丞相府中官员都说他廉洁公平，但是周亚夫却不重用他，说："我知道赵禹这人不坏，但是执法深刻，用法律条文去套牢别人，这样的人不应该掌握大权。"等到赵禹做了少府，用法比其他九卿官员严酷峻急。到了后来，大家都形成了严酷用法的风气，赵禹反而显得宽厚平和了。

中尉（首都警备司令）尹齐一向以敢于杀人著名，他担任中尉之后，官吏和百姓的生活更加凋敝。这一年，皇上认为尹齐不能胜任他的工作，将他判罪，重新任命王温舒为中尉，赵禹为廷尉（司法部长）。又过了四年，赵禹因为年老，被贬为燕相。

当时官吏们都争相攀比谁执法更加严酷，唯独左内史（北长安市长）儿宽，劝勉农业，缓施刑罚，审理诉讼，务在得人心；选择任用仁厚的士人为吏，推心置腹相待，不追求自己的名声，受到官吏和百姓的衷心爱戴。儿宽收取租税时，绝不强迫，让有困难的人得到宽限，所以很多租税都没收上来。后来有军事行动，征收粮秣，儿宽因为欠租欠税，考核的政绩最差，依法应当免职。当地人民担心失去这个好官，富裕人家用牛车拉，贫穷人家自己挑担，纷纷来交租税，道路上好像一根绳子穿起来一样络绎不绝，霎时间将官仓填满，儿宽的业绩考核又改成最好。皇上由此对儿宽大为惊奇。

7 当初，南越文王赵胡派他的儿子赵婴齐到皇宫当宿卫。赵婴齐在长安娶了一位邯郸人樛氏，生下儿子赵兴。文王薨，赵婴齐继位，还珍藏着当初赵佗的"南越武帝"玉玺，上书请立樛氏女为王后，赵兴为太子。朝廷数次派使者提醒赵婴齐进京朝见。赵婴齐在南越专擅诛杀大权，恣意妄为，害怕进京之后被要挟，要他施行汉朝法律，自己的权力也降低到和其他诸侯一样，所以坚持称病不朝。

赵婴齐薨逝之后，谥号为明王。太子赵兴继位，其母樛氏为太后。太后在嫁给赵婴齐之前，曾经和霸陵人安国少季私通。这一年，皇上派安国少季去南越国，劝谕南越王赵兴和他的母亲入京朝觐，和其他诸侯一样。皇上又派能言善辩的谏大夫终军等同行，宣告天子的谕旨。勇士魏臣等帮助安国少季决断，卫尉路博德将兵屯驻桂阳，等待使者。南越王年少，太后又是汉朝人，安国少季前往，旧情复燃，两人又私通。南越很多人知道后，更加不依附太后。太后害怕发生内乱，需要借助汉朝的威势，多次劝说南越王及群臣成为汉朝藩属。于是乘着汉朝使者回京之便，向天子上书，请求跟其他诸侯王国一样，每三年入朝一次，撤除边关。天子同意，赐给南越丞相吕嘉银印及内史、中尉、太傅印信，其他官员则由南越王自己任命。废除南越刑法中的黥刑、劓刑，用汉朝法律，与其他诸侯国一样。所派使臣全部留在南越国，对该地区进行镇压和安抚。

8 汉武帝巡幸至雍县，将要举行祭天仪式，有人说："五色帝只是太一神的辅佐，应该给太一神立庙，由皇上亲自祭祀。"皇上疑惑，没有决定。齐人公孙卿说："今年得到宝鼎，冬季十一月一日干支是辛巳，而第二天是冬至，和黄帝时一样。"公孙卿有一片木简，上面写着："轩辕黄帝得宝鼎那一年，冬季十一月一日干支是己酉，天亮时正逢冬至，黄帝活了三百八十年，升天为仙。"公孙卿通过皇上身边的宠臣奏报上来，皇上大喜，召见他，询问具体情况。公孙卿回答说："这片木简，是申公给我的。申公说：'汉朝当复兴黄帝时的盛况，汉朝的圣者应当是高祖的孙子或曾孙，宝鼎出而通神，黄帝在明庭迎接众神，而今天的明庭就是甘泉宫。黄帝当年开采首阳山铜矿，在荆山下铸成宝鼎。宝鼎铸成之时，有龙垂长须而下，迎接黄帝。黄帝攀缘而上，骑上龙身，同时上去的还有他的大臣及后宫七十余人。'"天子听了，感叹说："我如果能和黄帝一样升天为仙，还管什么妻子儿女！都跟扔掉破鞋一样！"于是拜公孙卿为郎官，派他向东到太室山迎候神仙。

武帝元鼎五年（己巳，公元前112年）

1 冬，十月，皇上在雍县祭祀五色帝庙。礼成之后，顺便西游，越过陇县，再往西登崆峒山。因为天子突然到来，陇西太守完全来不及准备供应，以至于天子随从有的竟得不到食物。陇西太守惶恐自杀。

皇上又北出萧关，率数万骑兵至新秦中打猎，顺便检阅边防部队，然后回京。在新秦中地区，皇上发现有些地方在绵延千里的范围内，竟没有一个亭障、碉堡等防御工事，于是将北地太守以下官吏全部诛杀。

汉武帝再次驾临甘泉，建立祭祀太一神的祭坛，所用的祭祀用具跟雍县五色帝庙一样，并且还有所增添。五色帝坛环居在太一神祭坛之下，再外面的东南西北四方，又筑若干小祭坛，供奉众神的随从和北斗神，等等。十一月一日冬至凌晨，皇上开始郊拜太一神，早上东向揖拜太阳，晚上西南向揖拜月亮。祭祀之时，祭坛上列满火把，祭坛旁又设置烹煮的厨具。有司奏报说："祭坛上有光！"又说："白天有一股黄气升上天空！"太史（掌天文历法）司马谈、祭祀官宽舒建议天子每三年主持郊祀一次。天子批准。

2 南越王、王太后整理行装，携带贵重礼物，准备入京朝觐。宰相吕嘉年纪已老，先后为三位南越王担任宰相，宗族子弟为官者七十余人，男子都尚公主，女子都嫁给王室子弟、宗室；跟被封到苍梧的秦王赵光，关系密切。吕嘉在南越国中威望很高，比南越王更得人心。南越王赵兴上书中央，吕嘉屡次谏止，赵兴不听。吕嘉有反叛之心，总是称病，不见汉朝使者。使者也注意到吕嘉的异常，但是形势还不允许立即诛杀他。

南越王和王太后也害怕吕嘉先行发难，想利用汉使的权力杀死吕嘉等人，于是设酒宴，款待汉使，大臣都来陪坐饮酒。吕嘉也来参加，他的弟弟是南越国大将，带领军队在宫门外戒备。酒至半酣，王太后质问吕嘉："南越王国归附汉朝，这是符合国家利益的，而你却总是不同意，为的是什么？"王太后想要激怒汉使者，当场诛杀吕嘉。但使者们畏惧狐疑，互相观望，竟然不敢发动。吕嘉看气氛不对，起身就走。太后大怒，亲手抓起矛要杀吕嘉，赵兴制止了太后。吕嘉于是得以脱身，在他弟弟的保护下回去了。从此，他称病不肯再见王及使者，与大臣们密谋作乱。

赵兴并没有要诛杀吕嘉的心思。吕嘉也知道这一点，所以过了几个月，也没有发动。

天子听说吕嘉不听命，南越王、王太后孤弱，制不住他，而使者又怯懦，不能决断，又觉得南越王、王太后都已经归附，唯独一个吕嘉作乱，不是什么大事儿，不足以兴兵，于是派庄参率两千人前往。庄参说："如果是和平使者，几个人就够了；如果是武装压服，两千人什么用也没有。"坚决推辞说不可以。天子将庄参免职。郏县壮士、曾经做过济北国相的韩千秋奋然说："区区南越小国，又有南越王、王太后为内应，就宰相吕嘉一个祸害，愿得勇士三百人，一定斩杀吕嘉，报效皇上！"于是天子派韩千秋与王太后樛氏的弟弟樛乐为将，率领两千人前往。军队进入南越境内，吕嘉等人就造反，下令国中说："国王年轻，太后本来就是汉朝人，又和汉朝使者通奸淫乱，一心想要归附汉朝，将先王的宝器全部送出来讨好汉天子。入朝之际，要带很多人去，到长安都卖掉做奴隶。王太后只顾自己一时之利，根本不顾赵氏的江山社稷，没有为子孙万代着想的意思。"于是吕嘉与弟弟将兵攻破王宫，杀了南越王赵兴、王太后樛氏及汉朝使臣，派人通告苍梧秦王及其他郡县，立明王赵婴齐与南越妻子所生的长子术阳侯赵建德为王。韩千秋的军队进入南越，攻破了几个小邑，后来南越让开大道，还供应军粮，让他深入到了离番禺四十里的地方，南越发动攻击，韩千秋全军覆没。吕嘉将汉朝使者符节用盒子装好，放到边关，又留下一封卑辞谢罪的信，然后发兵把守要害。

春，三月四日，皇上得到南越造反的消息，说："韩千秋虽然无功，但也算是先锋，封其子韩延年为成安侯。樛乐的姐姐为王太后，首先倡议归附汉朝，封樛乐的儿子樛广德为龙亢侯。"

3 夏，四月，赦天下。

4 四月三十日，日食。

5 秋，汉武帝派遣伏波将军路博德率兵从桂阳出发，沿着湟水进军；楼船将军杨仆率兵从豫章出发，沿着浈水进军；南越降将名叫严的归义侯被任命为戈船将军，率兵从零陵出发，沿着离水进军；下濑将军甲，率兵直下苍梧。大军都由囚犯组成，征调江淮以南十万人，乘楼船南下。南越降将名叫遗的驰义侯，率巴蜀二郡罪犯，征发夜郎兵，从牂柯江南下。各路大军，都到番禺会师。

齐国国相卜式上书朝廷，请求父子率领齐国熟悉水性的青年，共同出征南越。天子下诏褒奖卜式，赐爵关内侯，赏黄金六十斤，田十顷，布告天下，号召大家向卜式学习。但是没有人响应。这时，全国封侯的人以百数，但是没有一个人主动申请出征南越的。正赶上九月向宗庙献祭，列侯以黄金助祭。少府检查黄金，发现有的数量不足，有的成色不够。于是皇上下令以不敬之罪弹劾，褫夺了一百零六人的爵位。九月六日，因为对祭祀黄金成色分量不足之事知情不报，宰相赵周下狱并自杀。

6 九月二十六日，汉武帝任命御史大夫石庆为丞相，封牧丘侯。当时国家多事，桑弘羊等极力开辟财源，王温舒等严刑峻法，兒宽则一心推广他的儒家情怀，都位列九卿，各自奋进用事，凡事也不向宰相请示。石庆敦厚谨慎，也没什么事，丞相不过是个摆设而已。

7 五利将军栾大整顿出发，要入东海寻找他的师父。但是，他又不敢入海，只是到泰山祭祀。皇上派人跟踪调查，栾大没有察觉，反而向皇上汇报，说他已经在海上见过师父了。这时候，栾大的法术好多也不能应验。皇上知道被骗，以诬罔之罪将栾大腰斩。当初推荐栾大给皇上的乐成侯丁义，也被斩首弃市。

8 西羌部落十万人造反，与匈奴通使，攻击故安，包围枹罕。匈奴军队入侵五原，杀死了五原太守。

武帝元鼎六年（庚午，公元前111年）

1 冬，汉武帝发兵十万人，遣将军李息、郎中令（掌宫廷侍卫的官）徐自为征西羌，平定了西羌部族的叛乱。

2 楼船将军杨仆进入南越，先攻陷寻陕，挥师南下，攻破距番禺二十里的石门，挫败了南越先锋部队，然后驻扎下来，等待伏波将军路博德的大军会合后再一起进兵。杨仆为前军，抵达番禺。南越王赵建德、丞相吕嘉据城固守。杨仆所部在城东南面，路博德在西北面。到了晚上，杨仆发动攻击，纵火烧城。路博德设营垒，派出使者以招降者，对投降的赐给官印绶带，再派他去招降其他人。杨仆奋力攻击烧杀，把人往西北方向驱赶，都捧到路博德大营中。到了黎明时分，全城人都投降了。

赵建德、吕嘉已经在夜里逃向大海，杨仆派人追击。校尉司马苏弘抓获赵建德，南越郎官都稽抓获吕嘉。

下濑将军所部以及驰义侯的夜郎部队都还没有赶到，南越已经平定了。于是朝廷在南越旧地设置南海、苍梧、郁林、合浦、交趾、九真、日南、珠厓、儋耳九个郡。

大军得胜还朝，皇上给伏波将军路博德增加采邑，封楼船将军杨仆为将梁侯，苏弘为海常侯，都稽为临蔡侯，以及南越降将苍梧王赵光等都封为列侯。

3 公孙卿在河南等候神仙，汇报说在缑氏城墙上看见仙人的足迹。这年春天，皇上亲自前往查看，问公孙卿："你不会是想步少翁、栾大的后尘吧？"公孙卿说："神仙无求于皇上，是皇上要求神仙，这事需要时间，没有相当长的时间，神仙不会来。神仙这件事，说起来确实显得很怪诞，但是只要加以岁月，神仙一定会来！"皇上相信了他。于是下令各郡和各封国，整修道路，修缮宫观、名山、神祠，以招引神仙降临。

4 为感谢神仙保佑征服南越，汉武帝祭祀太一神、后土神，开始使用乐舞作为祭礼。

5 当驰义侯征发南夷士兵，准备攻打南越的时候，且兰族首领担心他一旦带兵出征，国内空虚，其他周边国家会来抢掠他的老弱人民，于是干脆举兵造反，杀死汉朝使者及犍为太守。汉政府于是从曾经远征南越的巴蜀罪犯兵团中，抽调八个校尉，由中郎将郭昌、卫广率领，前往讨伐，诛杀且兰君、邛君、莋侯，于是平定南夷，设置为牂柯郡。夜郎侯之前依附南越，南越灭亡之后，夜郎侯就入朝，皇上封他为夜郎王。冉駹也十分震恐，请求臣服，由中央派遣官吏。于是以邛都为越嶲郡，莋都为沈黎郡，冉駹为汶山郡，广汉以西的白马为武都郡。

6 当初，东越王骆馀善上书，请以八千士卒跟从楼船将军攻击吕嘉。部队走到揭阳，他以海上风浪太大为由，停滞不前，实际上偷偷派使者去南越，手持两端，观望胜败，还没决定加入哪一边。等到汉军已经攻破南越，他的部队还没到。杨仆上书，请求乘胜征讨东越。皇上认为士卒劳顿，没有批准行动，让诸校尉屯驻在豫章、梅岭以待命。

骆馀善听说杨仆上书请求诛灭他，见汉兵又在边境驻扎，于是干脆造反，发兵封锁汉朝道路，任命将军驺力为吞汉将军，攻入白沙、武林、梅岭，击斩汉军三名校尉。当时，汉政府派大农令张成、原山州侯刘齿（因为祭礼黄金成色分量不足被褫夺侯爵爵位的那位）任驻军将领，但两人都胆怯，各自找安全的地方撤退躲避，不敢出战。皇上将两人以畏惧懦弱之罪诛杀。骆馀善得胜，自称武帝。

皇上想要再派杨仆为将，又怕他恃功骄傲，就下书敲打他："你的所谓功劳，不过是先攻破石门、寻陿而已，你有斩将夺旗之功吗？有什么好骄傲的呢？你之前攻破番禺，把投降的人抓起来，说是你俘虏的，把死人从坟墓里挖出来，说是你斩杀的，这是你的第一个过错；让赵建德、吕嘉以东越为援军，这是你的第二个过错；士卒暴师在外数年，你不体恤士兵们的辛劳，自己倒乘着驿车视察边塞之便，公车私用，回家探亲，带着金银财宝，腰里露出三颗印信的绶带，夸耀乡里，这是你的第三个过错；在家里待着就不回来，以至于逾期，还借口道路险恶，这是你的第四个过错；我问你蜀地的刀卖多少钱一把，你居然答不上来，以伪诈冒犯君王，这是你的第五个过错；受诏出征之时，让你来兰池，你不来，第二天也没有任何解释，这是你的第六个过错。假如你的部下，问他事情他不回答，给他下命令他不听，那是什么罪呢？把你这种心思表现在外，还有人能信任你吗？如今东越深入国境，你能带兵出征，戴罪立功不？"

杨仆吓得魂飞魄散，惶恐地说："臣愿尽死赎罪！"于是皇上派横海将军韩说从句章出师，走东方海路进军；楼船将军杨仆从武林出师，中尉王温舒从梅岭出师，以越侯为戈船、下濑将军，分别从若邪、白沙出师，以击东越。

【华杉讲透】

汉武帝的领导风格，由这件事可见一斑。杨仆天大功劳，结果给弄出了个说不清道不明的六大罪状。杨仆自己呢，不能严格要求自己，居功自傲，纵情恣肆，尾巴翘得太高，也是自取其辱。

杨仆的教训，就四个字："尾巴夹紧！"自己不要膨胀，随时把尾巴夹紧！功劳越大，就要夹得越紧，因为这时候皇上正密切关注你的尾巴。

7 博望侯张骞因为通西域而尊贵，他的属吏争相上书言说外国的稀奇古怪和利害关系，以求被派遣出使。天子认为西域道路极为遥远，一般人不愿意去，所以只要毛遂自荐愿意去的，都给他符节，让他招募使团成员，不问他的出身贵贱，都给他盘缠装备和出使用的财货，以激励更多人去冒险。不过，这些使者回来，总有些人私吞政府给的钱币财货，或者没有按天子的旨意办事，天子为了让他们熟悉出使的业务，就以重罪治他们，逼他们缴纳重金赎罪。然后没钱了，自己再要求出使，立功赎罪。

使节的品格素质，各有不同，但是胆大妄为，轻视法律，这一点却是一样的。那些吏卒更是夸张地大谈外国的奇珍异宝。皇上呢，说得大的就给他符节做正使，说得小的就让他做副使。因此，很多浮夸而没有品行的人都争相效法。

这些使节，大多是贫家子弟，政府给他们馈赠外国君王的国礼，往往被他们私吞，或者把出使当成是跑一趟单，帮别人做生意。到了外国，他们前后说话不一致，相互之间也不一致。西域各国，对这些所谓汉使渐渐地厌烦了，再加上觉得汉朝那么远，也未必能派兵来打他们，于是开始抵制汉使，断绝给汉使的食物供应。汉使得不到食物，积怨越来越深，以至于相互攻击。楼兰、车师两个小国，地处汉朝通往西域的通道上，对包括王恢在内的汉朝使团不断攻击劫掠。而匈奴骑兵也经常埋伏袭击汉使。使者们争相向皇上投诉，并且说西域各国都是定居民族，有城镇村落，兵弱易击。于是天子派遣浮沮将军公孙贺率领一万五千骑兵，从九原出发，向西搜索二千余里，至浮沮井而还；匈河将军赵破奴率领一万余骑，从令居出发，沿路搜索数千里，至匈河水而还；以驱逐匈奴，不让他们伏击汉使。但是两路大军都没有看到一个匈奴人。于是分割武威、酒泉两郡土地，再设置张掖郡、敦煌郡，并迁徙人民去充实这些地方。

8 这一年，汉武帝提拔齐相卜式为御史大夫。卜式一上任，就上书说："各郡和各封国对盐铁由官府专营多感不便，政府垄断专卖的盐和铁器质量低劣，价格昂贵，又强迫百姓购买。而商船往来有税，以至于商人越来越少，物资流通不畅，物价越来越贵。"皇上由此就不喜欢卜式了。

9 当初，司马相如病重将死，临终时留下遗书，歌颂汉武帝的功德，谈论祥瑞之事，劝皇上到泰山封禅祭祀天地。皇上被他的话感动，又适逢获得宝鼎，于是与公卿及儒生们商议封禅的事。天子封禅的事已经很久远了，具体的仪式已经失传。诸位方士又说："封禅的意义就是不死。黄帝以前的君主，封禅的都招来了怪物，与神灵相通。秦始皇就没能上泰山封禅（秦始皇当初是在山下梁父县举行的封禅大典）。陛下如果一定要登上去，可以缓缓登顶，如果没有风雨，就可以在山顶封禅了。"

皇上于是下令儒生们采用《尚书》《周官》《王制》等书里的规定，草拟封禅的礼仪。结果，搞了几年都没搞出来。皇上问兒宽，兒宽说："在泰山祭天，在梁父山祭地，显扬祖先的姓氏，考求上天的瑞应，这是帝王之盛礼。但是献礼的仪式礼节，经书中没有记载。臣以为，要成功地举行封禅大典，开合天地，互通神明，只有圣明的君王自己才能制定出礼仪，而不是臣子们搞得出来的。如今咱们要办这件大事，给足了充分的时间，让群臣各尽其力，结果还是搞不出来，就是这个道理。唯有天子居于天下中和之极，兼统万事万物，振扬德音，如金玉之声，以顺成普天之大庆，垂范万世之基业。"

皇上于是自己动手制礼，也采纳了很多儒家的礼仪。皇上设计制造出封禅的祭祀器物，给儒生们看。有人说："跟古代的不一样。"于是将儒生们全部罢免不用。皇上又依据古礼，先振奋军威，停止战争，然后再举行封禅大典。

【王夫之曰】

武帝淫祀以求长生，那些方士、巫师鼓吹也就罢了。兒宽是一个儒生，是谈王道的，怎么也大言不惭地去掺和呢？附会缘饰，和公孙卿之流相为表里，还让武帝用他的学说，用儒术来包装他的淫祀。汉儒毁道徇俗，陵夷圣教，罪莫大焉!

鬼神这东西,君子不能说没有鬼神,但也不能跟天下人明确说有鬼神。不说没有鬼神,那郊庙之中已经有这意思了,虚妄的人在其中已经有寄托了。再往下,就不说了。

【华杉讲透】

儒家对鬼神的观念,不是无神论,也不是有神论,我称之为"如有神论"。对鬼神,儒家就完全不迷信,官方也从来不迷信,所有祭天祭地祭祖宗,都是政治活动,不是迷信活动。王夫之说汉武帝是淫祀。什么是淫祀呢?不合礼制的祭祀,就称为淫祀。《礼记·曲礼》谓:"非其所祭而祭之,名曰淫祀。淫祀无福。"没有什么福报,你不要祭。

武帝元封元年(辛未,公元前110年)

1 冬,十月,皇上下诏说:"南越、东瓯都已经顺服,但是西蛮、北夷还不能安定和睦。朕将巡视边陲,亲自执掌军令。现在要设置十二路将军,由我亲自统率。"于是率大军出征,从云阳出发,经过上郡、西河、五原,出长城,向北登上单于台,至朔方,兵临黄河(动员骑兵十八万人,旌旗绵延千余里,以威震匈奴),派使者郭吉告诉单于说:"南越王的人头,已经悬挂在长安城北门(柏杨注:南越王赵建德被俘后,封术阳侯,并未处决),如今单于你如果能战,天子亲自将兵在边境等候;如果不能战,赶紧南面臣服归顺于汉,为什么要远远地跑到沙漠以北苦寒而没有水草的地方呢?这不是苦了自己吗?"话音刚落,单于大怒,立即将引导郭吉来见他的礼宾官斩首,又扣留郭吉,流放到北海(贝加尔湖)。但是,匈奴也没有志气,不敢出战。

皇上于是班师回朝,在桥山祭祀黄帝墓,行至须如,将征调的兵卒遣散。皇上问道:"我听说黄帝不死,怎么又有坟墓呢?"公孙卿说:"黄帝成仙登天之后,群臣思慕,所以将他的衣冠葬在这里。"皇上感叹说:"以后我升天为仙之后,群臣也会把我的衣冠葬在东陵吧!"于是回到甘泉宫,又祭祀太一神。

2 皇上认为卜式不擅文辞，将其贬为太子太傅，任命儿宽接替卜式担任御史大夫。

3 汉兵进入东越境内。东越早已发兵据守各处险要，又派徇北将军把守武林。楼船将军帐下一名士兵，钱塘人辕终古斩杀了徇北将军。之前曾为南越衍侯的吴阳，率领他的封邑民兵七百人，反攻东越军于汉阳。东越建成侯敖与繇王居股杀骆馀善，率众投降。皇上封辕终古为御儿侯，吴阳为卯石侯，居股为东成侯，敖为开陵侯。又封横海将军韩说为按道侯，横海校尉福为缭嫈侯，东越降将多军为无锡侯。皇上认为闽越地形险阻，那里的人反复无常，多次与汉朝为敌，始终都是后世祸患，于是下诏命令诸将，将当地人民全部迁徙到江淮之间重新安置，闽越地区因此成了无人区。

4 春，正月，皇上出巡至缑氏，在中岳嵩山太室进行礼祭，随从官员在山下听见仿佛有声音呼喊三次"万岁"。皇上下诏主管祭祀的官员扩建太室祠，禁止砍伐草木，把山下三百户人家划归太室祠，作为其采邑。

皇上于是东巡海上，行礼祭祀八神（柏杨注：天神、地神、兵神、阴神、阳神、月神、日神、四季神）。齐人上书陈述神怪之事和奇异方术的数以万计。于是汉武帝增派船只，命令声称海中有仙山的数千人出海，寻找蓬莱神仙。公孙卿拿着天子符节，经常先行在前，到各大名山守候仙踪，到了东莱，奏报说："夜里看见一个巨人，有数丈之高，走近又不见了，只看到它的脚印，脚印非常大，有点像鸟兽足迹。"群臣当中又有人汇报说："见到一个老人家，牵着一条狗，说：'我想去见见天子。'一转眼又不见了。"皇上去看了那个大脚印，不太相信，等到群臣说见到老人牵狗，才认定就是神仙，于是就在海边住下来，给方士们政府驿车使用，派了上千人到处去找神仙。

夏，四月，汉武帝起驾还朝，到了奉高，在梁父祭祀地主神。

十五日，汉武帝下令担任侍中的儒家学者穿上猎装，戴上鹿皮帽，把笏板系在腰带上，行射牛之礼（天子举办祭祀大典之前，要亲自射牛，表示献祭的牛是他亲自宰杀的），泰山下东方封土为祭坛，和郊祠太一神的祭坛规格一样，祭坛广一丈二尺，高九尺，下面埋藏上奏给神仙的玉牒（刻在玉璧上的奏章），内容保密。

祭祀完毕，天子又单独与侍中、奉车都尉霍子侯登上泰山，也封土祭祀，具体仪式内容完全保密。

第二天，君臣从山北下山。

十六日，在泰山脚下东北方的肃然山祭祀地神，与祭祀后土的规格礼制一样。皇上都亲自叩拜，穿黄色衣服，有音乐伴奏。用江淮一带出产的三节以上粗大茅草为祭礼，用五色土（东方青土、南方红土、西方白土、北方黑土、中间黄土）做祭坛。晚上在封禅祠好像有一道光出现，白天又有白云从祭坛中飘出。皇上祭祀完回来后坐在明堂中，群臣都上奏祝贺，歌功颂德。皇上下诏说："朕以渺小的身躯，继承至尊之位，战战兢兢，担心自己德行菲薄，又不懂得礼乐，所以祈求八神指导。如今天地神灵赐给我祥瑞，我看见了那景象，又听见了声音，震惊于怪物，想阻止，但是又不敢，于是登高而封泰山，至于梁父，然后升坛于肃然山，反省自己，改过自新，愿与士大夫们一起重新出发！所以，以今年十月为元封元年。我这次出巡所到的地方，博县、奉高、蛇丘、历城、梁父，农民应缴和过去所欠的田赋，全部免除。商人今年的捐税，也全部免除。全国人民有爵位的，都调升一级。"下令以后每五年巡狩，亲自到泰山封禅一次，又下令各诸侯都要在泰山脚下修建官邸。

天子完成了封禅泰山的大事，又没有风雨阻挠，方士们更是极力言说蓬莱诸神这次一定可以遇到，于是皇上欣然要再去会一会神仙，转头东行，又到海边张望。

皇上要亲自坐船下海找寻蓬莱仙岛，群臣谏阻，皇上不听。东方朔说："要见神仙，应该得之自然，不可强求。如果有道，不愁见不到；如果无道，就算到了蓬莱，见了神仙，也没有什么好处。臣希望陛下回到宫中静候，神仙自己会来。"皇上这才打消念头。又赶上奉车都尉霍子侯暴病，一天就死了。霍子侯是霍去病的儿子，皇上非常哀痛，于是启程返京，沿着海岸北上，到达碣石山，巡行辽西，沿着北部边境到九原，五月才回到甘泉宫。此次出游，一共走了一万八千里。

当时，桑弘羊做治粟都尉（又名搜粟都尉，管粮食），又主持大农的职责（管农林事务），全国盐业和铁器都归他管。桑弘羊就制定平准法（平抑物价条例），下令远方各地百姓，将商人贩运转卖的当地物产，抵着赋税运到京师。在京师设立平准令，接收各地运来的货物。这样，大农各部门就控制了天下的全部货物，哪个货物价格上涨，就卖出；哪个货物价格下跌，就买进，让商人无法获取暴利，而物价也不会波动。这时候，皇上巡狩郡县，所过之处赏赐丝绸百万余匹，金钱以巨万计，都从大农开支。桑弘羊又建议官吏可以捐献粮食获得升官，罪人可以捐献粮食来赎罪。这些措施下来，崤山以东漕运而来的粮食，每年增加六百万石，一年之间，太仓、甘泉粮仓爆满，边境也有余粮，各种货物都有富余，丝绸就有五百万匹，没有给人民加税，而政府财政宽裕。于是桑弘羊赐爵左庶长，再赏赐黄金百斤。

这时发生了小规模的旱灾，皇上下令官吏求雨。卜式说："政府应该收取租税而已，如今桑弘羊让官吏们像商人一样，坐到市场上去贩物求利，把桑弘羊烹了，天就下雨了。"

5 秋，有异星出现在东井八星之旁，过了十几天，三台六星旁边也出现异星。望气官王朔说："观察结果，看见土星出来，形状如瓜，一顿饭工夫，又恢复原状。" 有关官员都说："陛下开创汉家封禅纪录，上天以土星显像来汇报。"

6 齐怀王刘闳薨，因没有儿子，封国被撤销。

卷第二十一 汉纪十三

（公元前109年—公元前99年，共11年）

主要历史事件

滇国投降汉朝　111

赵破奴生擒楼兰王，攻破车师国　112

卫氏朝鲜的灭亡　112

王乌出使匈奴　116

卫青去世　117

西域各国与汉朝友好通使　118

汉武帝恢复夏历历法　120

143个汉朝原始封国只剩3个　124

汉宛良马之战　125

苏武牧羊　128

李陵攻打匈奴失败投降　130

主要学习点

领导者要掌控自己的情绪　115

要有胜算，才能开打　133

服从命令比勇敢重要得多　133

真正的善战者，没有可歌可泣的英雄事迹　134

诚，是最大的领导力　135

世宗孝武皇帝下之上

武帝元封二年（壬申，公元前109年）

1 冬，十月，汉武帝巡游雍县，祭祀五色帝庙；回到长安，祭祀太一神庙，并叩拜土星。

2 春，正月，公孙卿说："在东莱山看到神仙，他好像说想见天子。"天子于是巡游缑氏城，拜公孙卿为太中大夫。在东莱住了几天，据说看见了神仙的足迹，但并没见到神仙。汉武帝又派遣数以千计的方士求神怪，采灵芝。当时赶上旱灾，汉武帝出巡却没有冠冕堂皇的名义，于是在东莱城祭祀万里沙神庙。夏，四月回程的途中，汉武帝祭祀了泰山。

3 当初，黄河在瓠子决口，之后二十多年都没堵上，梁、楚之地受到的灾害尤其严重。这一年，汉武帝派汲仁、郭昌两位高级官员，征发数万人堵塞瓠子河堤缺口。自泰山回来的途中，汉武帝亲自到黄河决堤处，将白马、玉璧投入黄河，命令将军以下的随从官员都亲自去背木柴，这才终于将缺口堵上。之后，汉武帝下令在河堤上修筑一座宫室，命名为宣防宫，并疏导黄河北行的两条水道，恢复大禹治水时的旧河道。梁、楚二地恢复安宁，再也没有了水灾。

4 汉武帝回到长安。

5 汉武帝命令南越巫师祭祀上帝、鬼神，并用鸡骨卜卦。

6 公孙卿上书说，神仙喜欢住在楼上，于是汉武帝下令在长安兴筑蜚廉观、桂观，在甘泉兴筑益寿观、延寿观，派公孙卿携带皇帝符节，摆设迎神的器具，等候神仙降临。之后，汉武帝又下令修筑通天台，在下面设置祭祠器具；在甘泉宫加修前殿，并对其他各处宫室进行扩建。

7 当初，燕国全盛之时，曾占领真番、朝鲜，设置官吏，修筑城堡要塞。秦灭燕之后，这一带成为辽东郡的边部边界。汉朝建立，觉得朝鲜太远，难以守御，就重新修筑辽东故塞，至浿水（朝鲜清川江）为界，属于燕国。燕王卢绾造反，流亡到匈奴。燕国人卫满亡命，聚集徒党千余人，改穿蛮夷服装，将头发结辫，东走出塞，渡过浿水，在秦朝放弃的空地上定居，逐渐控制了真番、朝鲜当地蛮夷和燕国流亡去的人，自己称王，定都王险城。

到了汉惠帝、吕后时期，天下初定，辽东太守与卫满约定：卫满做汉朝的外臣，保护汉朝边塞之外的蛮夷部族不对汉朝边塞进行侵扰；如果各蛮夷部落的首领要入朝见天子，卫满不得阻挠。因此，卫满得以兵威压迫、财物引诱，逐渐征服了周边的小邑，真番、临屯都来降服归顺，地方达到数千里之广。

后来，王位传至卫满的孙子卫右渠时，卫氏朝鲜招降的汉朝逃亡之人越来越多，而卫右渠又从来未到长安朝见过汉朝天子。辰国国君想要上书觐见天子，被卫右渠阻挡。这一年，汉朝派涉何为使臣去诱谕卫右渠，但卫右渠始终不肯奉诏。涉何无功而返，到了边界，在浿水河边，派替他驾驭车马的随从突袭刺杀朝鲜派来送他的小王，然后即刻渡过浿水，飞驰进入边关要塞，归报天子说："斩杀了一名朝鲜将领。"汉武帝觉得这是美名，也就不过问事情经过，拜涉何为辽东东部都尉。朝鲜怨恨涉何，发兵报仇，杀了涉何。

8 六月,甘泉宫斋房中长出一株九茎连叶的灵芝。为此,汉武帝下令大赦天下。

9 汉武帝心忧旱灾,公孙卿说:"黄帝的时候,封禅后就会天旱,整整旱了三年时间,是上天为了晒干封土。"汉武帝于是下诏说:"天旱,是为了晒干我的封土吗?"

10 秋,汉武帝下令在汶上建造明堂。

11 汉武帝下令招募天下死罪囚犯当兵,派楼船将军杨仆从齐地渡过渤海,左将军荀彘从辽东出击,两路大军讨伐朝鲜。

12 当初,汉武帝派王然于出使滇国,用击破南越的事例和诛灭南夷的兵威,晓谕滇国国王入朝称臣。滇王有部众数万人,滇国附近又有劳深、靡莫等同姓部落相互支持,不肯依附。劳深、靡莫数次侵犯汉朝使者和吏卒。于是汉武帝派遣将军郭昌、中郎将卫广征调巴蜀地区的军队灭掉了劳深、靡莫,然后兵临滇国。滇王举国投降,请求朝廷派来官吏,并请入朝称臣。于是,汉朝在滇国设置益州郡,仍颁赐滇王王印,让他继续统治滇民。

这时候,汉朝先后灭掉了东越和南越两国,平定西南夷各部落,新设置了十七个郡,并且都按其原有的风俗来治理,也不征收赋税。南阳、汉中等旧有各郡,则各根据其地方相邻和相近,供给新郡吏卒粮食、财货、邮传车、马匹及配件用具。而那些新郡呢,时不时会发生一些小规模的反抗,杀死官吏。汉政府便征发南方吏卒前往诛灭,一两年间,动员一万多人,军费都由大农供应。大农借着均输法,再加上垄断制盐和铁器的收入,所以还能供上。但是大军所经过的郡县,当地政府勉强提供所需物资,只是不使匮乏而已,不敢施行军事附加税。

13 这一年,汉武帝任命御史中丞、南阳人杜周为廷尉。杜周外表看起来很宽厚,实际用法苛刻入骨,他的做派和张汤差不多。当时,奉诏审理的案件越来越多,二千石以上官员,被拘禁在诏狱中的,前后加起来不下百余人;一年之中，送到廷尉那里的诉状，有一千多件。大案牵连抓捕到案的，有数百人，小案也有数十人；犯人们远的从数千里之外，近的数百里，被押解到长安关押受审，廷尉府附属监狱及首都其他部门所属监狱，全部装满，囚犯多达六七万人。酷吏又继续牵连，此外又增加十余万人。

【柏杨曰】

诏是皇帝的命令，由于皇帝的命令而逮捕的，就是诏狱。在这种案件中，法官的任务只是给不合法的行为披上合法的外衣。韩信、彭越、晁错、主父偃、周亚夫，都是诏狱的牺牲品。所以可以直截了当地说，诏狱就是冤狱。十六七万囚犯，是一个庞大的数目，当时长安人口不过五十万，十个人中，就有三个人坐牢，其中埋藏着多少悲剧。太平盛世，尚且如此，战乱之时，人更不被当人。

武帝元封三年（癸酉，公元前108年）

1 冬，十二月，打雷，下冰雹。冰雹有马的头那么大！

2 汉武帝派将军赵破奴攻击西域的车师国。赵破奴率领轻骑七百余人先行，俘虏了楼兰王，然后大破车师国，并乘胜以兵威围困乌孙、大宛等小国。春，正月二十七日，汉武帝封赵破奴为浞野侯。王恢辅佐赵破奴击楼兰，被封为浩侯。于是，汉朝所建的军事堡垒、亭障，从酒泉一直延伸到玉门关。

3 汉武帝开始玩角抵戏（一种角力的游戏）、鱼龙曼延（一种魔术杂技表演）等杂技游戏。

4 汉兵入朝鲜境，朝鲜王卫右渠发兵，坚守险要。楼船将军杨仆率齐兵七千人先到王险。卫右渠据城坚守，经侦察发现杨仆兵力单薄，便出城袭击杨仆。杨仆部队兵败溃散，遁入山中十几天，稍稍收集退散的士卒，又集结起来。左将军荀彘攻击浿水西岸的朝鲜守军，未能攻破。

天子认为两位将军都没有战绩，于是派卫山出使朝鲜，用军事压力劝卫右渠归顺。卫右渠见到卫山，顿首谢罪说："愿降，但是怕两位将军使诈杀了我；如今见了天子符节，再次请求投降！"于是卫右渠派太子入朝谢罪，献马五千匹，并馈赠军粮。

跟随太子的朝鲜武装部队，有一万余人之多，正要渡过浿水，卫山和左将军荀彘担心他们要变乱，对太子说："既然已经投降服从，就应该让你的人放下武器。"太子也怀疑卫山、荀彘要使诈杀掉他（因为前面涉何已经干过一回，杀了来送别他的朝鲜小王）。卫山要他解除武装，他害怕旧事重演，不肯渡浿水，带着兵回去了。卫山回报天子，天子将卫山诛杀。

【华杉讲透】

朝鲜太子反悔，责任在汉武帝。上次涉何无故刺杀送他的朝鲜小王，如果汉武帝把涉何斩了，那么这次朝鲜太子一定放心入朝了，后来就不用动那么多兵，死那么多人，花那么多钱。太子完全有理由怀疑卫山要杀他立功，所以他不敢解除武装，不敢来，回去了。涉何是自己害死自己，卫山则是被汉武帝害死的。

左将军荀彘攻破浿水守军，于是挺进到王险城下，包围了城西北。楼船将军杨仆也前往会师，驻军在城南。卫右渠坚守城池，数月未能攻下。

荀彘手下都是燕、代地区的士卒，强劲彪悍；而杨仆手下的齐兵，曾经遭到败亡困辱的滋味，士气低落一些，士卒们心有余悸，将领们也惭愧沮丧，所以在包围卫右渠王的时候，总是带着议和的符节，随时希望讲和。那边厢荀彘猛烈攻击，这边厢杨仆且战且谈，朝鲜大臣们就私底下找杨仆约降。使者往来磋商，还没有最后决定。荀彘数次与杨仆约定一起发动总攻，但杨仆等着朝鲜这边和议能成，不搭理荀彘。荀彘也向卫右渠派出使者，要他投降。但朝鲜不肯向他投降，而更愿意向杨仆投降。于是汉军两位将领开始互相猜忌。荀彘觉得，杨仆之前有打败仗的罪，如今与朝鲜私底下交好，朝鲜又并未投降，怀疑杨仆有反叛之计，只是还没有发动。

天子见两将围城的作为十分诡异，军队许久不决战，于是派济南太守公孙遂前往调查纠正，并授权公孙遂便宜从事。公孙遂抵达，荀彘说："朝鲜早就应该攻下了，之所以没有攻下，是数次与杨仆约期会战，他都不约！"然后跟公孙遂讲了整个过程和他的看法，说："如果今天不把杨仆拿下，以后恐怕成为大患！"公孙遂同意他的意见，于是以天子符节召杨仆入荀彘部队大营议事。杨仆一来，公孙遂就命令荀彘麾下士兵将杨仆逮捕，兼并了杨仆的部队。

公孙遂将此事奏报天子，天子下令诛杀公孙遂。

荀彘合并两军，即刻全力攻击。朝鲜国相路人、韩阴，尼谿相参，将军王唊等相互商议说："之前我们希望向楼船将军投降，如今楼船将军被抓起来了。左将军独掌兵权，军情越来越紧急，恐怕我们坚持不住，卫右渠王又不肯投降。"阴、唊、路人都逃亡降汉，路人死在路上。到了夏天，尼谿相参派人杀了朝鲜王卫右渠来降。王险城仍然没有攻下，因为卫右渠王手下大臣成己又反了，攻击汉朝官吏。荀彘派卫右渠的儿子卫长、路人的儿子路最劝告说服朝鲜百姓归顺，并诛杀成己。

汉朝因此得以平定朝鲜，并设置乐浪、临屯、玄菟、真番四郡。汉武帝封尼谿参为澅清侯，韩阴为荻苴侯，王唊为平州侯，卫长为几侯，路最的父亲为了投降汉朝而死，有大功，为涅阳侯。

汉武帝征召左将军荀彘到京师，指控他争抢功劳，嫉妒同僚，给公孙遂出阴谋诡计，抓了杨仆，以此罪名，将荀彘斩首弃市。楼船将军杨仆率军先到了列口，本应该等待荀彘到达，再一起发动攻击，却擅自先行进攻导致寡不敌众，给部队造成巨大损失，论罪当诛，免死，缴纳赎金，贬为庶人。

【柏杨曰】

刘彻处理这场战事的方式，显示出一个长期统治者的乖张性格。远征朝鲜，派出两路大军，却不设一个统帅，导致争端。杨仆犯错最多，单独挑战，吃了败仗，吓破了胆之后，又企图以和平手段包揽全局。最严重的是，约定攻击日期，友军发动，他却坐山观虎斗。

从史料上，看不出荀彘有什么不对。他的怀疑是正常的，即使逮捕杨仆，是他的建议，但是决策权在公孙遂，与他何干？万里之外灭国而还，血汗功劳都在，何至于被绑缚到街市斩首？荀彘的冤狱是一个分水岭，刘彻的智力开始走下坡，以后越来越昏庸凶暴，只凭自己一时高兴或者不高兴，完全受自己情绪控制，被左右亲信小人物拨弄于手心之上，所以接着杀宰相，杀妻子，杀亲生儿子，夺取汗血马，一团黑暗血腥，除非他死，否则黑暗血腥不止。

【华杉讲透】

存天理，灭人欲，作为掌握生杀予夺大权的领导者，最重要的就是要控制自己任情任性的欲望，不能按自己的喜怒好恶行事。汉武帝掌权日久之后，已经完全任由自己的情绪驱使，为所欲为。君王任性，则天下恐惧。

前面讨论封禅泰山时兒宽说过，天子位居中和之极。什么叫中和之极？《中庸》说："喜怒哀乐之未发谓之中，发而中节谓之和。中也者，天下之大本也；和也者，天下之达道也。"致中和，首要是管理自己的情绪。如果汉武帝完全凭自己的喜怒好恶，生杀予夺，那天下人就无所适从。汉文帝喜欢邓通，就要他富甲天下，就赐他铜山，让他拥有私家央行，直接发行货币。苟彘惹汉武帝不高兴，他就不管你多大功劳，反正"朕不满意"，就要斩首弃市。

王者建中和之极，致中和，就是领导者的修养。

【班固曰】

玄菟、乐浪，本是箕子的封地（周武王灭纣，将箕子封在朝鲜）。当初箕子居朝鲜，教导人民礼仪、耕种、养蚕、织布。制定的法律，只有八条，主要是：杀人的，即时偿命；伤人的，用粮食赔偿；偷窃抢夺的，男的罚到失主家做奴隶，女的为婢女；想自己赎回的，缴纳赎金五十万，就算重新做人，成为平民，也会被人瞧不起，结婚都找不到对象。所以朝鲜人民始终没有偷盗行为，夜不闭户，妇女也都保持贞洁，没有淫乱行为。乡下饮食，都以竹篮盛装食物，城市里呢，就仿效官吏，用杯盘碗筷。

郡县官员，开始时都从辽东引进，那些官吏看见朝鲜夜不闭户，特别是等到那些商人往来，晚上就去偷东西，这样慢慢就把朝鲜的风俗也搞坏了。风俗一坏，法令就越来越多，如今已经有六十多条。可贵啊！想想当初箕子的圣贤教化！

不过，东方的蛮夷，天性柔顺，与南、北、西方的蛮夷完全不同。所以在《论语》中，孔子说："道不行，乘桴浮于海。"他的道如果在中国不能施行，他就要渡海，前往九夷（箕子朝鲜），这是有他的根据的呀！

【华杉讲透】

《论语》里还有一句话：

子欲居九夷。或曰："陋，如之何！"子曰："君子居之，何陋之有？"

这里的君子，就是指箕子吧。箕子朝鲜，就是君子之国。

5 秋，七月，胶西王刘端薨。

6 武都氐部落造反，汉政府将他们强行迁徙到酒泉。

武帝元封四年（甲戌，公元前107年）

1 冬，十月，汉武帝巡游雍县，祭祀五色帝庙，开凿及修复通往回中的道路，遂出萧关北上，抵达独鹿山、鸣泽湖，从代郡回长安，途中又巡察了河东郡。

春，三月，汉武帝祭祀后土，下令赦免汾阴、夏阳、中都死罪以下囚犯。

2 夏，大旱。

3 匈奴自从卫青、霍去病越过沙漠攻击以来，很少再南下对汉朝边境进行侵扰，远远地迁徙到北方，休养士卒马匹，练习射猎，并数次遣使入汉，用甜言蜜语请求和亲。汉朝派北地人王乌等出使匈奴，探其虚实。王乌入乡随俗，放下汉使符节，进到匈奴毡帐中。单于非常喜欢他，用甜言蜜语哄他，说要派太子入朝为质。

汉政府又派杨信到匈奴，杨信不肯接受匈奴风俗。单于说："以前汉朝都把翁主（亲王女儿）嫁给我们，又陪嫁各种食物绸缎，用以和亲。而匈奴也不再侵扰边境。如今却反过来，让我们送太子去做人质，那我们还剩下什么？"

杨信回来，汉政府又派王乌去。单于又是甜言蜜语，想哄得汉朝更多财物，对王乌说："我打算亲自到长安面见天子，结为兄弟！"王乌回来汇报，汉政府在长安修建单于官邸。匈奴又说："除非汉朝派尊贵的大人物来，否则我就不说实在话。"

匈奴先派了一位尊贵的大臣来长安,没想到一来就病倒了。汉政府用尽良医良药,还是没救过来。汉朝派路充国佩戴二千石官印送回灵柩,厚葬,礼物价值数千金。随行人员介绍路充国说:"这就是汉朝尊贵的大臣。"单于认为汉朝杀了他的使者,就把路充国扣留在匈奴。

以前所说的话,都是单于故意虚言哄骗王乌,并没有入朝觐见或派太子为质的意思。因此,匈奴数次出奇兵侵犯边境。汉武帝任命郭昌为拔胡将军,与浞野侯赵破奴屯兵朔方以东,防备匈奴。

武帝元封五年(乙亥,公元前106年)

1 冬,汉武帝向南巡狩,抵达盛唐(今安徽六安),前往九嶷山遥祭虞舜。又到灊县,登天柱山,然后从寻阳登船游长江,在江中亲自射蛟(一种传说中的水怪,卵生,像一条巨蛇,有四只脚,可以吃人),并且将蛟生擒。汉武帝的游船和护卫舰队绵延千里,在枞阳时登岸,北上到琅琊郡,沿着海边前行,沿途祭祀所经过的名山大川。

春,三月,汉武帝在归途中路过泰山,命人加高祭坛封土。三月二十一日,汉武帝第一次在明堂祭祀天帝,以汉高祖的神位配享。汉武帝在明堂接受各诸侯王、列侯的朝见,接受各封国、郡交上来的租税钱粮等账簿。

夏,四月,汉武帝下令大赦天下,此次巡游所经过的各县,一律免除今年的田租、赋税。汉武帝回到京师,巡游甘泉宫,郊祀太一神。

2 长平烈侯卫青薨,汉武帝为他建了一座巨坟,像庐山的形状。

3 汉武帝攘却匈奴和南越、东越,开疆拓土,中国版图大幅扩张,于是在郡之上,再设州,设置交趾州、朔方州,以及冀州、幽州、并州、兖州、徐州、青州、扬州、荆州、豫州、益州、凉州,一共十三州,每州设立一位刺史。

4 汉武帝认为知名的文武将相,死的死,退的退,人才凋零了,于是下诏说："非常之功，必待非常之人。良马可能桀骜不驯，却能奔腾千里；贤士可能为世俗诟骂，却能立功成名。那些特立独行、卓异不俗之士，也看怎么驾驭他罢了。如今下令各州、郡考察举荐吏、民有茂才、异能，可以出将入相以及出使遥远国家的人才。"

武帝元封六年（丙子，公元前105年）

1 冬，汉武帝巡游回中。

2 春，汉武帝下令修建首山宫。

3 三月，汉武帝巡游河东地区，祭祀后土神，赦免汾阴地区死罪以下的囚犯。

4 汉朝政府打通西南夷后，新设了五个郡，想找出一条打通大夏国（阿富汗东北部）的道路。每年汉朝都要派出十几个使团从这些新郡出发，但是全都止于昆明。使者被杀，财物被抢。于是天子赦免京师罪犯和亡命之徒，组成军队，由拔胡将军郭昌率领，攻打昆明，斩首数十万。之后再派出使团，但还是没法通过。

5 秋，大旱，蝗灾。

6 乌孙国的使者看见汉朝的广大，回去向国王汇报，国王于是更加敬重汉朝。匈奴听说乌孙与汉通使，愤怒，想要攻打乌孙；乌孙周边的大宛、月氏等国，也都已归顺汉朝了。乌孙王担心匈奴攻击自己，于是派使者向汉朝求婚，希望得到汉朝公主，使两国成为兄弟之邦。天子与群臣商议，同意了他的求婚。乌孙以一千匹马为聘礼来迎娶汉家公主。汉以江都王刘建的女儿刘细君为公主，嫁到乌孙，并赠以十分丰厚的嫁妆。乌孙王昆莫封刘细君为右夫人。匈奴也选派一位女子嫁给昆莫，封为左夫人。

公主自己修建宫室居住，每年不过与昆莫相会几次，置酒饮食。昆莫年老，又言语不通，公主悲愁思归。天子听说了，也很怜悯她，所以每隔一年，总要派遣使节送去帷帐锦绣等用品。昆莫说："我老了！"想把公主改嫁给他的孙子岑娶。公主不肯，上书向汉武帝汇报。汉武帝回复说："你到了乌孙，就按乌孙的风俗行事，让我国与乌孙联盟，共灭匈奴。"岑娶于是与公主结婚。昆莫死，岑娶继位，王号昆弥。

当时，汉使向西越过葱岭，抵达安息国。安息国也派出使者，并将鸵鸟蛋及精通魔术的黎轩人进献给汉朝。其他小国如驩潜、大益、车姑师、扜罙、苏𨽾等国，都跟着汉使回来见天子。天子大悦。

西域各国派往汉朝的使者此去彼来，络绎不绝，汉武帝每次巡狩海上，一定把他们全部带上，遇到大城市或人口稠密的地方，肯定从中间穿过，用金钱、绸缎赏赐他们，准备了丰厚的物品，用以展示汉朝的富饶和宽厚。其间，还举行了各种大型角力比赛、珍奇的演出，展出各种奇禽异兽，引起很多人聚集参观，颁行赏赐，酒池肉林。汉武帝还让外国宾客到处参观当地仓库宝库，以见识汉朝之广大，让他们惊骇倾慕。

大宛周围盛产葡萄，可以酿酒；还盛产苜蓿草，大宛的天马最喜欢吃。汉朝派使集采苜蓿种子，种在离宫旁边，一眼望不到头，生长非常茂盛。

然而，西域各国靠近匈奴，畏惧匈奴，所以对匈奴使者的恭敬超过汉使。

7 这一年，匈奴乌维单于死，其子乌师庐继位。乌师庐年幼，人称"儿单于"。自此之后，匈奴更向西北迁徙，其东边的兵力只到云中郡，西边的兵力只能到酒泉、敦煌一带。

武帝太初元年（丁丑，公元前104年）

【胡三省曰】

初用夏正，以正月为岁首，故改元为太初。

1 冬，十月，汉武帝巡游泰山。十一月一日凌晨，冬至，汉武帝在明堂祭祀上帝，又东行到海边，考核各方士入海求神仙的成果，发现没有一个人的话应验。但汉武帝没有停止，而是增派更多人继续入海，希望能遇到神仙。

2 十一月二十二日，柏梁台发生火灾。

3 十二月一日，汉武帝亲自到高里山祭祀后土，又到渤海边，遥祭蓬莱仙岛，希望有朝一日能到达蓬莱仙庭。春，汉武帝回到长安，因为柏梁台火灾之故，在甘泉宫接受诸侯朝见及接受赋税账簿。又在甘泉修筑各诸侯王官邸。

越人勇之说："按照越族的风俗，如果遭遇火灾，重新起屋，一定建得更大，以压服灾星。"于是建造建章宫，规划设计为"千门万户"：东有凤阙，高二十余丈；西有唐中，有方圆数十里的虎圈，豢养老虎；其北再挖掘人工湖，命名为太液池，湖中有渐台，高二十余丈，还有蓬莱、方丈、瀛洲、壶梁，模拟海中神山、龟鱼形状；其南有玉堂、璧门及大鸟雕像。另外，建章宫还修有神明台、井干楼，都高五十丈，各景之间有皇帝专用的辇道相连接。（辇道是辇车走的道，辇车是人力推挽的小车。）

4 大中大夫公孙卿壶遂、太史令司马迁等说："历法太乱了，应该修改正朔（就是元旦）。"汉武帝诏见儿宽和博士赐等一起研究，认为应该恢复夏历的正朔。夏，五月，又下诏请公孙卿、壶遂、司马迁等共同拟定《太初历》，以正月为岁首，以黄色为汉朝象征，以五为吉祥数字（例如，丞相印为"丞相之印章"，不足五字的，也凑足五字），重新拟定官职名称，制定皇家和政府所用音乐，制定宗庙祭祀和政府礼仪，定为典章，流传后世。

【华杉讲透】

在《论语》里，孔子建议用夏历，就是因为夏历、殷历、周历中的正月都不一样。夏历，就是我们现在用的阴历。殷历呢，改朝换代就改历法，改正朔，把正月往前面提前了一个月，以阴历的十二月为正月，为一年的开始。到了周朝，改朝换代，又改正朔，把正月再提前一个月，以阴历十一月为正月。所以夏商周三朝，春夏秋冬的开始时间都不一样，各差一个月。夏历现在叫阴历，又叫农历。为什么呢？它是最适合农业生产的。正月就差不多春天来了，该准备播种了，符合春种秋收的节奏。所以孔子说应该恢复夏历。不过等秦始皇统一天下，他要和前朝不同，把正月再提前了一个月，到阴历十月，春夏秋冬全乱了。最后谁听了孔子的意见呢？汉武帝。到了汉朝，汉武帝，就是这一年，即公元前104年，恢复了夏历的正朔，以夏历正月为正月，一直沿用到今天。我们过的春节，正月初一，就是夏历的正月初一，汉武帝按孔子的意见办了。所以他把这一年的年号也改为太初元年。

5 匈奴儿单于好杀伐，国人不安，又有天灾，牲畜死亡很多。左大都尉派人告诉汉政府说："我欲杀单于降汉，汉远，发兵来迎我，我就发动。"汉武帝于是派因杆将军公孙敖在塞外筑受降城，进驻军队，准备接应。

6 秋，八月，汉武帝巡游安定。

7 派到西域去的汉使回来说："大宛有良马，在贰师城，藏起来不肯给汉使。"于是汉武帝派壮士车令等持黄金千斤及金马去换。大宛国王与群臣商议说："汉朝离我们那么远，中间又隔着盐卤沼泽，连国家使节都屡屡死在路上，从北边来，有匈奴；从南边来，一路没有水草，而且往往都是荒无人烟的不毛之地，没有食物，汉朝使团数百人来，还经常没有吃的，死者过半，他怎么能派大军来呢？贰师马，是大宛宝马，不能给他们。"于是不肯把马给汉使。汉使大怒，破口大骂，将金马用铁锥击碎，扬长而去。大宛贵族大怒，说："汉使轻视我大宛！"让汉使离去，然后下令东边郁成王拦击，杀汉使，取其财物。于是天子大怒。曾经出使大宛的姚定汉等说："大宛兵弱，如果以汉兵不过三千人，以强弩射之，可以全部拿下！"天子曾经派浞野侯以七百骑兵生擒楼兰王，所以相信姚定汉的判断，又宠幸李夫人，想给机会让她家人封侯，就拜李夫人的哥哥李广利为贰师将军，征发属国骑兵六千人及各郡国恶少数万人，出师讨伐大宛。汉武帝希望李广利能打下贰师，取得良马，所以称他为贰师将军。赵始成为军正（执掌军法），原浩侯王恢为向导，李哆为校尉，负责军事指挥。

【司马光曰】

汉武帝欲宠姬李氏，而使广利将兵伐宛，其用意无非是不想违背高帝当初非有功不封侯的约定。军旅大事，国之安危，人民死生之所系，却不择贤愚而授之，欲以侥幸之功，以名其私心之所爱。这是遵守高帝无功不得封侯的约定吗？还不如干脆就无功而封他侯吧！武帝一心只想着给封侯找名义，却没有看到李广利当不了这个将军。说武帝这是遵守先帝的约定，我看是有点过分了。

8 中尉王温舒被控奸诈图利，罪当灭族。当时两个弟弟及两家姻亲，也各自因为其他罪行被灭族。光禄勋（宫廷禁卫司令）徐自为叹息说："悲夫！古有灭三族，而王温舒罪至灭五族乎！"

9 关东蝗虫大起，向西飞至敦煌。

武帝太初二年（戊寅，公元前103年）

1 春，正月戊申日（正月无此日，疑误），牧丘恬侯、宰相石庆薨。

2 闰月丁丑日（本年无闰月，丁丑日亦不知何日，疑误），汉武帝任命太仆（掌皇帝的舆马和马政）公孙贺为宰相，封葛绎侯。当时朝廷多事，都问责大臣，自公孙弘之后，历任丞相接连被指控犯罪而死（元狩五年，丞相李蔡有罪自杀；元鼎二年，丞相庄青翟自杀；五年，丞相赵周下狱死），石庆虽然因为谨慎而得以善终，但也数次被谴责。所以公孙贺被引拜为丞相时，不接受印绶，跪地磕头，痛哭流涕，不肯起来。汉武帝起身而去。公孙贺不得不接受任命，出殿后说："我从此危险了！"

3 三月，汉武帝巡游河东郡，祭祀后土神。

4 夏，五月，开始登记征用吏民的马匹，补充军马。

5 秋，发生蝗灾。

6 贰师将军李广利率兵西征，过了盐水（罗布泊），一路上的小国全都闭城自守，不肯供给饮食，汉军就一路攻城，攻下来的，就能得到食物；攻几天还攻不下来的，就只好离去，如此到了郁成，大军只剩数千人，都饥饿疲惫。攻打郁成，反被镇守郁成的军队打得大败，伤亡惨重。贰师将军与李哆、赵始成商议说："一个郁成都拿不下来，还能去攻人家的国都吗？"于是撤退回国。到了敦煌，士卒只剩十分之一二，派使者向汉武帝上书说："道路遥远，没有军粮，士卒们不怕战斗，却不能抵抗饥饿，兵力不足，不足以攻下大宛，所以撤军，希望增兵再去。"汉武帝大怒，派使者驰驻玉门关，说："军队有敢入玉门关的，斩！"李广利非常害怕，只好留在敦煌。

7 汉武帝觉得受降城离匈奴太远，派浚稽将军赵破奴率领二万骑兵，从朔方郡出塞，向西北方向推进二千余里，准备到达浚稽山与匈奴欲投降的左大都尉会师而还。赵破奴到了浚稽山，匈奴左大都尉却在准备发动兵变时被单于发觉而诛杀。儿单于发动东部兵团攻击赵破奴。赵破奴迎战，捕获斩杀匈奴数千人，然后回师。行军至受降城四百里的地方，被匈奴八万骑兵包围。这天晚上，赵破奴亲自出去寻找水源，被匈奴侦察部队撞上并生擒。匈奴乘势发动突袭，汉军军吏畏惧亡失主将，回国肯定是死罪，都没人相互劝勉死战突围，所以全军覆没。儿单于大喜，再派奇兵攻受降城，不能攻下，于是到边境一带大掠而去。

8 冬，十二月，兒宽卒。

武帝太初三年（己卯，公元前102年）

1 春，正月，任命胶东太守延广为御史大夫。

2 汉武帝又东巡到海边，考察历年来寻访神仙的成效，都没有结果。下令祭祀官祭祀东泰山。夏，四月，返回京师，途中在泰山祭天，在石间祭地。

3 匈奴儿单于死,因其子年少,匈奴人立了他的叔父右贤王呴犁湖为单于。

4 汉武帝派光禄勋徐自为从五原出塞,近者数百里,远者数千里,修筑城堡、障壁、岗亭,西北到庐朐。又派游击将军韩说、长平侯卫伉屯驻其旁,派强弩都尉路博德在居延海边上筑城。秋,匈奴大举攻入定襄、云中,杀死和掳掠数千人,打败好几位二千石以上级别官员率领的部队,得胜而去,一路破坏徐自为所修筑的城堡、障壁和岗亭;又派右贤王攻入酒泉、张掖,掳掠数千人。军正任文援军赶到,右贤王放弃所有俘虏和战利品,脱身而去。

5 这一年,睢阳侯张昌因为担任太常(掌祭祀)时,祭祀工作不力,被撤除爵位和封地。

当初,高祖封功臣列侯一百四十三人。当时战争刚刚结束,人口凋敝,大城、名都人民死亡离散,户口只有战前的十分之二三,大侯不过万户,小侯才五六百户。高祖封爵时立誓说:"如果有一天,黄河干涸到只有一条衣带那么宽,泰山崩毁到只有一块石子那么大,你们的封国一样永存,传之子孙后代!"这誓言用朱砂写下来,颁发丹书给功臣作为证明,又杀白马盟誓。

到了高后时期,对列侯等级位次又重加厘定,藏诸宗庙,并在有关部门收藏副本。

经过文帝、景帝四五代人,流民回乡,户口蕃息,人口大增,列侯大的有三四万户,小的至少也翻倍了,列侯的财富也水涨船高。子孙骄奢淫逸,经常犯法,以致闯下大祸,丧身亡命,封国也被撤除。到如今,一百四十三个原始封国,只剩下四个。当然,个个都犯法,也是后来法网稍微有点密了。

【柏杨曰】

> 最后剩下的四个是:酂侯萧寿成,萧何后代;缪侯郦世宗,郦商后代;汾阳侯靳石封,靳疆后代;睢阳侯张昌,张敖后代。如今张昌的封爵被撤除,老侯国只剩三个了。

6 全部损失了浞野侯赵破奴的部队之后,朝廷公卿们都认为应该停止对大宛的军事行动,集中力量攻打匈奴。但是,天子认为,既然已经出兵攻大宛,如果连区区大宛小国都不能攻下，那么周边的大夏等国都要轻视汉朝，而大宛的良马更加不可能得到了。乌孙、轮台等国，则更容易虐待汉朝使团，让汉朝成为外国笑柄。于是汉武帝处罚了认为征讨大宛不利的邓光等人，并赦免囚徒，征发那些品行恶劣的青年和边境地区的骑兵部队，在一年多的时间里动员六万多人到敦煌报到，自带粮食自愿从军的，还不在此列。还有牛十万头，马三万匹，驴、骆驼也数以万计，粮秣、武器等各种物资十分充足，以致天下骚动，全都动员起来支援前线，运输物资给率军伐宛的五十多个校尉。

由于大宛都城中没有水井，靠汲取城外河流的水源，于是汉武帝又派水利工程师随军出征，准备将城外河流改道，渴死大宛人，并且利用原来的引水渠道攻进城去。另外，增派边防部队十八万人在酒泉、张掖驻防，并在居延、休屠屯兵以护卫酒泉（防备匈奴突袭）。

汉武帝下令，征发天下有罪的小吏、逃犯、上门女婿、商人，或者曾经做过商人的，或者父母曾经做过商人的、祖父母曾经做过商人的，一共七种人，全部从军，并载运干粮给贰师将军。转运的车马人众，络绎不绝。汉武帝还任命两位熟悉马匹的人，一个做执马校尉，一个做驱马校尉，准备攻破大宛之后负责挑选马。

于是贰师将军李广利得到了巨大的人力物力增援后，再次出征。由于汉军众多，沿途小国不敢抵抗，全部开城出迎，给大军供应饮食。到了轮台，轮台国不肯出降，于是攻城，数日后攻下，屠杀全城。自此之后，无人敢挡，一路平安无事，到了大宛。

抵达大宛的汉兵，有三万人。大宛出兵迎击，汉兵万箭齐发，大宛兵败，入城固守。贰师将军想先攻郁成城，又怕部队留滞不前，大宛得到喘息之机，又生出其他诈谋来，于是越过郁成城，直取大宛首都，先断绝了它的水源。大宛人忧困不堪，汉军围城攻打四十余日。大宛贵族们密谋说："都是因为国王毋寡藏匿良马，又杀死汉使，才招来兵祸。如今我们杀掉国王，交出良马，汉军自然就会解围，即便是不解围，到时候再力战而死，也不晚啊！"贵族们达成了共识，于是一起杀死了国王。这时，大宛外城陷落，贵族出身的勇将煎靡被生擒。大宛人大为恐惧，赶紧回城，拿着国王毋寡的人头，派人向贰师将军李广利求和，说："汉军如果停止攻击，我们将尽出良马，任由你们挑选拿取，而且供应汉军军粮。如果不同意议和，那我们将杀死全部良马，康居国的援军也将要到了，到时候，康居军在外，我军在内，与汉军誓死力战。就这两条道，你们看着办。"当时，康居见汉军强盛，不敢进兵。李广利又得到情报，知道大宛城中得到汉人帮助，学会了打井，水源问题解决了，而且粮食储备也很多，计议下来，大家认为，我们来是为了诛杀首恶毋寡，如今毋寡的人头已经送来了，如果不许他们讲和，他们一定坚守，而康居一直等着汉军疲惫，就出动援军来救，到时候汉兵一定会失败。于是同意接受大宛的和议。

于是大宛交出良马，让汉军自己挑选，又供应了很多粮食给汉军。汉军挑选了最优良的马数十匹，中等以下的马三千余匹，又立大宛贵族中以前比较亲汉的昧蔡为大宛王，与他盟誓之后，撤军回国。

当初，贰师将军李广利从敦煌出发西征，兵分数路，分别从南道、北道挺进。校尉王申生率千余人经过郁成，被郁成王歼灭，只有数人逃脱，逃到李广利大军。李广利下令搜粟都尉上官桀前往攻打郁成。郁成王逃亡到康居，上官桀一路追到康居。康居听说汉军已经击破大宛，将郁成王交给上官桀。上官桀派四个骑士将郁成王绑送到李广利军营。上邽骑士赵弟怕路途生变，拔剑斩了郁成王的头，追送给李广利。

武帝太初四年（庚辰，公元前101年）

1 春，贰师将军李广利回到京师长安，沿途经过的西域小国听说大宛城破，都派遣其子弟跟着汉军入朝进贡，觐见天子，并留下做人质。大军返回，带来一千多匹大宛马。此番第二次出征，军队不缺粮食，战死者也不多，但是将吏贪暴，不爱士卒，侵夺虐待，以致大批死亡。天子认为万里征伐，不计较这些过失，下诏封李广利为海西侯，封赵弟为新畤侯，任命上官桀为少府。其他军官、军吏位列九卿的有三人，为诸侯国相、郡守、二千石以上官员的一百余人，一千石以下官员的一千余人，自愿从军出师的所得的官职都超过了他们的期望，因犯罪而被征发的一律赦免原罪。士卒们也获得价值四万钱的赏赐。

匈奴听说李广利征讨大宛，想要在半路伏击，但是看见汉军盛大，不敢发动，于是派人命楼兰王攻击殿后的汉朝使团，不让他们通过。当时汉军军正任文将兵屯驻玉门关，抓到俘虏，知道了他们的计划。汉武帝下诏命任文带兵抓捕楼兰王，押送长安审讯。

楼兰王说："小国在大国的夹缝中生存，不两边讨好，就不能自安，我请求举国迁徙到汉地居住。"汉武帝认为他说的也是实话，于是放他回国，让他协助监视匈奴动向。匈奴从此也不再亲信楼兰。

自从大宛国被打败后，西域各国震惧，派往西域的汉使因此越发顺利地完成使命。于是从敦煌向西直到盐泽，处处建起岗亭、驿站，而从轮台、渠犁等地都有屯田的士卒数百人，设置使者、校尉，以保护及供应外国使者。

之后又过了一年多，大宛贵族们认为昧蔡之前对汉使过于谄媚，才招致兵祸，于是相互密谋，杀了昧蔡，立毋寡的弟弟蝉封为王，并将蝉封的儿子派到汉朝做人质。汉朝于是派使者颁发赏赐，用以安抚。蝉封与汉朝盟约，每年贡献天马二匹。

2 秋，汉武帝修建明光宫。

3 冬，汉武帝巡游回中地区。

4 匈奴呴犁湖单于死，匈奴即立其弟左大都尉且鞮侯为单于。天子乘着讨伐大宛的余威，遏制匈奴，下诏说："高皇帝给朕留下平城之忧（指当年刘邦在平城被冒顿包围），高后的时候，单于又送来狂悖无礼的书信。想当年齐襄公报复九世之仇，《春秋》都认为他是伸张大义啊！"且鞮侯单于刚刚继位，担心汉朝袭击他，于是说："我是儿子辈的，怎么敢冒犯汉朝天子呢，汉朝天子，那是我的长辈啊！"于是把过去被扣押且坚决不投降的汉使，如路充国等，都释放回国，又派使者来进贡。

武帝天汉元年（辛巳，公元前100年）

1 春，正月，汉武帝巡游甘泉，郊祀太一神庙。三月，巡游河东，祭祀后土。

2 汉武帝嘉奖匈奴单于之通晓大义，派遣中郎将苏武将留在汉朝的匈奴使者送回，又送上厚礼，答谢他的善意。苏武与副中郎将张胜以及假吏常惠等一起出使（假吏，又称兼吏，没有正式官职，给一个身份，参加执行任务），到了匈奴，向单于送上财货。单于的态度表现，却和他之前的话大相径庭，非常骄傲，完全不是汉朝期望的那样。

这时候，匈奴缑王跟长水人虞常等人（缑王，是浑邪王姐姐的儿子，和浑邪王一起降汉，后来跟着浞野侯赵破奴出征，被匈奴包围投降，虞常也是跟他一起投降的将领），以及卫律当年所率领的降将们暗中商议，企图劫持单于的母亲阏氏归汉。卫律的父亲之前是长水的匈奴人，卫律之前和协律都尉李延年关系很好，李延年介绍他出使匈奴，出使回来，听说李延年家族被诛杀，于是转头逃亡，投降匈奴。单于喜爱他，经常跟他商量国家大事，立他为丁灵王。虞常在汉朝时，一向与副使张胜相知，私下找张胜说："我听说汉天子非常怨恨卫律，我能够为汉朝伏弩射杀卫律。我的母亲、弟弟都在汉朝，希望他们也能得到赏赐。"张胜同意了虞常的要求，并送给虞常财物。

过了一个多月，单于出猎，只有母亲阏氏和部分子弟在家。虞常等七十余人准备发动，不料其中一人连夜跑去告密。单于子弟们发兵攻击，缑王等人被杀，虞常被生擒。

单于派卫律负责审讯。张胜听说后，恐怕之前的对话会被供出，才把前后事情告诉苏武。苏武说："事已至此，必然会牵扯到我们，等到被逮捕再死，就辜负了国家。"于是要自杀，张胜、常惠一起制止了他。

虞常果然供出张胜。单于大怒，召集诸位贵族商议，要杀汉朝使者。左伊秩訾说："处罚太重了，他们要杀的是卫律。如果杀卫律是死罪，那万一有密谋要杀单于的，又怎么处罚呢？应该叫他们全部投降。"

单于派卫律把苏武召来问话。苏武对常惠等人说："我辱没了天子符节，又不能完成使命，有什么面目再回国呢？"于是拔出佩刀自杀。卫律大惊，冲上前抱住苏武，派人急忙召来医生，在地上挖了一个坑，燃起炭火，将苏武放在土坑上，推拿苏武背部，使淤血流出。苏武昏厥气绝，半日之后才苏醒过来。常惠等哭泣，用轿子把苏武抬回营地。单于很钦佩苏武的气节，早晚都派人问候，而将张胜逮捕。

苏武痊愈之后，单于派人劝谕苏武，要他投降。正赶上处决虞常，便打算乘此机会招降苏武。用剑斩下虞常的人头之后，卫律说："汉使张胜谋杀单于的近臣，当死，单于下令，如果投降，就赦免罪行。"然后挥剑要斩张胜，张胜请降。卫律又对苏武说："副使有罪，正使应该连坐。"苏武说："我本来没有参与这阴谋，又不是他的亲属，干吗要连坐？"卫律再举剑要斩苏武，苏武纹丝不动。卫律说："苏先生！卫律我之前背叛汉朝，投降匈奴，幸蒙单于大恩，赐号称王，拥众数万，马畜弥山，富贵如此！苏先生今日投降，明天就和我一样！如果横尸草野，又有谁知道呢？"苏武不回应。卫律又说："苏先生如果是因为我的话而投降，我就与苏先生结为兄弟。如果不听我的话，以后想要见我，还见得到吗？"苏武骂卫律说："你为人臣子，不顾恩义，叛主背亲，为降虏于蛮夷，我见你干吗？况且单于信任你，让你能决人生死，你不平心持正、公平审理，反而想挑拨两国君主相斗，以观祸败。南越杀了汉朝使者，被灭国为九郡；大宛王杀了汉朝使者，人头悬挂在长安北门；朝鲜杀了汉朝使者，即时诛灭。唯独匈奴还没有干过这种事。如今你明知我不会投降，你想让两国爆发战争吗？如果你杀我，匈奴之祸，就从我开始！"

卫律知道苏武终不会受他的胁迫，只得禀告单于，单于更加敬重苏武，更想招降他。于是将苏武关在一个大窖里面，绝其饮食，天雨雪，苏武就着雪吞食皮衣上的羊毛，数日不死。匈奴人都认为他简直是神，于是将苏武流放到北海（贝加尔湖）无人区，让他放牧一群公羊，说："等公羊产奶了，就放你回去。"同样拒绝投降的苏武的部下，如常惠等，则被分别安置在其他地方。

3 天上降下白毛。

4 夏，大旱。

5 五月，汉武帝大赦天下。

6 征发罪犯移民五原屯垦。

7 浞野侯赵破奴从匈奴逃回汉朝。

8 这一年，擢升济南太守王卿为御史大夫。

武帝天汉二年（壬午，公元前99年）

1 春，汉武帝巡游东海，又巡幸回中地区。

2 夏，五月，遣贰师将军李广利以三万骑兵出酒泉，击右贤王于天山，斩首和俘虏一万余人而还。回程时被匈奴大军重重包围，大军缺粮数日，死伤众多。假司马陇西人赵充国率领数百人敢死队冲锋陷阵，贰师将军引兵跟随，这才突围出来。汉军死亡十分之六七，赵充国受伤二十余处。贰师将军向汉武帝奏报情况，汉武帝召赵充国到行在所，亲自接见，并查看他身上的伤，嗟叹不已，拜赵充国为中郎。

汉武帝再派因杅将军公孙敖出西河，与强弩都尉路博德在涿涂山会合，但一无所获。

当初，李广的孙子李陵，为侍中，善骑射，爱人下士，汉武帝认为他有李广之风，拜为骑都尉，带领丹阳、楚人五千人，在酒泉、张掖驻防，加强射击训练，以备匈奴。

等到贰师将军李广利出击匈奴，汉武帝诏见李陵，想让他给贰师将军负责后勤辎重部队。李陵叩头请求说："臣所将屯边者，都是荆楚勇士，奇才剑客，力能扼虎，射能命中，臣愿自带一军，到兰于山南以牵制单于，不希望跟着贰师将军。"汉武帝说："将领们都这样吗？不愿意跟着别人？这次动员部队人太多，没有多余的马给你。"李陵说："不用马，臣愿以少击众，率步兵五千人直捣单于王庭！"汉武帝赞赏其豪情壮志，同意了，又下诏让路博德将兵在半道接应。路博德也羞于给李陵打下手，上奏说："现在正是秋天，匈奴马肥壮，不可出战，希望李陵将军能等到春天再出征。"汉武帝怒，以为是李陵自己后悔说大话，不敢出兵，又教路博德这些话来糊弄，于是下诏命路博德引兵击匈奴于西河。又下令李陵九月出击，从遮虏障出发，到了东浚稽山南的龙勒水边，徘徊搜索，如果看不见敌人的踪影，就回到受降城休整。

李陵于是将步兵五千人，从居延出塞，北行三十日，到浚稽山扎营，一路绘制所过山川地形图，派麾下骑兵陈步乐带回汇报。汉武帝召见陈步乐，步乐说李陵能得军心，将士们都愿效死力，汉武帝十分高兴，拜陈步乐为郎（宫廷禁卫）。

李陵到了浚稽山，与单于大部队遭遇，匈奴三万骑兵将李陵包围。李陵扎营在两山之间，以大车环绕为营，李陵带着士兵出营外列阵，前队持戟、盾，后队持弓、弩。匈奴人看汉军人少，直接向前攻营。李陵迎战，千弩齐发，匈奴人应弦而倒，退走上山。汉军追击，杀数千人。单于大惊，召东部兵团和西部兵团共八万余骑兵攻打李陵。李陵且战且退，向南移动，数日，到了一个山谷中，连续作战，士卒们都中了箭伤，身上有三处伤的坐车，有两处伤的驾车，有一处伤的拿着兵器继续作战，又斩杀匈奴一千余人。

李陵引兵沿着前往龙城的旧道，向东南而行，走了四五天，到了一个大水泽的芦苇丛中，匈奴人在上风口纵火，李陵让士兵们先烧掉周围的芦苇自救，再往南行到南山下。单于在南山上，派他的儿子率骑兵攻击李陵。李陵军在树林间步战，又杀了匈奴数千人，又发连弩射单于，单于下山躲避。

这天，汉军抓获匈奴俘虏，他们说："我们听单于说：'这是汉军精兵，一直拿不下来，又日夜引着我们南行，靠近边塞了，莫非是有伏兵？'诸位当户君长都说：'单于自将数万骑兵，拿不下汉军几千步兵，以后还怎么号令属国？也让汉朝轻视匈奴。我们应该在这山谷间力战，再追四五十里，到了平地，如果还不能消灭他们，再退军不迟。'"

当时李陵军情紧急，匈奴骑兵多，一天接战数十回合，又杀死杀伤匈奴二千余人，匈奴作战不力，准备撤退。这时候，恰巧李陵部队的军侯（斥候、侦察兵）管敢，被他的上级校尉侮辱，逃亡投降匈奴，说："李陵部队没有后援，箭快射光了，实际能作战的，只有李将军麾下以及校尉成安侯韩延年，各有八百人为前锋，他们分别使用黄旗和白旗，只要派精锐骑兵射杀这两支部队，很快就可拿下！"

单于得到管敢，大喜，派骑兵一起攻击，大呼："李陵！韩延年！快投降！"于是阻拦道路，急攻李陵。李陵在山谷中，匈奴人在山上，四面射箭，箭如雨下。汉军且战且走，继续向南，还没到鞮汗山，一天之中，射光了五十万支箭，于是抛弃辎重车，继续撤退，士卒还剩三千余人，刀枪都折断了，士兵们砍下大车的辐条当武器，军吏们拿着短刀，退入一条峡谷。

单于从后面追上来，又从山上滚下巨石，汉军士卒死伤惨重，无法前进。黄昏后，李陵身穿便衣，独自步行出营，制止左右说："你们不要跟着我，大丈夫当孤身独取单于！"出去了很长时间，回来了，长叹说："兵败，死矣！"于是将旌旗全部砍断，把珍宝埋入地下，李陵又叹息说："如果手上再有数十支箭，也足以脱身回去呀！如今咱们兵器都没了，明天再战，只能坐而受缚，现在只能各自作鸟兽散，还能有人逃回去归报天子的。"于是下令军士每人带两升粮食、一片冰（路上当水喝），约定到遮虏障会合。夜半时分，击鼓出发！结果战鼓也破了，敲不出声音。李陵和韩延年都上马，壮士从者数十人，匈奴数千骑兵在后追击，韩延年战死。李陵说："无面目报答陛下！"于是投降。

汉军士卒分散逃亡，回到边塞的有四百余人。李陵最后战败投降的地方，距边塞仅百余里，边塞将领上奏汉武帝。汉武帝希望李陵死战，后来听说李陵投降，汉武帝大怒，责问陈步乐，步乐自杀。群臣都说李陵有罪，汉武帝问太史令司马迁。司马迁极力为李陵辩护说："李陵是个大孝子，对士卒也讲信义，总是奋不顾身以救国家之急，一向有国士之风。如今一次举事不幸，那些窝在家里保全自己和妻子儿女的大臣，就墙倒众人推，指责别人的短处，这真是让人痛心！况且李陵只带了不到五千步兵，深入满是战马的匈奴腹地，抵挡数万敌军；匈奴被打得连救死扶伤都顾不过来，将全国所有能拉弓射箭的人全部调来围攻李陵。李陵率部转战千里，箭射光了，士兵们张着空弩，冒着敌人的白刃，还跟着他和敌人死战，这不正是说明他能得到士卒们的死力报效吗？就算古代的名将，也不过如此吧！他虽然身陷敌营，但是他的战绩也足以轰动天下。他之所以不死，是找机会再报效国家啊！"

汉武帝认为司马迁诬罔，是要诋毁贰师将军，为李陵游说，下令将司马迁处以宫刑。

过了很久，汉武帝后悔没有派援军接应李陵，说："应该在李陵出发后，再下令路博德去接应。怪我预先下诏给路博德，让这老家伙别生奸诈，上奏胡说！"于是派使者慰问赏赐李陵部队逃回来的人。

【王夫之曰】

司马迁写史，是夹带着他的私心。李陵之降，罪行昭著，不可掩饰。说他孤军深入，无援而败。他带五千步兵去打单于，是汉武帝派给他的任务吗？是他自炫其勇。说他留下性命，等待有朝一日报效国家，后来李广利征匈奴，李陵率三万骑兵追击汉军，转战七日，那又怎么说？司马迁为李陵掩饰过失，就像他称道李广，都是背弃公义，彰显他的死党，司马迁的《史记》何足信哉！

以名誉动人以取将帅，是国家大忌！军事将领，是人民死生、国家存亡之所系，万人赞誉，也补救不了他一朝之丧败。就像当年李广，认为李广没有得到主战任务而遗憾的，也是流俗漫谈。李广一生无功，是偶然吗？他也是以名誉动人。三军之事，进退之机，都在主帅操之一心，事情干成了，到底怎么干成的，那谋略还是没人知道，哪里是动嘴皮子的人晓得的呢？李广的名誉，所谓家无余财，所谓和士大夫们关系好，这算得了什么？以笑貌相得，以恩惠相感动，士大夫的流俗褒贬，就是这些事儿吧！可以拿这些事在一生一死之际，和天地争存亡，与敌人争胜败吗？

【华杉讲透】

王夫之正解。

兵法要义，首先是知胜，战前要计算清楚，有没有胜算，有胜算才能打，没有胜算不要打，《孙子兵法》说："多算胜，少算不胜，而况于无算乎？吾以此观之，胜负见矣。"带五千步兵，千里奔袭，去找单于主力部队，这既不是多算，也不是少算，正是无算——完全没有胜算。

《孙子兵法》说："胜可知而不可为。"打之前就知道能不能赢，赢不了的仗，强求不来，五千步兵遇到八万骑兵，要想胜利，这一点，全国妇孺皆知，但是李陵不知，汉武帝也不知。为什么李陵不知，武帝也不知呢？他们的智商也是正常的，但是有了侥幸心理，一厢情愿，而侥幸这一人性的大弱点，能让人忘记一切基本逻辑，失去所有智商。

李陵不是一个合格的将领，还有一个管理问题，服从命令，比勇敢要重要得多！吴起带兵和秦国作战，两军对阵，还未合战，有一个军士不胜其勇，自己先冲上去，斩了两颗首级回来。吴起就把他斩首。有军吏进谏说："这是人才啊！让他戴罪立功吧。"吴起说："军令没有分谁是人才。"武帝给李陵安排了贰师将军帐下辎重部队的任务，但是他要做老大，要自己干。这样的人，就是组织里不能用的人！而武帝"壮而许之"，壮其言，就是感情用事。

《孙子兵法》说："善战者，无智名，无勇功。"真正善战的人，没有名誉，也没有什么可歌可泣的英雄事迹，就像王夫之说的："事成而谋不泄，悠悠者何足以知之？"所以史书写李陵的事迹，也是长篇大论，因为故事确实精彩啊！人人都爱看！而真正的英雄，没故事给你写。真正的英雄，只有自己知道自己是英雄，而小人书上的英雄大多是误会。

3 汉武帝用严苛的法令来驾驭下属，尊崇任用酷吏，所以各郡和封国二千石以上官员，大多残酷暴虐。但是，法令越严苛，官吏越残暴，吏民却越来越轻视犯法，东方盗贼蜂起，大群的到数千人，攻打城邑，取出仓库里的兵器，释放监狱里的死囚，捆绑侮辱郡太守、都尉，杀戮二千石官员；小群的也有数百人，掳掠乡里，不可胜数，以至于道路不通。汉武帝开始时派御史中丞、丞相长史负责督察，不能禁绝。于是派光禄大夫范昆以及前任九卿张德等穿着表示尊崇的彩绣衣服，持着天子符节，调兵的虎符，发兵镇压，大郡斩首有的达到一万多人，加上依法诛杀一些和匪徒交通往来、供应饮食的连坐百姓，各郡中也有数千人。

过了几年，抓获了大部分匪首。但那些被打散的土匪，往往在山川险阻又聚集成群，无可奈何。于是，汉武帝命人制定了《沉命法》，规定："有了盗贼，官员没有发觉，或者发觉了，而捕捉达不到标准的，从二千石以下一直到基层小吏，全部诛杀。"这之后，小吏们畏惧被诛杀，虽然有盗贼，也不敢上报，怕报上去，又抓不到，连累上级郡府官员跟自己一起被杀。郡府官员呢，也怕连坐，下令他们不要上报。于是盗贼越来越多，上下相互隐瞒，以虚文往来，逃避法网。

【华杉讲透】

汉武帝这个领导当得有点问题。如果领导要办什么事情，只需要制定考核指标、奖惩办法，下属做成了就赏，做不成就罚，那做领导岂不是太容易了！

《论语》说，风行草偃，"君子之德风，小人之德草，草，上之风，必偃"。有什么样的君王，就有什么样的人民，汉武帝残酷暴虐，又尊宠任用残酷暴虐的酷吏，那人民就也变得残酷暴虐。他自己就是天下盗贼蜂起的原因。《大学》说："修身齐家治国平天下。"武帝如果像文帝那样修养自己，仁厚爱民，天下怎么会有盗贼呢？他把天下财富、人力都搜刮干净，用于满足他的征服贪欲，百姓生不如死，又怎么不上山为盗呢？《孟子》说："君视臣如草芥，则臣视君如寇仇。"汉武帝正是典型的视臣如草芥，所以变民抓住太守，不仅要杀，而且要加以侮辱泄愤，原因就在这里了。

问题解决不了，武帝不反省自己，反而认为是残酷得还不够，竟然要所有官员连坐。而这个考核标准，给他带来了意想不到的效果，就是从此"天下无贼"了，官员们都假装没看见。KPI会带来你意想不到的结果，所以，谨慎对待KPI。这就是为什么现在有的公司要去KPI化。要去KPI，你要找到新的理念体系，不是靠考核奖惩，而是修礼为王，靠自己的修养和领导力。

什么是领导？什么是领导力？什么是一个领导人的修养？《中庸》说："唯天下之至诚，为能尽其性；能尽其性，则能尽人之性；能尽人之性，则能尽物之性；能尽物之性，则可以赞天地之化育；可以赞天地之化育，则可与天地参矣。"唯有天下至诚之人，能充分洒脱地发挥出自己的最大能量，同时，也能让团队里所有人都能充分洒脱地发挥自己。这是领导者的职责，从成就自己到成就他人，让团队中每一个人都尽性，都得到充分洒脱的发挥。一个公司的领导者，要让全公司每一个人都尽性，都能充分洒脱地发挥自己。一个小组的领导者，要让小组的每一个人都尽性，都得到充分洒脱的发挥。那么，一个国家的领导人呢，他的职责就是让全国每一个人都尽性，都得到充分洒脱的发挥，没有一个人憋屈扭曲。由人再到物，使天下万物，都能各遂其性之自然，山川河流、草木鸟兽、地球环境，还有空气，都得到最好的发挥。这样的至诚之人，从尽己之性、尽他人之性到尽万物之性，则可参赞天地之化育，与天地并列为三：天、地、我。这就是天人合一，就是厚德载物，就是圣人了。

所以成功者是尽我之性，成就自己。领导者要尽人之性，成就他人。伟人是尽天地万物之性，厚德载物，化育天地。

唯天下之至诚，诚，是最大的领导力。王者的仁心，就是真心想让大家都好！如果一件事没办好，就连坐把所有人都杀掉，人都死了，国家还有什么意义呢？领导者要自己承担责任，如果天下还有一个人在挨饿，那是我的责任；如果有一个人在沟里，那是我把他推下去的！这样在自己身上找原因，才能修身齐家治国平天下。文帝有这份心，武帝没有。文帝有谦卑，武帝只有傲慢。

当时，暴胜之担任直指使者（直指，直指其事，类似专案组特派员），经他之手处死的二千石以下官员尤其多，威震州郡。暴胜之到勃海郡，听说当地人隽不疑有贤德，请来相见。隽不疑容貌尊严，衣冠甚伟，暴胜之没有穿好鞋就赶出去迎接。登堂坐定，隽不疑双手按地，俯身表示敬意，说："我生在海边，久闻暴公子大名，今天承蒙您接见，并和您交谈，但凡做官，太刚强，就容易折断；太柔弱，又容易罢废。威严之后，应该再施之以恩，然后树功扬名，永享天禄。"暴胜之接纳了他的告诫，回到京师之后，上表推荐隽不疑，汉武帝召见隽不疑，拜为青州刺史。

济南人王贺也曾担任绣衣御史，负责抓捕魏郡群盗。王贺宽厚，救活了很多人，结果被考核为不称职，被罢免了。王贺叹息道："我听说救活一千人的，子孙必有封爵。我救活的少说有一万人吧！这么说，我的后代必有人兴起！"（胡三省注：这为王氏子孙以外戚篡汉埋下伏笔，就是王莽篡汉。）

4 这一年，封匈奴投降的介和王成娩为开陵侯，率领楼兰国军队攻打车师。匈奴派出数万骑兵救援车师，汉军作战失利，退兵而去。

卷第二十二 汉纪十四

（公元前98年—公元前87年，共12年）

主要历史事件

巫蛊之祸起自朱安世　144

太子刘据被逼谋反　147

皇后、太子、皇孙丧命　149

李广利投降匈奴，被满门抄斩　151

汉武帝醒悟，建造思子宫　152

汉武帝《轮台罪己诏》　153

马何罗造反，金日磾救驾　156

刘弗陵被立为太子　157

汉武帝驾崩　158

刘弗陵即位，是为汉昭帝　160

霍光辅政　160

主要学习点

心里的念头会在举止上表现出来　142

世上从不缺乏人才　154

领导者很难知道下属的真实想法　154

要有仁心和度量，谦逊地听别人的意见　155

君子始终关注自己有没有过失　158

秦皇汉武，都是中华文明奠基人　160

世宗孝武皇帝下之下

武帝天汉三年（癸未，公元前98年）

1 春，二月，御史大夫王卿有罪自杀，汉武帝任命执金吾杜周为御史大夫。

【胡三省曰】
太初元年（公元前104年），汉朝将中尉改名为执金吾。金吾是一种鸟的名字，能辟邪，天子出行，先导官举着金吾鸟像开道，所以用"执金吾"来命名此官职。

2 酒类开始由政府专卖（民间不许酿酒卖酒）。

3 三月，皇上巡游至泰山，修治封土，在明堂祭祀，并接收各地送来的租税钱粮簿籍。回程在常山（恒山，避文帝刘恒的名讳改为常山）祭祀，埋下黑色的玉。

在庙里等候神仙降临，以及入海求蓬莱仙岛的方士们，始终没有任何结果，而公孙卿还是拿之前看到的巨人足迹来敷衍。天子越来越厌烦方士们的奇谈怪论，但还是和他们保持联系，希望能遇上真神。自此之后，来谈神弄鬼的方士更多了，然而其效果也可想而知。

4 夏，四月，大旱，汉武帝大赦天下。

5 秋，匈奴入侵雁门。雁门太守被控胆怯畏缩，斩首弃市。

武帝天汉四年（甲申，公元前97年）

1 春，正月，汉武帝在甘泉宫接受诸侯王朝见。

2 汉武帝再次征发全国的七种贱民及自愿从军的勇士，派遣贰师将军李广利率骑兵六万、步兵七万，从朔方出塞。强弩都尉路博德率万余人与贰师将军会合。游击将军韩说将步兵三万人从五原出塞，因杅将军公孙敖将骑、步兵三万人从雁门出塞。匈奴得到消息，将全部辎重物资转移到余吾水以北，单于自将兵十万在河南岸严阵以待，与贰师将军接战。汉军与单于连战十余日，贰师将军撤退。游击将军也没有取得战果。因杅将军与左贤王作战不利，撤退。当时皇上派公孙敖深入匈奴，希望把李陵接回国。公孙敖无功而返，说："抓获一个俘虏，招供说李陵教单于如何用兵以应战汉军，所以我们没有收获。"皇上于是将李陵全家灭族。

过了一阵子又听说，不是李陵，而是另一个汉军投降匈奴的将领，叫李绪。李陵派人刺杀了李绪。大阏氏（单于之母）要杀李陵，单于将李陵藏身到北方，等大阏氏死了，再回来。单于将女儿嫁给李陵，立为右校王，与卫律都处于尊贵的地位，并得到重用。卫律常在单于左右，李陵则在外带兵，有大事就回来一起商议。

3 夏，四月，汉武帝立皇子刘髆为昌邑王。

武帝太始元年（乙酉，公元前96年）

1 春，正月，公孙敖因妻子行巫蛊害人而被处以腰斩。

2 汉武帝命令各郡国豪杰移居茂陵。

3 夏，六月，汉武帝大赦天下。

4 这一年，匈奴且鞮侯单于死。他有两个儿子，长子为左贤王，次子为左大将。（胡三省注：匈奴二十四长，左贤王位居第一，左大将第五。）单于死后，左贤王没有到场，匈奴贵族们以为他有病，就立左大将为单于。左贤王听说后，不敢来了。左大将派人召左贤王来，还是让左贤王继位。左贤王以生病推辞，左大将不听，说："如果你真的病死了，再传位给我。"左贤王同意，于是立左贤王为单于，这就是狐鹿姑单于，又任命左大将为左贤王。过了数年，左贤王病死，他的儿子先贤掸不能继承左贤王（左贤王必须是王储），更立为日逐王。狐鹿姑单于以自己的儿子为左贤王。

武帝太始二年（丙戌，公元前95年）

1 春，正月，皇上巡游至回中地区。

2 杜周卒，汉武帝任命光禄大夫暴胜之为御史大夫。

3 秋，旱。

4 赵国中大夫白公上奏，从谷口至栎阳挖了一条长二百里的引水渠，将泾河水引到渭中地区，使四千五百余顷农田得到灌溉，并命名为白渠。当地百姓因白渠而良田富饶。

武帝太始三年（丁亥，公元前94年）

1 春，正月，皇上巡游至甘泉宫。二月，巡游东海，捕获一只赤色鸿雁。又巡游琅琊，在成山祭拜日神，登之罘山，然后乘船浮海后返回长安。

2 这一年，皇子刘弗陵生。刘弗陵的母亲，是河间人赵婕妤，居钩弋宫，怀孕十四个月生下刘弗陵。皇上说："之前我听说尧的母亲怀了他十四个月才生下来，如今钩弋夫人也一样啊！"于是下令将钩弋宫宫门更名为"尧母门"。

【司马光曰】

为人君者，动静举措不可不谨慎，<u>发于中必形于外，心里有什么念头，就会在容貌举止上表现出来</u>，全天下无人不知。在这个时候，皇后、太子都安在，却把钩弋夫人的宫门更名为"尧母门"，这就是名不正，是有奸人揣摩上意，知道他特别喜欢这个小儿子，想要立以为嗣，于是有危害皇后、太子之心，最终发展成巫蛊之祸，悲剧啊！

3 赵国人江充被任命为水衡都尉。（元鼎二年，汉朝开始设置水衡都尉，下属钟官、辨铜、山林、均输等官，掌上林苑，兼主税入和皇室财政的收支以及铸钱，与少府性质类同。）

当初，江充本来是赵敬肃王的门客，因为得罪了赵太子刘丹，逃亡到京师，直接到宫门告状，揭发赵太子刘旦的隐秘私事，赵太子因此被废。汉武帝召江充入宫见面，见他容貌魁伟，穿着华丽，暗暗称奇。和他谈论一番政事后，汉武帝大悦，于是对江充加以宠信，封其为直指绣衣使者，让他督查皇亲国戚、天子近臣中的违背体制、奢侈不法行为。江充检举参劾，毫无避讳，汉武帝因此认为他忠正直率，所说的话都合汉武帝的心意。有一次，江充曾随汉武帝前往甘泉宫，正遇上太子刘据派遣去甘泉宫问安的使者坐着马车在皇帝专用的"驰道"上行走，江充便将其逮捕问罪。太子听说后，派人向江充求情说："我不是爱惜我的车马，实在是不想让皇上知道，认为我平时对属下没有教导，请江先生宽容！"江充不听，直接向皇上汇报。皇上说："做人臣子，就应该这样！"对江充更加信任重用，威震京师。

武帝太始四年（戊子，公元前93年）

1 春，三月，皇上巡游至泰山。

二十五日，皇上在明堂祭祀高祖，配享上帝，同时接受天下户籍租税钱粮计簿。

二十六日，在明堂祭祀孝景皇帝。

二十七日，增加修缮泰山封土。

二十九日，在石间祭祀地神。

夏，四月，汉武帝巡游至不其山。

五月，汉武帝回到长安，前往建章宫，并大赦天下。

2 冬，十月二十九日，出现日食。

3 十二月，皇上巡游至雍县，祭祀五色帝庙。再向西行，到安定、北地二郡。

武帝征和元年（己丑，公元前92年）

【胡三省曰】

征和，意思是征伐四夷而天下和平。

1 春，正月，皇上回到京师，巡游至建章宫。

2 三月，赵敬肃王刘彭祖薨。当初，刘彭祖娶了江都易王所宠幸的淖姬，生下儿子，号淖子。当时淖姬的哥哥在皇宫当宦官，皇上召见他，问："淖子这人怎么样？"淖姬的哥哥说："他为人欲望太多。"皇上说："欲望太多，不宜做国君。"又问刘彭祖另一个儿子武始侯刘昌。回答说："刘昌既无过错，也没有什么值得赞扬的地方。"皇上说："就是要这样的人！"于是派遣使者，立刘昌为赵王。

3 夏，大旱。

4 皇上住在建章宫，见一男子带剑入中龙华门，怀疑是外面混进来的，下令捕捉。那男子抛下佩剑逃走，卫士们追上去，竟然没有抓到。皇上大怒，斩门侯（宫门守卫官，俸禄六百石）。冬，十一月，汉武帝征调三辅地区的骑兵对上林苑进行大搜查，并下令关闭长安城门进行搜索，十一天后解除戒严。从这件事情开始，发生一系列的巫蛊事件。

5 丞相公孙贺的夫人君孺，是卫皇后的姐姐，公孙贺因此有宠。公孙贺的儿子公孙敬声，代替父职，担任太仆（掌皇帝的舆马和马政），骄奢不奉法，擅自挪用北军军费一千九百万钱，事情败露后被捕入狱。当时皇上正下诏紧急抓捕阳陵大侠客朱安世。公孙贺请求负责抓捕朱安世，立功为儿子赎罪，皇上同意。后来果然抓到朱安世。朱安世笑着说："丞相祸及宗族了！"于是从狱中上书检举，告状说："公孙敬声与阳石公主（卫皇后女儿）私通，知道皇上经常去甘泉宫，就派巫师在甘泉宫驰道上埋下木偶人，诅咒皇上，口出恶言。"

武帝征和二年（庚寅，公元前91年）

1 春，正月，公孙贺被捕下狱，经调查罪名属实，父子二人都死在狱中，全家灭族。汉武帝任命涿郡太守刘屈氂为宰相，封澎侯。刘屈氂，是中山靖王刘胜之子（刘胜是景帝的儿子）。

2 夏，四月，狂风大作，吹倒房屋，吹断树木。

3 闰五月，诸邑公主、阳石公主，以及皇后弟弟卫青之子长平侯卫伉，都因巫蛊罪被诛杀。

4 皇上巡游甘泉宫。

5 当初，皇上二十九岁才生下戾太子刘据，十分宠爱。刘据长大之后，性情仁厚宽恕、温良谨慎，汉武帝嫌他不像自己那样精明强干，而平日里宠爱的王夫人生了一个儿子刘闳，李姬生下儿子刘旦、刘胥，李夫人生下儿子刘髆。皇后、太子因为越来越失宠而常常不能安心。皇上察觉后，对大将军卫青说："汉家诸事，都在草创时期，加之四夷侵凌中原，朕不变更制度，则后世没有章法；不出师征发，则天下不安；为此，不得不劳民。后世君主，如果还像我这么干，那就是重蹈亡秦的覆辙。太子敦重好静，必能安定天下，不让我担忧。要找一位守成文治之主，还有比太子更贤明的吗？我听说皇后和太子心有不安之意，怎么会有这种想法呢？你可以把我的话告诉他们。"大将军卫青顿首谢罪。皇后听到这些话后，也除去头上簪子请罪。太子每每进言，劝谏征发四夷之事。皇上就笑着说："我多辛苦辛苦，把安逸留给你，不好吗？"

皇上每次出行，总是把剩下的事交给太子，宫内的事交给皇后，等汉武帝出行回来后，把最重要的大事向他汇报就行。太子的裁决，皇上都没有意见，有时候看都不看。皇上用法严苛，任用很多酷吏。太子宽厚，总是从轻处理，这样虽然能得百姓人心，但那些执法大臣都不高兴。皇后怕这样时间长了，容易获罪，总是警告太子，应该按皇上的意思处理，不要擅自放宽。皇上听说后，认为太子做得对，皇后多心了。群臣中宽厚长者都依附太子，而酷吏们都毁谤他。由于奸邪的臣子们党羽众多，所以太子获得的美誉少而毁谤多。卫青死后，邪臣们认为太子失去了外戚为依靠，竞相准备着构陷太子。

皇上和儿子们很疏远，皇后也很少能够见到他。有一次，太子去见皇后，待了很长时间才出来。黄门宦官苏文向皇上打小报告说："太子和宫女们嬉戏。"皇上将太子宫女增加到二百人。太子后来知道缘故，深恨苏文。苏文与小黄门常融、王弼等经常暗中寻找太子的过失，然后再去添枝加叶地向汉武帝报告。皇后切齿痛恨，要太子向皇上报告，诛杀苏文等人。太子说："我只要自己没有过失，何须畏惧苏文等人！皇上聪明，不信邪佞，不足为忧。"

有一次，皇上身体小有不适，派常融召太子来。常融回来汇报说："太子面有喜色。"皇上默然。等太子到来，皇上仔细观察他的容貌，见他面有泪痕，又强颜语笑，皇上觉得奇怪，暗中盘查，知道了实情，于是诛杀常融。皇后也小心翼翼，防止闲言碎语，避开嫌疑，所以虽然很久不被宠爱，还是能得到礼遇。

　　当时，京城聚集了大量巫师和方士，大都以旁门左道迷惑众人，变幻无所不为。女巫们往来宫中，教后宫美人们避灾求福，差不多每间房都埋着木偶人祭祀，因为相互嫉妒或仇恨，就互相告发，说对方埋的木偶人是诅咒皇上，大逆不道。汉武帝大怒，将被告发的人处死，后宫妃嫔、宫女以及受牵连的大臣共杀了数百人。

　　皇上心中既已生疑，曾经在白天小睡，梦见数千个木偶人拿着武器要攻击他，皇上惊醒，从此身体不适，精神恍惚，很多事过目就忘。

　　江充自以为与太子及卫氏有矛盾，见皇上年老，害怕皇上晏驾之后，自己被太子诛杀，于是心生一条奸计，说皇上的病因是有人行巫蛊害皇上。于是皇上派江充为钦差大臣，调查巫蛊事件。江充带着胡人巫师，到处挖掘木偶人，逮捕涉嫌放蛊及夜间祭祀的人。江充事先在别人住处埋下木偶，又用其他东西污染埋藏的地方作为记号，再派巫师查看痕迹，将木偶掘出，然后搜捕验治，用烧红的铁钳烧灼皮肤，严刑逼供。于是百姓相互诬告，官吏们则弹劾以大逆不道，从京师到三辅京畿地区，以及地方各郡及封国，牵连而死的前后数万人。

　　当时，皇上年事已高（本年六十六岁），总是怀疑左右都在巫蛊害他，这些人到底有没有这么做，也没人敢替被冤枉的人说话。江充抓住皇上这个心理，教唆胡人巫师檀何说："宫中有蛊气，如果不清除，皇上的病始终好不了！"皇上于是派江充入宫，进入宫禁里面，甚至捣毁皇上御座，掘地求虫，又派按道侯韩说、御史章赣、黄门苏文等协助江充。

　　江充先从后宫中汉武帝很少理会的妃嫔的房间着手，然后依次搜寻，一直搜到皇后宫和太子宫中，各处的地面都被纵横翻起，以致太子和皇后连放床的地方都没有了。江充宣称："在太子宫中掘出的木偶人最多，又有帛书，所言大逆不道，应当上奏让皇上知道。"太子恐惧，问少傅石德该怎么办。石德也担心自己作为师傅要被一起诛杀，对太子说："之前丞相父子、两位公主以及卫伉，都因为巫蛊被诛，如今巫师和钦差又从太子宫中掘出木偶，是他们栽赃，还是真有，无以自明。可矫诏抓捕江充等下狱，穷治其奸诈。况且现在皇上生病,住在甘泉宫,皇后和太子家吏派去请安的人都见不到,皇上现在是死是活都不知道,而奸臣如此嚣张,太子不想想秦朝时扶苏的事?"太子说:"我身为人子,怎么能擅行诛戮!不如去找父皇谢罪,或许可以免罪。"

太子将要去甘泉宫,而江充却急着要挟持太子。太子无计可施,就听了石德的计策。 秋,七月七日,太子派手下伪装成皇上使节,收捕江充等。按道侯韩说怀疑使者有诈,不肯受诏,被使者杀死。太子亲自斩杀江充,骂道:"你这个赵国流氓!之前祸乱赵国国王父子,还不够吗?又来祸害我父子!"又在上林苑将胡人巫师烧死。

太子派舍人无且持符节夜入未央宫长秋门,请长御(宫女之长)倚华禀告皇后,随即调发皇家马厩骑士及长乐宫警卫部队,搬出武库里的兵器。长安城一片混乱,纷纷传言说"太子反了"。苏文乘乱逃走,逃往甘泉宫,向汉武帝诉说太子的各种不是。皇上说:"太子恐惧,又愤恨江充等人,所以发生这样的变故。"于是派使者去召太子来。使者不敢去,回来汇报说:"太子已经开始造反行动,要斩杀我,我逃回来的。"皇上大怒。

丞相刘屈氂听到变起,起身就逃,把自己的印绶都搞丢了,派长史乘快马来向皇上汇报。皇上问:"丞相在干什么?"答:"在封锁消息,还不敢发兵。"皇上怒道:"事情都闹成这样了,还封锁什么消息!丞相一点也没有周公的风范,周公不还能诛杀造反的管叔、蔡叔吗?"于是赐给丞相玺书说:"捕斩反者,自有赏罚,以牛车为路障,不要短兵相接,以免杀人太多。坚闭城门,不要让造反者出城。"

太子宣言告令百官说:"皇帝在甘泉宫病困,担心有变化,奸臣作乱。"

皇上于是从甘泉宫来到城西建章宫,下诏征发三辅地区临县的武装部队,辖区内二千石以下官员,都由丞相统率。太子也派遣使者矫诏赦免长安各官府监狱中的所有囚徒,命少傅石德及宾客张光等分别率领。又派长安囚徒如侯持节征发长水及宣曲胡人兵团,都全副武装,前来会师。

侍郎马通出使长安,追捕如侯,告诉胡人兵团说:"符节有诈,不要听!"于是斩杀如侯,自己率领胡人兵团入长安城。又征发水上船夫,交给大鸿胪(掌管诸侯及藩属国事务)商丘成。因为太子所用符节都是红色,所以在符节上加上黄缨,以示区别。

太子亲自乘车到北军军营南门外,召护北军使者任安,给他符节,下令他发兵。任安拜受符节后，却返回军营，闭门不出。太子带人离开，将长安四市的市民约数万人强行武装起来，到长乐宫西阙下，与丞相军合战五日，死者数万人，血流入沟中。民间都说："太子造反。"于是大家都不依附太子，丞相的兵越来越多。

七月十七日，太子兵败，奔向长安城南覆盎门，司直（丞相助理）田仁率部负责把守覆盎门，认为太子与皇上是骨肉至亲，不愿逼得他太急，太子得以逃出。丞相欲斩田仁，御史大夫暴胜之说："司直是二千石以上官员，应该请示皇上，哪能自作主张诛杀呢？"于是丞相释放田仁。皇上听说后大怒，派官吏责问暴胜之："司直放跑了反贼，丞相斩他，这就是法律，你为什么要阻止？"暴胜之惶恐，自杀。

皇上又下诏，令宗正刘长、执金吾刘敢奉着策命去没收皇后玺绶，皇后自杀。皇上认为任安老奸巨猾，见到事变，欲坐观成败，等谁赢了再选边站，有二心，与田仁一起处以腰斩。皇上认为马通抓获如侯，长安男子景建跟从马通抓获石德，商丘成力战抓获张光，封马通为重合侯，景建为德侯，商丘成为秺侯。诸太子宾客曾出入宫门者，全部诛杀，跟随太子发兵者，以谋反之罪灭族，被太子裹挟的官兵，全部流放到敦煌郡。因为太子还有军队在外，在长安诸城门屯兵防卫。

当时皇上暴怒，群臣忧惧，不知道该怎么办。壶关三老（掌教化的乡官）令狐茂上书说："臣听说，父亲就像天，母亲就像地，儿子就像天地所生的万物。所以天平、地安，万物就生长茂盛。父慈，母爱，则儿子孝顺。如今皇太子是汉家嫡嗣，国家的合法继承人，将承担万世之基业，体会祖宗之重任，在亲情上，又是皇上亲生的嫡长子。而江充呢，一个布衣百姓，街巷里的贱臣，陛下却让他那么显贵，挟至尊之命以迫害太子，栽赃欺诈，群邪错谬，以致太子和皇上亲人之间也被阻隔而不能相见。太子进不能见到皇上，退则困于乱臣，冤苦郁结，哀哀无告，终于不忍愤愤之心，奋起而诛杀江充。之后恐惧被捕，于是子盗父兵，以救难自保而已。臣以为，太子没有其他邪心。《诗经》上说：'营营青蝇，止于樊。岂弟君子，无信谗言。谗言罔极，交乱四国。'（嗡嗡叫的苍蝇，止于篱笆墙外，慈祥的君子，不听信谗言。谗言无限扩大，足以祸乱四方国家。）之前江充以谗言杀赵太子，天下人无不听闻。陛下如果不仔细省察，把一切归咎于太子，发盛怒，举大兵而求之，让丞相自己将兵，则智者不敢言，辩士不敢说，臣深为痛心！愿陛下宽心慰意，不要对自己的亲人太苛刻，不要追究太子的过失，不要让太子长时间在外面逃亡。臣愿以一片忠心，献出我的生命，在建章宫门外听候处分。"奏书上来，天子有所感悟，但是还没有明说赦免太子。

太子逃亡，向东逃到湖县，躲藏在泉鸠里。主人家贫穷，常卖鞋挣钱来供养太子。太子有朋友在湖县，听说他很富有，派人向他借贷，于是消息走漏。八月八日，地方官吏围捕太子。太子估摸着跑不掉了，于是进到屋子里自缢而死。山阳男子张富昌为士兵，一脚踹开房门，新安小吏李寿冲进去把太子抱下来，但已经不能救活。主人在保护太子的格斗中被杀，两个皇孙也同时遇害。

皇上为太子之死感到伤感，于是封李寿为邗侯，张富昌为题侯。

当初，皇上为太子建立博望苑，让他招揽宾客，顺从他的喜好。所以宾客中很多不是正统儒家，多有异端邪说之士。

【司马光曰】

古代明君教养太子，为他选择敦良方正之士，做他的师傅、朋友，朝夕相处，前后左右都是正人君子，出入起居都是正道，即便这样，还是会有淫放邪僻之士混进去，而陷于祸败。如今让太子自己选择宾客，从其所好。而正直的人难以亲近，谄媚的人容易投合，这是人之常情，无怪乎太子没有好结果。

【华杉讲透】

巫蛊之祸，对于汉武帝来说，几乎是必然，从他封泰山、求蓬莱仙人开始，一生神神鬼鬼，最终就闹出鬼鬼祟祟。皇上自己身边都是方士巫师，然后弄得每个官人都在找巫师，哪里还能为太子选出好师傅呢？

怎么评价太子起兵造反呢？江充要置他于死地，这是你死我活的形势，所以杀江充是必须的。但是，杀了江充之后，不应该接着杀巫师，而是应该审讯获得他们栽赃嫁祸的证据，要求面见皇上，负荆请罪。但是，太子一来是狗急跳墙，慌不择路；二来也是忍无可忍，真想反了。

6 七月二十日，地震。

7 九月，商丘成出任御史大夫。

8 汉武帝立赵敬肃王刘彭祖的小儿子刘偃为平干王。

9 匈奴入侵上谷、五原，杀掠吏民。

武帝征和三年（辛卯，公元前90年）

1 春，正月，皇上巡游至雍县，到达安定、北地。

2 匈奴入寇五原、酒泉，杀死两个都尉。三月，派贰师将军李广利将七万人出五原，商丘成将二万人出西河，马通将四万骑兵出酒泉，击匈奴。

3 夏，五月，大赦天下。

4 单于听说汉军大举出兵，将其所有辎重物资全部向北迁徙到郅居水，左贤王则将他的部众人民驱赶渡过余吾水，再北行六七百里，抵达兜衔山，单于自将精兵渡过姑且水。商丘成部队进入匈奴境内，从小道追踪，没有见到敌人踪影，于是回师。匈奴派出大将与李陵率领三万骑兵在后面追击，转战九日，一路打到蒲奴水，匈奴作战不利，退兵回去。

马通部队抵达天山，匈奴大将偃渠率二万余骑兵拦击汉军，见汉兵强盛，只得退走。马通率领的汉军既没受什么损失，也没有什么收获。

这时，汉军担心车师国出兵抄马通部队后路，于是派开陵侯成娩率楼兰、尉犁、危须等六国联军，包围车师，俘虏车师国王和全城人民后返回。

李广利出塞，匈奴派右大都尉与卫律率领骑兵五千拦击汉军于羊句山峡谷中，李广利击破匈奴军，一路乘胜追击到范夫人城，匈奴逃走，不敢抗拒汉军。

当初，李广利出师之前，宰相刘屈氂为他饯行，在道路旁设宴，祭祀山川与道路之神，一路送行到渭桥，李广利说："希望君侯您早日向皇上建言，立昌邑王为太子。如果昌邑王立为帝，君侯还有什么可担心的呢！"刘屈氂许诺。

昌邑王刘髆，是贰师将军妹妹李夫人的儿子，而贰师将军的女儿是刘屈牦的妻子，所以他俩都想立昌邑王。

这时内者令（宫廷内务官）郭穰告密说："丞相夫人行巫蛊诅咒皇上，并与贰师将军一起祷祠，希望立昌邑王为帝。"调查属实，罪至大逆不道。六月，下诏逮捕刘屈牦，绑在拉猪羊的厨车上游街示众，然后腰斩于东市。丞相妻子则在华阳街枭首。李广利的妻子也被逮捕下狱。

李广利在前线得到消息，十分忧惧。他手下掾（副官）胡亚夫劝李广利说："夫人、家室都在监狱里，如果回去皇上不高兴，一家人也只能在监狱相会了。那时候要想再见到郅居水以北的山山水水，还有机会吗？"（意思是劝他投降匈奴，以后要想投降也晚了。）李广利听了这话，心中狐疑不定，于是更加深入敌境，希望立功赎罪，这样一路挺进到郅居水上，匈奴人已经离去。贰师遣护军将二万骑兵渡过郅居水，与匈奴左贤王、左大将二万骑兵遭遇，两军合战一日，汉军杀左大将，匈奴死伤甚众。汉军中长史（幕僚长）与决眭都尉辉渠侯商量说："将军怀有异心，把军队置于险境去下赌注，求功劳，恐怕一定会失败。"两人商量一起抓捕李广利。李广利收到情报，斩长史，带兵回到燕然山。单于知道汉军劳累倦怠，自将五万骑兵拦击，双方杀伤甚众。这天晚上，匈奴人在汉军阵前挖掘壕沟，深数尺，然后从后面发动猛烈攻击。汉军大乱，李广利于是投降。单于一向知道他是汉军大将，将女儿嫁给他，尊宠在卫律之上。汉武帝听说李广利投降匈奴，便将其满门抄斩。

5 秋，发生蝗灾。

6 九月，原城父县令公孙勇和他的门客胡倩等谋反。胡倩诈称自己是光禄大夫，奉命来督察缉拿盗贼的事，淮阳太守田广明察觉有诈，发兵将他逮捕斩首。公孙勇穿着绣衣，坐着四匹马拉的高盖马车到圉县，圉县守尉魏不害等将他诛杀。皇上封魏不害等人为侯。

7 吏民以巫蛊相互告发，调查结果大多不是实情。皇上也渐渐知道太子只是惶恐无以自明，并没有其他什么歹意。正在这时候，高寝郎（高帝祭庙禁卫官）田千秋说有紧急事情上书，为太子伸冤，说："'儿子擅自调动父亲的军队，其罪不过是受一顿鞭答。天子之子过失杀人，又能有多大罪呢？'我梦见一个白头老翁教我跟皇上说这些话。"皇上于是大为感悟，召见田千秋，说："父子之间的事，外人不好讲话，唯独先生您能将其中的道理讲明白，这是高祖祭庙里的神灵让先生您教我的，您应该做我的辅佐。"当场就拜田千秋为大鸿胪（掌管诸侯及藩属国事务，为九卿之一），然后将江充家灭族，将苏文绑到横桥上活活烧死。在泉鸠里和太子作战的一位官员，最初被任命为北地太守，也被灭族。（此人姓名不详，太子造反，他本是执行皇帝命令与叛军作战。之前田仁因为不忍心与太子动刀兵被斩首，暴胜之因为替田仁说一句好话也被逼自杀，如今与太子作战的又被灭族。皇上全凭自己当时的喜怒好恶处事，臣子们则全凭运气定生死。）皇上哀怜太子无辜，于是修建思子宫，在湖中见建了一座归来望思台。天下人闻而悲之。

武帝征和四年（壬辰，公元前89年）

1 春，正月，皇上巡游至东莱，到了海边，想要亲自乘船浮海寻找仙山。群臣谏止，皇上不听，这时刮起大风，天空晦暗，海水沸腾一般汹涌，皇上停留了十几天，天气始终没有好转，船只不能出海，只好返回长安。

2 二月三日，雍县上空没有乌云，却出现三声像打雷一样的声音，落下两颗陨石，色黑如漆。

3 三月，皇上在钜定亲自耕田，回京途中巡游泰山，扩建祭天神坛。二十六日，在明堂祭祀。二十九日，在石间祭地，见群臣，说："朕即位以来，所为狂悖，使天下愁苦，不可追悔。自今事有伤害百姓，靡费天下者，悉罢之！" 田千秋说："方士们说神仙之事的很多，但是都没有应验，臣请求将方士们全部罢免！"皇上说："大鸿胪说得对！"于是将所有方士和在庙里等候神仙的，全部遣散。之后皇上常常对群臣自叹："之前是我自己愚惑，被方士们欺骗。天下哪有什么神仙，都是胡说八道。节制饮食，服用汤药，最多也就是减少一点生病吧！"

夏，六月，皇上回京，巡游至甘泉。

4 六月二十五日，汉武帝任命大鸿胪田千秋为丞相，封富民侯。田千秋没有其他什么才能，既没有功劳，也没有资历，就因为一句话让皇上醒悟，就在几个月的时间里，拜相封侯，这是有史以来没有的事。但是，田千秋为人敦厚，有智慧，在丞相位置上非常称职，比他前后几任丞相都强。

之前搜粟都尉桑弘羊与丞相、御史上奏说："轮台（新疆轮台县）之东，可以灌溉的农田在五千顷以上，可以派农垦部队屯田，设置校尉三人分别负责，可以种植五谷。张掖、酒泉可以派遣骑假司马（代理骑兵官）为斥候。再招募壮健并敢于迁徙到远方的人，前往耕种，逐渐开荒，扩大垦田，修筑碉堡、岗亭，连城而西，可以威震西域，辅佐乌孙国。"（当时乌孙国尚汉公主，是汉朝盟国。）皇上下诏，深切陈述对自己过去所作所为的痛悔，说：

"之前，有关部门奏请加税，每人多缴纳三十钱，以供边境军费，这是给老弱孤独增加负担和困苦！如今，又建议派人到轮台屯田。轮台在车师以西一千多里，当年开陵侯成娩攻击车师时，虽然获得胜利，车师王投降，但是，因为道路遥远，食物短缺，死于路途的还有数千人，更何况再往西去呢！当年是我一时糊涂，听信军侯弘的报告，他说：'匈奴人把马的四足捆上，扔在城下，丢下一句话，说：秦人，我给你们马！'另外，汉朝使者又被长时间扣留。所以，我才派遣贰师将军出征，目的是维护汉朝使者的国威罢了。古代卿大夫参与谋划，都用蓍草、龟甲卜卦，没有吉兆的，就不行动。我也将弘汇报匈奴缚上马足的书信给丞相、御史、二千石以上官员、诸大夫、郎、文学侍从以及各郡、属国都尉们看，他们都说：'匈奴捆上自己的马足，这是他们最大的不祥。'又有人说：'他们这是假装自己很强，凡是自己没有的，就假装自己有很多。'公车方士、太史、治星、望气以及太卜卦的，都说：'吉！匈奴必破，时机不可再得！'又说：'大军向北推进，就在郅山破敌；卜卦，诸将之中贰师将军最吉。'于是我亲自指定贰师将军向郅山进军，命令他到郅山就停止，不要再深入。如今，群臣的计谋和太卜的卦兆，全都是反的！全都是谬妄！重合侯马通擒获的匈奴斥候说：'缚住马脚，是匈奴对汉军的一种诅咒。'匈奴人经常说：'汉朝虽然广大，但汉人不耐饥渴，而且失掉一只狼，就会走失一千只羊。'等到贰师兵败，军士死伤离散，悲痛常在朕心。如今又要远在轮台屯田，要修筑岗亭、行道，这是扰劳天下，不是有利于百姓，我不忍心再听到这些事！

"大鸿胪等又发起动议，要招募囚徒，派到匈奴去，悬以封侯之赏，刺杀单于以报愤，这是连春秋五霸也不耻为之的事情，何况我大汉！况且匈奴每次得到汉朝降者，都仔细搜身，严加盘问，这样的计策行得通吗？当今之急务，在于禁止严苛暴虐，废止擅赋法（大概是一种供应军费的特别税），让民力投入农业，恢复养马代替徭役的法令（鼓励民间养马），以填补战马的缺乏，武器装备不要缺乏而已。各郡、各封国二千石以上官员，现在要开始研究如何鼓励养马，补充边塞急需的方略，就和派来呈进计簿的人一起奏对。"

从此，汉武帝不再派兵出征，封田千秋为富民侯，以表明与民休息、思富养民的意思。又以赵过为搜粟都尉。赵过是农业专家，懂得轮耕的方法（在一块土地上，轮流耕种不同的作物，以保护和充分利用地力），他制作的农耕器具，都很方便灵巧，教会人民使用，用力少而收成多，人民都感到很便利。

【司马光曰】

世上从不缺乏人才！武帝好征伐四夷之功，于是勇锐轻死之士就充满朝廷，开疆拓土，无不如意。等到他要休养士民，重视农耕，赵过这样的人才就出现了，教导人民耕耘，人民也由此获利。前后都是同一个君王，而他的兴趣转移，不同的人才就响应他而出现。假使武帝能兼有三王的度量以兴商、周之治，他还会没有三代的贤臣吗？

【华杉讲透】

汉武帝的轮台罪己诏，说来说去都是群臣误朕，《论语》说，尧曰："朕躬有罪，无以万方！万方有罪，罪在朕躬！"《大学》说："一人定国。"有什么样的君王，就有什么样的臣子，都是"朕躬"一个人的责任。当汉武帝要全力征伐时，如果有一个人反对，他敢说出来吗？如果他说出来，他还能站在朝堂上吗？

领导者很难知道下属的真实想法，当领导者提出一个问题，回答的人首先本能的反应是，如何回答对我有利，以及如何在回答的过程中揣摩上意，随时调整，最终让领导觉得跟我有"共鸣"。你可以想一想我们平时开会，老板征求大家的意见，其实很多情况下并非是要意见，而是要发现"人才"，而"人才"就是跟他看法一致的人。他心里有倾向，看谁对得上，而且能给他补充。下属也懂得这个游戏规则，就试探着前进。所以你看最后答案揭晓，和老板对得上就喜形于色，没对上的就沮丧不堪，下次再来！

领导者这样去发现"人才"，就只能发现江充这样富贵险中求的"人才"。江充的一言一行，没有一件不中皇上的意，但最后的结局是他的能量大到居然逼反逼死了太子。

《中庸》说："舜其大知也与，舜好问而好察迩言，隐恶而扬善，执其两端，用其中于民，其斯以为舜乎！"舜的度量，舜的大智慧，是他真的用别人的意见，而不是"任其私智"，是一种内心的、本性的、真正的谦逊，一种"听话"的智慧，什么事都问问大家意见。然后呢，好察迩言，不但深远的要去考察，就是那极浅近的也细细地琢磨，怕其中也有可以采纳的地方错过了。再之后，隐恶而扬善，这是鼓励言路畅通，那说得不对的，到我这儿为止，我不批评他，也不让他因为说得不对而丢脸，下次不敢说了，这是隐恶；说得对的呢，就表扬他，这是扬善。最后，把大家的意见综合起来，执其两端而用其中，中庸之道，找到全民幸福的最大公约数。

汉武帝哪有尧舜那样的仁心和度量呢？他只是雄霸一生，到老了之后，气数将尽，才发现这世界上有自己办不到的事，而且过去所谓办成的事，也不值得那付出的代价，靡费天下，全民愁苦，去西域扬一下国威，有什么值得的呢？

5 秋，八月三十日，日食。

6 卫律嫉妒李广利受宠，正赶上单于的母亲阏氏生病，卫律教唆巫师说："先单于发怒说：'我们每次发兵前祭祀，都说要把贰师将军抓来祭神，为什么现在抓来了又不用？'"于是抓捕李广利。李广利骂道："我死之后，做鬼也定要灭亡匈奴！"于是匈奴将李广利宰了祭神。

武帝后元元年（癸巳，公元前88年）

1 春，正月，皇上巡游至甘泉，祭祀五色帝，之后巡游至安定。

2 昌邑哀王刘髆薨。

3 二月，大赦天下。

4 夏，六月，商丘成因为在祭祀孝文帝庙时诅咒皇帝而自杀。

5 当初，侍中仆射马何罗与江充关系很好，等到太子起兵，马何罗的弟弟马通因为奋力作战，封重合侯。后来，皇上又夷灭江充宗族、党羽，马何罗兄弟恐惧危及自己，于是密谋叛乱。

侍中驸马都尉金日磾感觉他不对劲，心中怀疑，暗暗观察他的动静，总是和他一起进出。马何罗也感觉金日磾提防他，所以很长时间都不能发动。

这一天，皇上巡游至林光宫，金日磾因为身体小有不适，在殿中庐室躺着休息，马何罗与马通，还有小弟马安成，假传圣旨，乘夜出宫，一起杀了使者，发兵叛乱。

第二天清晨，皇上还未起床，马何罗从外进入，金日磾正在厕所，突然心中悸动，立刻进入内殿，坐在皇上卧室门口。一会儿工夫，马何罗袖藏白刃闯进来，一看金日磾坐在门口，脸色大变，还是想闯进去，却不小心碰到了乐器宝色，僵了一下。金日磾趁这机会，一把抱住马何罗，大喊："马何罗反！"皇上惊起。左右欲拔刀格杀，皇上担心伤及金日磾，制止他们。金日磾将马何罗摔倒在殿下，侍卫将他擒拿绑缚。经过严密追查审理，马氏兄弟一党全部伏诛。

6 秋，七月，地震。

7 燕王刘旦自以为依长幼次序，该他做太子，上书请求进宫做宿卫。皇上大怒，在北门将他的使者斩首。刘旦又因为窝藏逃犯，削夺良乡、安次、文安三县封地。皇上由此非常厌恶刘旦。刘旦聪慧善辩，博学多才，他的弟弟刘胥有勇力，但是两人都不遵纪守法，多过失，所以皇上都不立他们。

当时钩弋夫人的儿子刘弗陵，年纪只有几岁，但长得很高大，非常聪明。皇上非常喜爱他，想立他为太子。但是因为他年纪太小，娘亲也太年轻，所以犹豫不决很久。想要给他找一个辅政大臣，观察群臣，只有奉车都尉、光禄大夫霍光，忠厚可任大事，皇上于是派黄门画工画了一幅画，画的是周公背着周成王接见诸侯，给霍光送去。

过了几天，皇上突然谴责钩弋夫人，钩弋夫人脱下首饰，叩头请罪。皇上说："拉出去，关进宫廷监狱！"钩弋夫人回头看着皇上，皇上说："赶紧走！不能让你活着！"最终将钩弋夫人赐死。

不久，皇上在宫中闲坐，问左右："外面人怎么说？"左右回答："都说：'既然要立她的儿子，为什么要杀掉母亲呢？'"皇上说："我这样做，不是你们这些愚蠢的人所能理解的。以往国家之所以乱，就是因为主少母壮。女主独居骄纵，淫乱自恣，谁也拦不住。你们没看见吕后的作为吗？所以不得不把她先除去。"

武帝后元二年（甲午，公元前87年）

1 春，正月，皇上在甘泉宫接受诸侯朝见。二月，巡游至盩厔五柞宫。

2 皇上病重，霍光涕泣问道："如有不测，谁当继位？"皇上说："我之前送给你的画，你没理解吗？立少子，你行周公之事。"霍光顿首辞让说："臣不如金日磾！"金日磾也辞让说："臣，外国人，不如霍光，况且如果由我辅政，会让匈奴轻视汉朝！"

二月十二日，下诏立刘弗陵为太子，年仅八岁。

十三日，以霍光为大司马、大将军，金日磾为车骑将军，太仆上官桀为左将军，受遗诏辅佐少主，又以搜粟都尉桑弘羊为御史大夫，都在病床前拜受遗诏。

霍光出入宫禁二十余年，出则陪同皇上乘车，入则侍奉左右，小心谨慎，从未有过失。为人沉静详审，每次出入、下殿门，进退行止都有固定的地方，其他郎官、仆射偷偷观察他，从来尺寸不差。

金日䃅在皇上左右，目不斜视数十年，皇上赏赐给他的宫女，他从来不敢亲近。皇上想要纳他的女儿入宫，坚决不肯，他的笃敬谨慎到了极致，皇上也称奇。金日䃅的长子是皇上的弄儿，皇上非常喜爱他。等到弄儿长大，不谨慎，在殿下与宫女调戏，恰好被金日䃅看见，厌恶他的淫乱，杀了他。皇上听闻，大怒。金日䃅磕头谢罪，说了杀弄儿的原因。皇上非常哀伤，为之哭泣，而心中更加敬重金日䃅。

上官桀之前因为有勇力得到宠幸，被任命为未央宫厩令，掌管马匹。皇上曾经生病，病好之后，看见马都瘦了，大怒说："厩令认为我再也见不到这些马了吗？"要把他下狱治罪。上官桀顿首谢罪说："臣闻圣体不安，日夜忧惧，心思确实不在马上。"话还没说完，泪如雨下。皇上认为他对自己是真的担忧，由此跟他亲近，任命为侍中，稍后升迁到太仆。

这三人，都是皇上一向亲爱信任的，所以特别提拔，授以后事。

【王夫之曰】

谁忠谁邪，其实是很容易分辨的，武帝托孤三人，将上官桀与霍光、金日䃅并列，实在是不知人。霍光出入殿门，进止有常度，金日䃅在皇上左右，目不忤视数十年。这两人，不是为了迎合皇上才这样，而是始终关注自己的职责和言行不要有过失。上官桀解释马瘦的一通表演，就不是和国家休戚与共的臣子。厩令的职责，在马而已。谨慎守职，才是君子。巧言取悦，那是小人。君子知道把握好自己，投之于天下之大，他也首先只关注自己不要有过失。小人畏罪邀宠，迎合他人之喜怒哀乐，却忘记了自己该干啥。

二月十四日，皇上在五柞宫崩逝（享年七十一岁），遗体运到未央宫前殿入殓。

皇上聪明能断，善于用人，行法铁面无情。隆虑公主（景帝女）的儿子昭平君，娶了汉武帝的女儿夷安公主。隆虑公主临终时，缴纳金一千斤、钱一千万，为昭平君预先赎买一次死罪，皇上许诺她。隆虑公主死后，昭平君越来越骄纵，酒醉杀死公主的保姆，被逮捕入狱。廷尉因他是公主的儿子请示皇上，左右人也个个都说："之前皇上曾经许诺免他一次死罪。"皇上说："我妹妹年老时才生下这么一个儿子，临终前又拜托我照顾啊！"当时垂泪哭泣，叹息良久，说："法令是先帝所造，因为妹妹的缘故，违背先帝的法令，我又有什么面目再进高帝的祭庙呢？再说，对下也辜负天下万民。"于是批准死刑，哀伤不能自制，左右尽悲。待诏东方朔上前拜贺说："臣闻圣王为政，赏不避仇人，诛不择骨肉，《尚书》说：'不偏不党，王道荡荡。'这两条，是五帝所重视的，三王也很难做到，但是今天陛下做到了！臣东方朔捧着酒杯冒死也要向陛下祝贺！"起初皇上对他的话很愤怒，继而又觉得他说得好，任命东方朔为中郎。

【班固曰】

汉承百王之弊，高祖拨乱反正，文帝、景帝务在养民，至于复兴古代礼仪教化之事，还有缺失。孝武初立，卓然罢黜百家，表章六经，于是广举天下俊茂人才，一起建功立业；兴太学，修郊祀，改正朔，定历法，协音律，作诗乐，建封禅，礼百神，封周朝后裔。他的号令文章，焕然而可称述，后世得以遵循他的规范，而灿然有三代之风。以武帝的雄才大略，如果能不改文帝、景帝的恭俭爱民，那就算《诗经》《尚书》所称颂的圣王也不能超过他吧！

【司马光曰】

汉武帝穷奢极欲，繁刑重敛，内侈宫室，外事四夷，信惑神怪，巡游无度，使百姓疲敝，起为盗贼。他的所作所为和秦始皇真是没有差别！但是，秦之所以亡，而汉之所以兴，原因在于汉武帝还算能尊先王之道，知道有所继承遵守，能接受忠直之言，厌恶被人欺瞒蒙蔽，又好贤不倦，诛赏严明。晚年能够改过，安排的托孤大臣也都是一时之选。这就是他有亡秦的过失，却能免于亡秦之祸的原因吧。

【华杉讲透】

《资治通鉴》记录了班固和司马光对汉武帝的评价。班固对汉武帝的文治武功一字不提，只暗讽他若能"不改文景之恭俭以济斯民"如何如何。司马光则直斥他有亡秦之失。由此，秦皇汉武，千古并列，都是穷奢极欲，繁刑重敛；都是征伐四方，巡游无度；都要渡海求仙，长生不老。但是，他们又都对国家地理版图的统一和文化制度的建立，定下了万世垂范的基准，所以，他们都是中华文明的奠基人，都是千古大帝。

3 二月十五日，太子即皇帝位。皇上的姐姐鄂邑公主搬回皇宫与弟弟同住，负责抚养。霍光、金日磾、上官桀共同辅政，领尚书事。霍光辅佐幼主，政事都自己决定，天下人都想见到他的风采。皇宫中曾经突然有怪物出现，整个晚上，群臣惊慌混乱，霍光召见尚符玺郎，要他把玉玺交出来。尚符玺郎拒绝，霍光想要强夺。尚符玺郎按剑说："臣头可得，玉玺不可得！"霍光十分嘉许。第二天，下诏给尚符玺郎提级二等。天下人由此更加敬重霍光。

4 三月二十二日，将孝武皇帝葬于茂陵。

5 夏，六月，大赦天下。

6 秋，七月，东方天际出现孛星。

7 济北王刘宽因为有禽兽之行（乱伦和诅咒皇上）自杀。

8 冬，匈奴入寇朔方郡，杀掠吏民。征发部队屯驻西河，左将军上官桀巡视北部边境。

卷第二十三 汉纪十五

（公元前86年—公元前75年，共12年）

主要历史事件

燕王刘旦、齐王刘泽密谋反叛失败　163
孤鹿姑单于去世，匈奴从此衰落　166
"盐铁会议"召开，《盐铁论》成书　169
苏武回国　170
武帝末年，海内虚耗，户口减半　171
上官桀等人密谋除掉霍光　172
辽东乌桓部落反叛　177
傅介子刺杀楼兰王　179

主要学习点

利欲熏心，鲜有不败亡　165
接受利益最小化，保障最不坏的结果　165
人君之德，莫大于明　173
小人没逻辑，所以什么都敢干　174

孝昭皇帝上

昭帝始元元年（乙未，公元前86年）

1 夏，益州郡二十四邑夷人，一共三万余人，全部反叛汉朝。朝廷派遣水衡都尉吕破胡招募官吏和百姓从军，并征发犍为、蜀郡的武勇精壮之人前往镇压，大破叛军。

2 秋，七月，大赦天下。

3 天降大雨，一直持续到十月，渭桥被大水冲断。

4 武帝刚刚崩逝的时候，新帝登基，赐给各诸侯王告哀诏书。燕王刘旦收到诏书，却不肯哭丧，说："玺书信封小，京师恐怕有什么变故。"派遣幸臣寿西长、孙纵之、王孺等人到长安去，以问礼仪为名，秘密刺探朝廷之事。之后又有诏书，褒奖刘旦，赐给他钱三十万，增加封地一万三千户。刘旦怒道："我本来应该继位为皇帝，要什么赏赐！"于是与宗室中山哀王之子刘长、齐孝王之孙刘泽等结党密谋，诈言在武帝时受诏，命他可以主持国中政事，整治军备，以备非常。郎中成轸对刘旦说："大王失去帝位，只能奋起争夺，不能坐而得之。大王一旦起兵，燕国之内就算是女子，也愿意奋臂跟随大王！"刘旦于是与刘泽密谋，写下奸书，说："少帝不是武帝的儿子，是朝中大臣们拥立的，天下应该一起讨伐他！"派人把这书信传行各郡国，以摇动百姓人心。刘泽等又准备发兵临淄，杀青州刺史隽不疑。刘旦招来郡国中奸人，收聚铜铁，制作盔甲兵器，又数次检阅他的骑兵和步兵部队，举行大规模的狩猎活动，来训练士卒马匹，等待与刘泽约定的日期一到，共同举兵叛乱。郎中韩义等数次谏止刘旦，刘旦杀韩义等十五人。就在这个时候，瓶侯刘成知道了刘泽的阴谋，马上告诉隽不疑。八月，隽不疑逮捕刘泽等，向中央汇报。天子派大鸿胪审理，牵连出燕王刘旦。皇上下诏说，刘旦是至亲，免于追究，只诛杀了刘泽等人。隽不疑调任京兆尹。

隽不疑做京兆尹，官吏和百姓对他的威信都很敬服。每次下到各县审理案件回来，他的母亲都问他："有没有人平反？救活了多少人？"如果隽不疑为很多受冤屈的人平了反，母亲就喜笑颜开；如果没有人得到平反，其母便生气得不肯吃饭。所以隽不疑为官，虽然严厉，却不残暴。

5 九月二日，秺敬侯金日磾薨。当初，武帝病，有遗诏，封金日磾为秺侯，上官桀为安阳侯，霍光为博陆侯，都以之前抓捕反贼马何罗等人的功劳而受封。金日磾以皇帝还年少为由，不受封，霍光等人也不敢接受。等到金日磾病重，霍光向皇上汇报封侯的事，金日磾才在病床上接受印绶，第二天就薨逝了。

【王夫之曰】

金日磾是外国降人，却能做这样高位的大臣，这是他的德威之盛。武帝遗诏封金日磾、霍光、上官桀三人为侯，金日磾不受封，霍光也就不敢接受。等到金日磾垂死，霍光把侯爵印绶强加给他于病床之上。金日磾不死，霍光尚且忌惮他，更何况上官桀！金日磾一死，霍光就要受上官桀欺负了。霍光妻子骄纵，以致后来发展到谋杀皇后，谋逆，家族败亡，那都是因为没有金日磾镇住他们。霍光不能善始善终，在封侯这件事上就已经看出来了。金日磾一死，霍光就迫不及待赶紧拿到侯爵之位，利一时之荣宠，而丧其族于十年之后。可见利欲熏心，鲜有不败亡的。

【华杉讲透】

做人当学金日䃅，不要贪心地去追求利益最大化，而是要接受利益最小化。任何事情不要非得追求最好的结果，至少你要保障最不坏的结果。面对利益分配，要比自己该拿的再少拿一点。因为你觉得自己该拿的，未必真就是你该拿的。少拿一点，就安心、安全。为了和平，可以对自己不公平。

金日䃅获得了不可思议的成功，这不是他求来的，而是他的修养给他带来的命运和运气。

金日䃅的两个儿子，金赏、金建都是侍中，和皇上大略同龄，玩耍睡觉都在一起。金赏为奉车都尉，金建为驸马都尉，等到金赏继承了父亲的侯爵之位，佩戴两个印绶。皇上问霍光说："金氏兄弟二人，不能让他们两个都有印绶吗？"霍光说："金赏继承了他父亲的侯爵之位。"皇上说："封侯不是我和将军说了算吗？"霍光说："先帝之约，有功才能封侯。"皇上于是打消了给金建封侯的意图。

6 闰十月，汉昭帝派遣曾经担任过廷尉的王平等五人持节巡视郡国，选拔贤良人才，慰问民间疾苦、有冤屈的人或失职的官员。

7 暖冬，气候温暖，没有结冰。

昭帝始元二年（丙申，公元前85年）

1 春，正月，汉昭帝封大将军霍光为博陆侯，左将军上官桀为安阳侯。

2 有人对霍光说："将军没有看到吕氏家族的下场吗？处在伊尹、周公的地位，摄政擅权，而疏远皇族，不和他们分享权力，于是失去天下信任，以至于灭亡。如今将军处在高位，皇上年龄逐渐增长，您应该接纳宗室子弟，又多与大臣们共事，反吕氏之道而行之，才可以免于祸患。"霍光认为他说得对，于是选择宗室子弟中可用的人才，拜楚元王的孙子刘辟疆以及宗室刘长乐等皆为光禄大夫，刘辟疆代理长乐宫卫尉。

3 三月，汉昭帝派遣使者赈济那些没有种子、粮食的贫民。

4 秋，八月，汉昭帝下诏说："往年灾害多，今年养蚕和麦子也都受灾，政府所借贷给农民的种子和粮食，不要偿还，并免除今年田租！"

5 当初，武帝征发匈奴，深入腹地，穷追猛打，前前后后二十余年，使匈奴的马匹牛羊都不能正常受孕，受到严重的消耗，百姓厌苦不堪，常有恢复和亲的意愿，但一直未能做到。匈奴狐鹿姑单于有一个同父异母的弟弟担任匈奴的左大都尉，有贤能，国人都拥戴他。单于的母亲担心单于不传位给儿子，而传给这位弟弟，派人将左大都尉杀死。左大都尉的同母兄长怨愤，不肯再去单于王庭。

这一年，狐鹿姑单于病重将死，对贵族们说："我儿子年纪太小，不能治国，立弟弟右谷蠡王。"单于死后，卫律与单于正室阏氏秘不发丧，矫诏改立单于儿子左谷蠡王为壶衍鞮单于。左贤王、右谷蠡王怨恨，想要率领他们的部众向南投降汉朝，但是道路遥远，担心还没走到就被中途拦截。于是胁迫卢屠王，一起向西投奔乌孙。卢屠王不肯，向单于报告。单于派人调查，右谷蠡王不承认，反咬一口，说卢屠王要叛变，国人都觉得卢屠王冤枉。于是左贤王、右谷蠡王离去，回到自己驻地，从此不肯再参加每年一次的龙城祭祀大典。匈奴由此开始衰落。

昭帝始元三年（丁酉，公元前84年）

1 春，二月，西北天际出现孛星。

2 冬，十一月一日，出现日食。

3 刚开始，霍光和上官桀关系亲善，霍光每次休假，上官桀经常代理霍光决策政事。霍光的女儿嫁给上官桀的儿子上官安为妻，生下一个女儿，年方五岁，上官桀希望借着霍光的关系，把女儿嫁给皇帝。霍光认为孩子年龄太小，不肯答应。长公主和她儿子的宾客丁外人私通，上官安一向和丁外人关系好，对丁外人说："我女儿容貌端正，如果能得到长公主的帮助，当上皇后，以我父子在朝为官，再加上皇后为后援，权势更加稳固。这件事成不成就靠你！按汉朝的惯例，通常以列侯尚公主，你还担心不能封侯吗？"丁外人大喜，告诉长公主，公主也觉得有道理，于是让汉昭帝颁布诏书，将上官安的女儿召入宫中，封为婕妤，任命上官安为骑都尉。

【胡三省曰】
为上官桀父子与霍光争权埋下伏笔。

昭帝始元四年（戊戌，公元前83年）

1 春，三月二十五日，汉昭帝颁布诏书，立上官氏为皇后，大赦天下。

2 西南夷姑缯、叶榆部落又反，派遣水衡都尉吕辟胡将益州兵击之。吕辟胡按兵不进，蛮夷于是杀死益州太守，又乘胜与吕辟胡交战，汉军战死及溺死四千余人。冬，遣大鸿胪田广明出征。

3 廷尉李种被控故意为死罪犯人开脱，被斩首弃市。

4 这一年，上官安被任命为车骑将军。

昭帝始元五年（己亥，公元前82年）

1 春，正月，汉昭帝追尊已故的外祖父赵父为顺成侯。顺成侯有一个姐姐叫赵君姁，赐钱二百万、赐给宅第，又配齐奴婢。其他兄弟各以亲疏受赏赐，但没有任官封爵。

2 有一个男子乘坐黄毛小牛犊拉的车到未央宫北门，自称是卫太子刘据。公车（负责接待臣民上书的官员）汇报上来。皇上下诏让公、卿、将军、中二千石官员，都去查验。长安城中吏民聚集围观的有数万人。右将军勒兵宫门之下，以备非常。丞相、御史和中二千石官员看了，都不敢发言。京兆尹隽不疑后到，直接呵斥手下将来人逮捕捆缚。有人说："真假未知，应该弄明白再说。"隽不疑说："诸君为什么操心他是不是卫太子？当年蒯聩违背父命，出奔逃亡，卫灵公薨逝后，蒯聩要回来继位，蒯辄就拒而不纳，不让他回来。《春秋》认为蒯辄做得对！卫太子得罪先帝，就算他逃亡没有死，今天回来，也是罪人！"于是将来人押送诏狱。

【华杉讲透】

蒯聩是春秋时卫国卫灵公的太子。蒯辄是卫灵公之孙，太子蒯聩之子。太子蒯聩因谋杀灵公夫人南子不成，出奔于宋，不久逃到晋国。灵公死，立蒯辄为君。晋国的赵简子又发兵护送蒯聩回国争位。卫国抵御晋兵，拒绝了蒯聩的回国。

天子与大将军霍光听说后，嘉许说："公卿大臣真应该由这样懂得儒家经典、深明大义的人来担任！"因此，隽不疑在朝中名重一时，其他人都自知比不上他。

廷尉审讯来人，得知事情。此人本是夏阳人，姓成，名方遂，居住在湖县，是一个算命先生。之前太子的一个舍人曾经找他算命，说："你长得特别像太子。"说者无心，听者有意，成方遂听到此言颇为心动，就想利用这一点来获取富贵，结果被以诬罔不道的罪名腰斩。

3 夏，六月，汉昭帝封上官安为桑乐侯。上官安日益骄淫，汉昭帝赐他在宫中饮宴。回家之后，上官安对宾客们说："今天跟我女婿喝酒，大乐！"看见皇上的服饰华贵，就觉得自己的衣服太差，要都烧掉。儿子病死，他仰头骂天。他的顽劣狂悖到了如此地步。

4 汉朝撤销儋耳、真番二郡。

5 秋，大鸿胪田广明、军正王平击益州，斩首、俘虏三万余人，获牲畜五万余头。

6 谏大夫杜延年看到汉武帝的奢侈浪费和连年征战之后，民穷财尽，数次向大将军霍光建言："连年粮食歉收，离乡背土的流民还没有尽归本土，应该重修孝文帝时的政策，俭约，宽和，顺应天心，取悦民意，年景自然会好转。"霍光采纳了他的建议。杜延年是前御史大夫杜周之子。

昭帝始元六年（庚子，公元前81年）

1 春，二月，下诏有司征询各郡国所举贤良方正和文学之士，了解民间疾苦和教化的要点，大家都建议："希望撤销盐、铁、酒的国家专卖，撤销均输官，不要与天下百姓争利，政府示以节俭，然后教化可兴。"桑弘羊表示反对，说："盐、铁、酒类的专卖制度和均输措施等，都是国家赖以控制四夷、保卫边疆，使财用充足的根本大业，不能废除。"于是，一场关于盐铁政策的辩论开始了。

2 当初，苏武被匈奴流放到北海，供应的食物总不能跟上，就自己挖掘野鼠，吃鼠洞中的草根，但始终举着汉天子符节牧羊，坐卧起行都不离手，符节上的毛缨全都脱落了。苏武在国内时，和李陵同为侍中。李陵投降匈奴，不敢来见苏武。过了很久，单于派李陵来到北海边，为苏武置酒设乐，对苏武说："单于听说我和子卿您是老朋友，所以派我来劝告您，虚心诚意相待。您终归是回不了国了，何必白白苦了自己？这空无一人之地，谁又能见到您坚守的信义呢？您的兄弟二人，都因为有罪自杀。我离开长安的时候，您的母亲已经不幸去世。您的妻子还年轻，听说已经改嫁了。唯独有两个妹妹、两个女儿、一个儿子，如今过了十几年，是生是死，不得而知。人生如朝露，您何必自苦如此！我刚刚投降的时候，也是心中狂乱不安，痛心自己辜负了汉朝，加上老母亲又被收押在监狱，更是五内俱焚。您不愿投降的心情，也不会超过我当年！况且陛下如今年老，法令无常，大臣无罪被灭族的有几十家，在朝为官，自己的人身安全都毫无保障，您还为谁坚守呢？"

苏武说："我苏氏父子无功无德，幸蒙陛下栽培，有所成就，与将军、侯爵同列。兄弟们时常侍奉皇帝左右，常愿肝脑涂地。如今能杀身以报，就算用斧钺将我斩首，或者用大锅将我烹杀，我也乐而赴死。臣事君，就如同子事父，子为父死，无怨无恨。希望您不要再说了。"

李陵与苏武饮宴数日，又说："子卿您再听我一句话！"苏武说："我早就已经该死了，大王如果一定要我投降，今天就是最后的欢聚，我马上就死在您面前！"李陵见他至诚，喟然长叹说："嗟乎！义士！我和卫律之罪，真是上通于天！"于是泣下沾襟，与苏武诀别。临行赐给苏武牛羊数十头。

后来，李陵又来北海，告知苏武汉武帝崩逝的消息。苏武南向号哭呕血，早晚举哀，历时数月。

等到壶衍鞮单于继位，母阏氏行为不正，国内离心离德，常常害怕汉军来袭，于是卫律与单于谋，与汉和亲。汉朝使者到来，要求接回苏武。匈奴谎称苏武已死。后来汉使再来，常惠私下求见汉使，教使者对单于说："天子在上林苑射猎，射得一只大雁，脚上系有帛书，说苏武在某大泽中。"使者大喜，就按常惠教的话去责问单于，单于看看左右，大惊失色，谢罪说："苏武等人确实还在。"于是放归苏武及马宏等人。

马宏先前跟着光禄大夫王忠出使西域，是王忠的副使。匈奴拦击使团，王忠战死，马宏被俘，也不肯降。所以匈奴归还这二人以示善意。

于是，李陵置酒祝贺苏武，说："如今足下还归，扬名于匈奴，功显于汉室，就算古代竹帛所载，丹青所画，也没有超过子卿您的事迹！李陵我虽然笨拙懦弱，但假如当初汉室能宽容我的罪行，保全我的老母，让我知耻而后勇，我未尝不能做出曹沫的壮举！（春秋时，齐鲁交战，鲁国三战三败，在柯邑会盟，曹沫是鲁国大将，在会场劫持齐桓公，索还被占领的土地。）这正是我当时念念不忘的志向。但皇上诛灭了我的家族，这世上最大的杀戮，我还有什么值得留恋的呢？事已至此，让子卿您知道我的心迹而已！"李陵泪流满面，与苏武诀别。

单于召集苏武的部属，除去之前已经投降的，或去世的，还剩九人，和苏武一起回到长安。皇上下诏，命苏武用太牢（牛、羊、猪各一只）祭拜武帝陵庙，拜苏武为典属国（掌归义蛮夷），官阶中二千石，赐钱二百万，公田二顷，住宅一栋。苏武在匈奴一共羁留十九年，壮年出使，回国已是须发尽白。

霍光、上官桀之前和李陵是好友，所以特派李陵的老朋友陇西人任立政等三人一起到匈奴，请李陵回国。李陵说："回去倒是容易，但是大丈夫不愿第二次受辱！"于是老死于匈奴。

3 夏天，旱灾。

4 秋季，七月，汉昭帝采纳贤良、文学之士建议，罢榷酤官，取消全国酒类专卖。武帝末年，海内虚耗，户口减半。霍光能懂得时务之要，轻徭薄赋，与民休息。到了这个时候，匈奴和亲，百姓充实，稍稍恢复了文景之治的景象。

【华杉讲透】

这一段写得极为简略，但信息量巨大，一是这一年发生了中国历史上第一次财税政策大辩论——盐铁会议，会议由宰相田千秋、御史桑弘羊为一方，全国贤良、文学人士为一方，就盐、铁器和酒类政府垄断专卖制度展开辩论，最终采纳了贤良方正的意见。这次会议的辩论记录，整理成一本书——《盐铁论》，成为中国继《管子》之后，又一本探讨宏观经济政策的巨著。

二是对武帝末年的惨状，只一句话十二个字——"武帝末年，海内虚耗，户口减半"。没有内战，人口却减少了一半！这背后得惨到什么程度！

5 皇上下诏，钩町侯毋波因为率领他的部落参加平叛有功，被封为钩町王。赐田广明为关内侯。

昭帝元凤元年（辛丑，公元前80年）

1 春，武都氐族部落反，汉昭帝派遣执金吾马适建、龙頟侯韩增、大鸿胪田广明率领大长安地区监狱及太常监狱的囚犯，一律免除刑罚，前往平叛。

2 夏，六月，大赦天下。

3 秋，七月三十日，出现日全食。

4 八月，改年号为元凤元年。

5 上官桀父子获得尊位，非常感激长公主的支持，就想为长公主的情夫丁外人求得封侯。霍光不许。退而求其次，希望任命丁外人为光禄大夫，这样有资格得到皇上召见，霍光还是不许。长公主由此怨恨霍光，而上官桀、上官安屡次为丁外人求官位不成功，也面上无光。这时又发生了一件事，上官桀的岳父宠信的一个叫充国的人，担任太医监，在宫中误入一个他本没有资格进去的宫殿，下狱当死，而冬季将要结束（汉律，冬季之后停止执行死刑，这句话暗示死刑要立即执行），长公主替充国缴纳二十匹马赎罪，得以免除死刑。上官桀父子更加怨恨霍光，感激长公主。在汉武帝时期，上官桀已经位列九卿，地位在霍光之上。如今，皇后是上官安的女儿，霍光只是其外祖父而已，但是朝廷大事都是霍光说了算，由此上官桀开始和霍光争权。另一边，燕王刘旦认为他是皇帝的哥哥，本来该立他为帝的，也常怀怨望。而御史大夫桑弘羊建立了酒、盐、铁专卖制度，为国争利，自以为功劳很大，要给他的子弟求官，也被霍光拦着。于是，长公主、上官桀、上官安、桑弘羊，都与刘旦通谋，结成阴谋集团。

刘旦派遣孙纵之等前后十几拨人，多带金银珠宝和良马，贿赂长公主、上官桀、桑弘羊等。上官桀等又派人伪造燕王上书，称："霍光到京郊军营检阅禁卫军和羽林军时，沿途戒严，太官（御厨）还要先行到达准备饮食，完全是皇帝出行的规格。"又说，"苏武出使匈奴二十年不降，才做到典属国。霍光大将军府长史杨敞毫无功劳，却当上搜粟都尉。而且，霍光又擅自将各军校尉调到大将军府，增加府中军官人数。霍光擅权自恣，恐怕有非常之举。刘旦我愿意交回燕王符玺，进宫担任宿卫，以观察奸臣之变！"奏书写好，趁着霍光休假的时候呈上去，上官桀准备等皇上一批复，马上交给有司查办，而届时桑弘羊则配合一起逼退霍光。

奏书呈上去，皇上却留中不发。第二天，霍光听说了对他的指控，就待在汉武帝送给他的周公辅佐成王的画室中不出来。皇上问："大将军安在？"左将军上官桀回答说："因为燕王告状说他的罪，不敢进宫。"皇上下诏："召大将军。"霍光进来，脱了帽子，磕头谢罪。皇上说："将军把帽子戴上。朕知道那奏书有诈，将军无罪。"霍光问："陛下何以知之？"皇上说："你到广明检阅禁卫官，是最近几天的事，调动校尉，也不到十天，燕王怎么能知道！况且将军如果要造反，也不需要调校尉。"这一年皇上只十四岁，尚书、左右近臣都惊奇他的明睿。呈上奏书的人果然逃亡，紧急追捕，上官桀等害怕，对皇上说："这种小事用不着这么穷追猛打。"皇上不听。后来上官桀的党羽时常有说霍光坏话的，皇上就发怒说："大将军是忠臣，先帝托付以辅佐我的，敢有诋毁大将军者，逮捕治罪！"从此上官桀等不敢再说霍光的坏话。

【李德裕曰】

人君之德，莫大于明，明以照奸，则百邪不能蒙蔽他，汉昭帝就是这样的明君啊！在这一点上，周成王就要羞愧了，甚至汉高祖、文帝、景帝都不如他。周成王听了管、蔡释放出来的流言，就让周公狼狈而东征。汉高祖听信陈平先后背弃魏国和楚国，就差点舍弃了这位智囊。文帝呢，听说季布有酗酒恶习，就不让他在朝为官，下放去做郡守，怀疑贾生擅权纷乱，就疏远了这一大才。景帝更是，轻信诛杀晁错，吴楚就能退兵，竟然屠戮三公贵臣！这正所谓"执狐疑之心，来谗贼之口"。你自己先有了疑心，那进谗言的坏人马上就围上来！以汉昭帝之明，假如能得到伊尹、姜子牙那样的贤臣辅佐，那成康之治也不足以与他相比。

6 上官桀等又密谋让长公主摆酒宴请霍光,然后在酒宴上伏兵格杀他,废黜皇上,迎立燕王刘旦。刘旦也置驿书往来联络,许诺封上官桀为王,外联郡国豪杰以千数。刘旦和他的国相平商量,平说:"大王之前与刘泽结盟,事未成而被发觉,是因为刘泽为人好浮夸,又好侵凌他人。如今我听说左将军上官桀也是一个轻薄之人,车骑将军上官安更是年少骄纵,我担心一来他们跟当初刘泽一样,成不了大事;二来即便侥幸能成,他们又会背叛于你!"刘旦说:"前些日子,有一个男子到宫门,自称是前任太子,长安城中百姓都去观望,人多喧哗,大将军害怕,出兵严阵以待,以防变乱。我,是皇帝长子,天下所信,何须担心他们反我?"之后又对群臣说:"长公主告诉我,唯一需要担心的是大将军霍光与右将军王莽(不是后来篡汉的王莽)。如今王莽病逝,丞相田千秋又生病,正是时机,大事必成,很快就会有好消息!"于是下令群臣准备行装。

上官安又密谋将燕王刘旦引诱来京,杀死他,再废掉皇上,立上官桀为帝。有人说:"那皇后怎么办呢?"上官安说:"逐鹿之狗,哪还顾得上兔子呢!况且如今咱家因为出了一个皇后而尊贵,一旦哪天皇上移情别恋,就是想要成为一家人,也不可得!现在这是百世不遇的机遇!"正赶上长公主舍人的父亲稻田使者(负责收田租)燕仓,知道了他们的阴谋,向大司农杨敞报告。杨敞谨慎怕事,不敢向上汇报,于是称病躲出去休养。燕仓同时把这件事告知了谏大夫杜延年。杜延年马上上报朝廷。

九月,汉昭帝下诏丞相部署中二千石官员,一举逮捕孙纵之、上官桀、上官安、桑弘羊等,并其宗族,全部灭族。长公主自杀。

燕王刘旦收到消息,召丞相平问:"事已至此,咱们还发兵吗?"平说:"左将军上官桀已死,百姓也都知道实情,不能发兵了。"燕王忧惧愤懑,置酒与群臣、姬妾诀别。这时天子玺书到,斥责刘旦。刘旦用绶带自缢而死,王后、夫人跟随刘旦自杀的,有二十余人。天子加恩,赦免刘旦的太子刘建死罪,贬为庶人。赐刘旦谥号为剌王。皇后因为年少,没有参与阴谋,况且也是霍光的外孙女,所以没有被废。

【华杉讲透】

君子戒慎恐惧,小人无所顾忌。小人之心不可测,因为他完全没逻辑,什么都敢干!宫廷政变,推翻一个没有过错的皇帝,这是九死一生的事,但上官

桀父子敢干。政变是极秘密的事，而刘旦、上官桀一党，不仅党羽众多，还外联郡国豪杰以千数，泄密基本上是百分之百的事。这已经够蠢了。上官安还想把刘旦也杀了，让上官桀自己称帝。刘旦都不相信他会有如此愚蠢的想法，但是他确实有！这就成了一出闹剧。

7 九月二日，右扶风王䜣被任命为御史大夫。

8 冬，十月，汉昭帝封杜延年为建平侯，燕仓为宜城侯，前任丞相征事（丞相属官，秩六百石）任宫抓捕上官桀，被封为弋阳侯，丞相少史（丞相属官，秩四百石）王山寿引诱上官安入府，封商利侯。过了很长时间，文学侍从、济阴人魏相上对策说："当初燕王无道，韩义挺身强谏，为燕王所杀。韩义不像比干一样是王室亲属，却做出了比干那样的大义节操，应该封赏他的儿子，以昭示天下，让大家看到人臣的大义。"汉昭帝擢升韩义之子韩延寿为谏大夫。

9 大将军霍光认为朝中老臣凋零，光禄勋（九卿之一，秩中二千石）张安世在武帝时就任尚书令，志行纯笃，于是建议用张安世为右将军兼光禄勋，作为自己的副手。张安世是已故御史大夫张汤的儿子。霍光又认为杜延年有忠节，擢升为太仆、右曹、给事中。（右曹是加官名号，秩二千石。加此者每日朝谒，在殿中收受平省尚书奏事，亲近皇帝，典掌枢机。给事中也属于加官，没有定员，加此号得给事宫禁中，常侍皇帝左右，备顾问应对，每日上朝谒见。）霍光执刑罚严厉，杜延年就时常辅之以宽。吏民有事上奏，都先交给杜延年处理，觉得有必要的再向皇上汇报。可以试用为官的，就先外放出去做县令，或者在丞相府、御史府做属官，一年之后，将考核意见上奏。或者当中有奸妄的，依法判罪。

10 这一年，匈奴派左、右部二万骑兵，分为四队，一起侵入汉朝边境进行袭扰。汉军派兵追击，斩首、俘虏九千人，生擒瓯脱王，而汉军几乎没有什么损失。匈奴见瓯脱王被俘，害怕他会投降做向导，带领汉军去攻击，于是向西北方向迁徙远去，不敢在南边牧马放羊了。于是，汉朝征发人民屯驻瓯脱。

昭帝元凤二年（壬寅，公元前79年）

1 夏，四月，皇上从建章宫移居未央宫（本年十六岁）。

2 六月，大赦天下。

3 这一年，匈奴又派九千骑兵屯驻受降城以防备汉军，又在北边余吾水上建桥，以备战事不利时奔走撤退。匈奴想要跟汉朝和亲，但是怕汉朝不答应，所以也不肯先开口，只是经常让左右暗示汉朝使者。他们来侵略的次数越来越少，对汉朝使者越来越亲厚，希望慢慢达到和亲的目的。汉朝也对匈奴采取笼络的态度。

昭帝元凤三年（癸卯，公元前78年）

1 春，正月，泰山有一块大石头自己立起来，上林苑有一棵已经枯死的柳树又复生，有虫吃那柳树的叶子，吃出一行字来，说："公孙病已立。"（后来的汉宣帝刘询，开始时名字叫病已，汉武帝的曾孙，在位二十五年。）符节令（掌管皇帝玺印，兼保管铜虎符、竹使符，遣使掌授节）鲁国人眭弘上书，说："大石自立，僵柳复起，将有平民要做天子。枯树复生，这是之前被废的公孙氏又要复兴吗？汉家是尧的后裔，有传国之运，应该访求贤人，将帝位禅让给他，自己退位，封百里之地，以顺应天命。"眭弘以制造妖言、蛊惑人心的罪名被处死。

2 匈奴单于派犁汙王刺探汉朝边境，回报说酒泉、张掖兵弱，出兵试击，或许可以重新得到土地。这时，汉军已先从归降的匈奴人口中知道了他们的计划，汉昭帝便下诏命令边境加强警备。过了没多久，右贤王、犁汙王一共四千骑兵分为三队，入寇日勒、屋兰、番和。张掖太守、属国都尉发兵迎击，大破之，逃掉的只有几百人。属国义渠王射杀犁汙王，赐黄金二百斤，马二百匹，封为犁汙王。自此之后，匈奴人再也不敢侵犯张掖。

3 燕王和长公主之乱，桑弘羊的儿子桑迁逃亡。他父亲的老部下侯史吴将他藏匿。后来桑迁被捕，伏法被诛，侯史吴也因此入狱。后来，赶上一次大赦，廷尉王平、少府徐仁负责审理这一反案，认为桑迁是因为父亲谋反被牵连，侯史吴窝藏他，不是窝藏反贼，而是窝藏被牵连在案的人而已。所以，以大赦令免除了侯史吴的罪。但是后来侍御史重审此案，认为："桑迁通晓经术，知道他父亲要谋反，却不能谏争，这和参与造反性质是一样的。侯史吴身为三百石官员，身为藏匿桑迁的首谋，这和平民窝藏一个从犯不是一回事，侯史吴不能被赦免。"于是奏请重审，并弹劾廷尉王平、少府徐仁纵容反叛者。

徐仁是宰相田千秋的女婿，所以田千秋也多次替侯史吴说话，怕霍光不听。田千秋就召集中二千石以上官员、博士在未央宫北阙公车门开会，讨论如何处置侯史吴。与会的人都知道大将军霍光的态度，所以也大都说侯史吴大逆不道。第二天，田千秋将大家的意见上奏。

霍光认为田千秋擅自召集官员，造成朝廷内外意见分歧，下令将王平、徐仁逮捕下狱。朝廷大臣们都担心会牵连到丞相。太仆杜延年上奏给霍光说："官吏纵容罪人，国家有法可依。如今把侯史吴列为大逆不道，恐怕用法太过。又，丞相一向没有什么成见守持，只是喜欢帮下面人说话，这是他一贯的作风，并没有什么特别的目的。至于他擅自召集中二千石官员会议，确实不对。不过，我认为丞相在位已久，又是先帝旧臣，除非有大错误，否则不可废弃。之前民间就有议论，说国家用法深刻，官吏严酷，如今丞相所议，又是刑罚宽严的事，如果因此罪及丞相，恐怕不合民心，群下喧哗，百姓私议，流言四布。我担心此案也让大将军您的英名受损。"霍光以廷尉、少府玩弄执法轻重，下狱。夏，四月，徐仁自杀。王平与左冯翊（掌京畿部分地区）贾胜胡皆被腰斩。但没有牵连到丞相，霍光与田千秋一直和平共事。杜延年议论持平，和合朝廷，大多是这种情况。

4 这年冬天，辽东乌桓部落反叛。当初，匈奴单于冒顿击破东胡族，东胡残余部众向东逃亡到乌桓山、鲜卑山，聚成两个部落，世世代代被匈奴奴役。

汉武帝击破匈奴东部，将乌桓人迁移到上谷、渔阳、右北平、辽东塞外居住，为汉朝侦察匈奴动静，设置护乌桓校尉做他们的首领，并且不让他们和匈奴交通往来。至此，乌桓人得到休养生息，部众渐渐强盛起来，于是造反。

当初，匈奴三千多骑兵入寇五原，杀死掳掠数千人；之后又派数万骑兵南下，沿着边境移动，一路攻击塞外碉堡、亭障，掳掠官吏人民而去。这时候汉朝边郡烽火台侦察候望非常精明，匈奴在边境一带很难得到便宜，所以也很少来折腾。汉朝又得到匈奴降者，说乌桓过去曾经挖掘匈奴单于坟墓，匈奴怨恨，正要发兵二万击乌桓。霍光得到情报，想要发兵拦击匈奴，问护军都尉赵充国意见。赵充国说："乌桓数次攻击我边塞，如今匈奴要攻打他，对咱们有好处。况且近年来匈奴很少犯我边境，北边无事。如今蛮夷互相攻击，我们反而发兵去打，招寇生事，不是好事。"霍光再问中郎将范明友，范明友说可以打。于是拜范明友为度辽将军，率骑兵二万人出辽东。匈奴听说汉朝出兵，即刻撤退。当初范明友出师时，霍光告诫他："大军不可空手而还，如果匈奴退兵，你就攻打乌桓。"乌桓刚刚和匈奴苦战，匈奴撤退，汉军又来，乘其疲敝，斩首六千余级，取下三个大王头颅。匈奴由此更加恐惧，不敢再出兵。

昭帝元凤四年（甲辰，公元前77年）

1 春，正月二日，皇上行加冠礼（本年十八岁）。

2 正月甲戌日（正月无此日），富民侯田千秋薨。当时政事都由大将军霍光决定。田千秋居于丞相之位，也只是谨厚自守而已。

3 夏，五月丁丑日（五月无此日），孝文帝庙正殿失火，皇上及群臣皆素服，派中二千石官员督率将作大匠（掌宫室修建）的五个属官（左、右、前、后、中五校令）抢修重建，六天就完成。太常、庙令、郎、吏，都被弹劾以"大不敬"之罪。正好赶上大赦，太常辕阳侯江德被免职，贬为庶人。

4 六月，大赦天下。

5 当初,杅罙国派太子赖丹在龟兹国做人质。贰师将军击大宛回程,把赖丹带回长安。霍光用桑弘羊之前的建议,以赖丹为校尉,率军在轮台屯田。龟兹贵人姑翼对龟兹王说:"赖丹本来臣属于我国,如今又佩戴汉朝印绶而来,迫近我国屯田,留着必然是祸害。"龟兹王于是派人杀了赖丹,又上书向汉朝谢罪。楼兰王死,匈奴先得到消息,立即将在匈奴做人质的王子安归送回,得以继位为王。汉朝派使者下诏令新王到长安朝见,安归推辞不来。

楼兰国在西域最东部,临近汉朝,中间隔着白龙堆沙漠,水草匮乏,经常负责给汉朝使团做向导,挑水担粮,迎来送往。又屡次遭受汉朝使团吏卒的欺压,心中怨艾,不愿再跟汉朝来往。后来再加上匈奴人策反,于是数次遮杀汉使。楼兰王的弟弟尉屠耆在汉朝做人质,降汉,详细说了内情。这时候,骏马监、北地人傅介子正好出使大宛,于是下诏让他责问楼兰、龟兹。傅介子到了楼兰、龟兹,责问其王,都谢罪,承认错误。

傅介子从大宛回来的时候,经过龟兹,正碰上匈奴使团从乌孙回来,也在龟兹。傅介子于是率领他的部属发动突袭,斩杀了匈奴使者。回到长安,上奏情况,皇上下诏拜傅介子为中郎,擢升为平乐监(管理平乐观)。

傅介子对霍光说:"楼兰、龟兹数次反复,不诛杀就不能惩前毖后。我从龟兹经过时,龟兹王没有防备,跟我们很接近,容易下手。我愿意前往,刺杀龟兹王,威示西域诸国。"霍光说:"龟兹道远,先试试楼兰。"于是派他前往。

傅介子与士卒带着金币,扬言赏赐外国君王,到了楼兰。楼兰王不见面。傅介子假装离去,到了楼兰西界,教翻译官告诉楼兰王说:"汉朝使者带着黄金、锦绣行赐诸国,楼兰王不来接受,我到西边各国去了!"然后将金银财宝都摆出来给翻译官看。翻译官回去报告楼兰王,楼兰王贪图汉朝财物,来见使者。傅介子大摆宴席,把财宝都摆出来,和他喝酒,大家都喝醉了,傅介子对楼兰王说:"天子叫我私下跟大王说两句话。"楼兰王起身,和傅介子进入帐中说话。两名壮士从他身后刺杀,两把利刃,穿胸而过,在胸前交叉,楼兰王当场身亡,随从的贵臣、左右都四散逃走。傅介子告谕他们,楼兰王犯了背叛汉朝之罪,说:"天子派我诛杀楼兰王安归,改立安归的弟弟,在汉朝为质的尉屠耆。汉朝大军马上就到,谁敢乱动,那就是自招灭国!"傅介子于是斩下安归的人头,乘政府驿车驰归长安,将人头悬挂在未央宫北门。

立尉屠耆为王,改其国名为鄯善,为他刻了印章,赐给一个宫女做夫人,备上车骑、辎重，丞相率百官亲自送到长安城横门（北城西边第一门）之外，为他饯行。鄯善王向天子请求说："我身在汉朝时间太久了，如今孤身一人回去，而前任国王的儿子还在，我担心自己被杀。我国中有一座伊循城，土地肥美，愿汉朝能派一个将军在伊循城屯田积谷，让我也有个依靠。"于是派司马一人、吏士四十人驻扎在伊循，以镇抚鄯善。秋，七月，封范明友为平陵侯，傅介子为义阳侯。

【司马光曰】

圣明的君王，对待戎狄外族的态度应当是：如果他们反叛，就征讨；如果他们顺服，就不再追究。如今楼兰王既然已经服罪，又加以诛杀。以后再有反叛，就不能使他们归附了。如果不接受他的认罪，一定要征讨，那也应该光明正当地出动军队，明致其罚。如今派遣一个使者，以金币为诱饵刺杀。以后再派到诸国的使者，还能得到信任吗？以大汉之强，而行盗贼之谋于蛮夷，不觉得羞耻吗？还有人赞美傅介子立下奇功，未免太过了。

昭帝元凤五年（乙巳，公元前76年）

1 夏，大旱。

2 秋，撤销象郡，所属各县分别划入郁林郡、牂柯郡。

3 冬，十一月，大雷。

4 十二月六日，宜春敬侯王䜣薨。

昭帝元凤六年（丙午，公元前75年）

1 春，正月，招募郡国囚犯筑辽东、玄菟城。

2 夏，大赦天下。

3 乌桓人又侵犯边塞，汉朝派度辽将军范明友出击。

4 冬，十一月二十七日，汉昭帝任命杨敞为宰相，少府河内人蔡义为御史大夫。

卷第二十四 汉纪十六

（公元前74年—公元前68年，共7年）

主要历史事件

汉昭帝驾崩，无子　185
刘贺被立为帝，27天后被废黜　186
刘病已被立为帝，是为汉宣帝　198
田延年贪污畏罪自杀　201
夏侯胜、黄霸因非议汉武帝而被下狱　201
霍光之妻毒死许皇后　203
汉宣帝立霍光之女为皇后　206
汉与乌孙共击匈奴　204
霍光去世，汉宣帝亲政　207

主要学习点

武丁的"绝对沉默"策略　189
把平凡的事做彻底　190
人性的弱点，是容易自我膨胀　199
具有仁义礼智信的真勇士　202
治国的三条至简大道　209

孝昭皇帝下

昭帝元平元年（丁未，公元前74年）

1 春，二月，汉昭帝下诏将七岁至十四岁百姓缴纳的口赋减少十分之三。

【胡三省、柏杨曰（综合）】
口赋钱，是七岁到十四岁的百姓缴纳给官廷的人头税，每人二十三钱，二十钱用于供养天子，另外，三钱是汉武帝又加上去的车马钱。如今减收30%，每人十六钱。

2 夏，四月十七日，汉昭帝驾崩于未央宫（得年二十三岁），没有儿子。

当时，汉武帝的儿子只有广陵王刘胥，大将军霍光与群臣商议立谁为帝，都主张刘胥继位。但是，刘胥本来就是因为行为乖张，汉武帝不喜欢他。如今再立他为帝，霍光心中不安。

郎官中有人上书说："周太王废太伯，立王季，文王舍弃伯邑，立武王，都是废长立幼，只看谁合适。广陵王不可以继承宗庙。"这个意见正符合霍光的心意。他把奏书给宰相杨敞等人传阅，并将这位郎官擢升为九江太守，即日由上官皇后下诏，派遣大鸿胪事少府史乐成、宗正刘德、光禄大夫丙吉、中郎将利汉，去迎接昌邑王刘贺，乘坐七辆传车进京（胡三省注：当初迎立文帝也只用了六乘传，如今迎立昌邑王用了七乘传），先住进昌邑王邸。霍光又向皇后报告，调派右将军张安世为车骑将军。

刘贺，是昌邑哀王刘髆之子（刘髆是汉武帝之子），在昌邑国的时候，就一向狂悖放纵，毫无节操。武帝薨逝，国丧期间，刘贺照常游猎不止。他曾经在方与县游猎，不到半天工夫，就驰骋了二百里远。中尉、琅琊人王吉上书进谏说：

"大王不爱读书，却爱逸游，一手抓着车前的横木，一手抓着缰绳，驰骋不止，大声叱咤，手因执鞭挽辔而疼痛，身体因马车颠簸而劳苦，清晨冒着雾气和露水，白昼顶着风沙尘土，夏天忍受着炎炎烈日的烤晒，冬天被刺骨寒风吹得抬不起头来。大王总是以自己娇贵的身体，去承受疲劳痛苦的煎熬，这不能保全寿命，也不能促进仁义。在高屋广厦之下，细软毛毯之上，明师在前，勤诵在后，上论唐、虞之际，下及殷、周之盛，考察仁圣之风，研习治国之道，内心充满欢欣，发愤忘食，日日自新，修养德行，那样的快乐，难道是马背上奔驰所能得到的吗？平常的日子，您可以做一些伸展运动，保持身体健康；散散步，小跑步，让下肢筋肉结实；做一些深呼吸，锻炼内脏；专意积精，让精神得以集中；这样养生，不是更长久吗？大王如果能如此，则心有尧、舜之志，体有乔、松之寿（王子乔、赤松子，都是传说中的神仙），美声广誉，传播远近，自然会上达天听，福禄自然会来，社稷由此能安。当今皇帝仁圣，对先帝的思慕，未尝懈怠，于宫殿、花园、池塘、游猎之乐，未尝亲幸，大王您也应该日夜督责自己，不要让君上失望。诸侯王之中，大王跟皇上血缘关系最近，从家庭关系来说，您是皇上的侄儿；从国家来讲，您是皇上的臣子，一身而兼两项责任，您的恩爱行义，只要有一点不周全，被人汇报上去，让皇上知道，都不是国家之福啊！"

刘贺下令说："寡人的行为不能说没有过失，中尉非常忠心，数次辅正我的过错。"于是命令负责宾客事务的侍从千秋前去赏赐中尉王吉牛肉五百斤、酒五石、干肉五捆。然而，刘贺后来依然放纵如故。

昌邑国郎中令、山阳人龚遂，忠厚刚毅，坚持原则，一方面不断规劝刘贺，一方面责备太傅、丞相，引经据典，陈述利害，以至于痛哭流涕，愤激失态，当面指斥昌邑王的过失。刘贺捂着耳朵，起身就走，说："郎中令就会羞辱人！"

刘贺曾经跟马夫和厨师一起游戏吃喝，很长时间，赏赐无度。龚遂进去见王，涕泣膝行，左右侍御都跟着哭。刘贺问："你哭什么？"龚遂说："臣痛惜国家社稷危急，愿大王赐给我单独向您报告的机会，让我竭尽我的愚智。"刘贺辟退左右。龚遂说："大王知道胶西王为什么无道而亡吗？"刘贺说："不知也。"龚遂说："臣听说，胶西王有一个谀臣叫侯得，胶西王做的明明是桀、纣一样的荒唐行为，侯得却能把他说成是尧、舜。胶西王喜欢他的谄媚阿谀，经常和他同住一间卧室，听从他的邪言，以至于不可收拾。如今大王您亲近群小，渐渐浸淫于邪恶人的习气，这正是国家存亡之机，不能不谨慎！臣建议，选拔郎官中通晓经书、行为有节义的人，侍奉大王起居，坐则朗诵诗书，立则练习礼容，这样才是对您有益的正事。"

刘贺同意，龚遂于是选拔了郎中张安等十人侍奉刘贺。可是没几天，刘贺又把张安等人撵走了。

刘贺曾经梦见一条大白狗，颈部以下是人形，头上戴着方山冠（一种舞台上演员戴的帽子），却没有尾巴。刘贺问龚遂，龚遂说："这是上天给您的警戒，意思是说，您的左右都是戴着人帽子的狗，把他们撵走，就能生存；留着他们，就要亡国。"

有一天，又听见一个声音说："熊！"睁眼一看，看见一头大熊，但是左右其他人都没看见，刘贺又问龚遂。龚遂说："熊，是山野之兽，却来到宫室，唯独让大王您见到，这是上天在警戒大王，恐怕国家将亡，宫室将空，这里要变成熊窝了！这都是危亡之象！"

刘贺仰天长叹说："不祥之兆，为何接连出现？"龚遂叩头说："臣不敢隐瞒忠言，数次言及危亡之戒，大王不悦。这国家的存亡，又岂在于我说不说呢？愿大王自己诚心检讨。大王如果能诵读《诗经》三百零五篇，言行合于《诗经》中的义理，就能人事融洽，王道完备。如今大王的所作所为，合得上《诗经》哪一篇呢？大王位为诸侯王，行为却比一个庶人还要污秽。您这样的行为，想要生存很难，想要灭亡却很容易！希望您深刻检查自己！"

后来有一天，又出一件怪事，刘贺的座席下出现一滩血污。刘贺问龚遂，龚遂大声号叫说:"王宫的毁灭,就在眼前,妖异不断来临。血,是阴暗中的凶兆。大王应有所畏惧,审慎自省!"

但是刘贺始终不能改正他的节行。

征召刘贺进京继位的诏书抵达时,夜漏还没过完一刻。刘贺赶紧点起火把,打开诏书。第二天中午,刘贺出发前往长安,晡时(下午三点到五点)就到了定陶,奔驰一百三十五里,侍从的马都相继累死,沿途都是马的尸体。

王吉奏书劝诫刘贺说:"臣听说商朝高宗武丁,在守丧期间,三年不说话。如今大王也是因为丧事受征召,应该日夜号泣悲哀,千万不要随意发号施令!大将军霍光仁爱、勇智、忠信之德,天下无不听闻,侍奉孝武皇帝二十余年,未尝有过。先帝弃群臣而去,将国家和幼主托付给大将军。大将军抱持幼君于襁褓之中,布政施教,海内晏然,就算是周公、伊尹,也不过如此吧!如今皇帝驾崩,没有子嗣,大将军考虑谁是可以继承帝位的人,一个个数过来,选择了大王您!他的仁厚之心,岂有限量?愿大王您听从大将军,尊敬大将军,政事一概听大将军的,大王垂拱南面而治而已。愿大王留意,经常记着我跟您说的话!"

【华杉讲透】

武丁继位,三年不语,这是一个传奇。王吉跟刘贺讲这个案例,非常恰当!当然,刘贺听不懂。我们来解读一下王吉说的意思。这件事,《论语》里有讨论:

子张曰:"书云:'高宗谅阴,三年不言。'何谓也?"子曰:"何必高宗,古之人皆然。君薨,百官总己以听于冢宰三年。"

书,就是《尚书》。谅阴,就是谅闇,闇,就是庵,就是庐,搭个茅庐。子张问孔子:"高宗武丁,继位居丧,住在草庐里,三年都不说话。为什么呢?"孔子说:"岂止是高宗,古人都是这样,国君薨逝,新君继位,在居丧三年期内,国君是不理政事的。百官总己,总摄己职,自己管好自己的本职工作,然后呢,听命于冢宰,就是太宰、宰相。"头三年,新君不管事,宰相管事。三年后,守丧期满,新君才亲政。这是儒家的主张。

不过,他对子张说,不仅武丁这样,古人都这样。实际上,古人不是都这样,如果都这样,武丁的作为就不会写进历史了。

武丁为什么守丧三年，而且，三年不说话？守丧三年可以做到，三年不发一言，那太惊人了，太传奇了，不可信。钱穆说，是三年不谈政事，并不是一句话都不说。钱穆也只是猜，因为怀疑其可信度，自己猜一个解释。

不过后来出土了龟甲，有了甲骨文，好多事情弄清楚了，武丁三年不说话的历史，确实无疑，而原因既是忠贞的孝道、坚韧的毅力，又是高超的政治权谋。这故事就长了，我们慢慢道来：

武丁年轻的时候，他在位的父亲小乙派他到民间去游历，在普通百姓中间生活，向他们中有智慧和德行的人学习。于是武丁离开宫廷多年，拜在一位有名的老师甘盘门下学习。这一时期，他广泛游历了黄河流域，从现在的陕西、山西、河南接界的河套地区开始，继而向东，一直走到亳，大概就是今天河南商丘一带，他把当时称为"中央商"的所有地方都走遍了，交了三教九流的很多朋友，其中有一个叫傅说的，是个劳改犯，被绳索牵着做苦工的奴隶。武丁和他非常谈得来，并认定他是一个有巨大智慧和才干，足以安邦定国的人，认定自己继位之后，宰相非傅说莫属。

父王病危之时，武丁才回到宫中，并在父王薨逝后，作为长子顺利继承帝位。然后就发生了三年不说话的事。吴国桢在《中国的传统》一书中分析，小乙要传位给武丁，而武丁有四兄弟，虽然他是长子，第一顺位继承人，但商朝的继位规矩，是兄终弟及，然后再由最小的弟弟传给他的长子。小乙就是他那一辈最小的弟弟，而武丁是他的长子。既然兄弟都有继位机会，朝廷难免有不同派别，让武丁离开宫廷斗争的旋涡，到民间去，是父亲小乙对他的一个苦心安排。他谁的派别都没参与，就不会有错误，不会树敌，帝位本来就是他的，他到时候回来继位就是了。

武丁继位后，他采取了绝对沉默的策略。以守丧为名，不说话，一句话都不说，他就可以躲在后面观察，既评估每一个贵族大臣的立场和能力，观察他们之间的派别关系以及各种政治活动，同时，又避免自己的任何想法和意图被他们发觉或利用。

所以，钱穆说他不是不说话，只是不谈政事。这个猜测是肯定不对的，在一个地方说话，就得解释为什么这个话可以说，那个话不能说，标准在哪里。这个理不清，武丁采取的是"绝对沉默战略"，跟任何人都不说话，对不起，我在守丧，守丧三年，三年不能说话。

<u>君子无所不用其极，做任何事都有很简单的办法。为什么不行呢？因为你做不彻底。我们讲"凡事彻底"，成功不是做不平凡的事，而是把平凡的事做彻底。</u>武丁的方法很简单，但是很彻底，三年一个字不说，跟任何人都不说。

武丁三年不说话，大臣都急了，急了也没办法，等三年吧！大家都小心谨慎，不知道他要干吗，只能各自管好自己的事，三年后再说。国家有什么事呢？都是这些当权的人在生事，他们不生事，老百姓该干吗干吗，国家太平得很！

三年终于过去了，大家都等皇上开金口。武丁呢，还是不说话。

这大家不干了，上书说，君主要说话，才能发布命令，您不说话，我们就得不到指示，没有您的指示，我们怎么知道该怎么办呢？

武丁写了一段答复：我不是不想说话啊！但是，我是君主，我的一言一行都是天下的楷模，我怕我德不配位啊，我说话，说错了怎么办呢？我说错了，大家也照着做，那不就危害天下吗？所以我不是不想说话，我是真的不敢说啊！

三年了！大家等了三年了！您不说话，我们该怎么干还可以怎么干，但是，谁该升官啊？谁该进爵啊？这些总得让我们有个方向吧？不行！这回大家团结起来，坚决要求陛下说话！您赶紧说！您说什么我们都听！

在大家的强烈要求下，武丁终于说话了，他说了什么呢？他说了一个梦：

"我真的是怕自己德不配位，所以不敢说话，大概也因为我这样，感动了上天。昨天晚上，天帝托梦给我，说他派了一个人来辅佐我，说这个人来了之后啊，一定能把国家治理好。说这个人呢，现在是个老百姓，就在我们国内。我梦醒了之后，还非常清晰地记得他的样子，不知道怎么才能找到这个人啊！"

陛下终于说话了！满朝沸腾！快找画师来！陛下您说说他长什么样！画下来！赶紧去找！搜遍全国每一个角落，也要把他找出来！

全国动员，很快找到一个正在挑土筑墙的苦力，长得跟画像一模一样，带来给武丁指认，武丁说：哎呀！就是他！这就是天帝托梦给我治国的人！

这人是谁？就是他的老朋友傅说。傅说当场被封为公爵，成为商朝执政，没有任何人反对。他也真的像天帝派来的一样，治国理政，成为一代名相，辅佐武丁，开创了武丁中兴的一代盛世。

周公记载了他的事迹，周公说："其在高宗，时旧劳于外，爱暨小人；作其即位，乃或亮阴，三年不言，其惟不言，言乃雍；不敢荒宁，嘉靖殷邦，至于小大,无时或怨。肆高宗之享国五十有九年。"

殷商高宗当年,年轻时在外劳动,交往了很多普通小老百姓朋友。到他继位的时候,他先是三年不发一言。他三年不说一句话,一旦说出话来,就人人都拥护听从,不敢疏忽偷懒,个个全力以赴。他安邦定国,全国人民上上下下,没有一个对他有怨言,他得以享国五十九年。

《资治通鉴》序言里说"君子多识前言往行以畜其德",能多多地了解历史上的人说过的话、做过的事,就能有智慧,有德行。王吉跟刘贺讲的这个案例,可以说太恰当了。刘贺的帝位是天上掉下来的,他继位之后,最重要的就是不犯错,什么意见也不发表,什么也不做,一切决策听霍光的,自己只是举哀,观察三年再说。但是,刘贺的智力,哪里能理解这些。

刘贺到了济阳,下令采买长鸣鸡(一种云南产的鸡,鸣声很长,而且终日啼鸣不绝,所以很值钱,一只鸡值一两银子),又要买积竹杖(很多竹子合做的手杖)。经过弘农,又派一个名叫"善"的大奴(奴隶总管)用行李车装载女子。到了湖县,被中央政府派来的使者发现,责备昌邑国相安乐。安乐告诉龚遂。龚遂进去问刘贺,刘贺说:"没有啊!"龚遂说:"既然没有,为什么爱惜一个大奴而破坏礼教行义呢?请将善治罪,以洗刷大王的污点!"即刻将善揪去,交给侍卫长处决。

刘贺到了霸上,大鸿胪郊迎,换乘皇帝御用车队。刘贺派太仆寿成驾车,郎中令龚遂陪同,将到长安城东的广明亭、东都门,龚遂说:"按照礼制,奔丧,望见国都就该哭。这就是长安城东郭门了。"刘贺说:"我喉咙痛,不能哭。"到了城门(之前是外郭门,现在是正式城门了),龚遂又提醒他哭。刘贺说:"城门跟郭门还不是一样。"接下来就要到未央宫东门了,龚遂说:"昌邑国的丧帐在宫门外驰道北边,丧帐前有南北行道,马走不了几步,大王最好下车,面向西方,伏地而哭,哭到尽哀而止。"刘贺说:"诺。"于是依龚遂所言而行,按礼仪哀哭。

六月一日,刘贺受皇帝玺绶,继承帝位,尊皇后为皇太后。(上官皇后本年十五岁,就做皇太后了。)

3 六月七日,葬孝昭皇帝于平陵。

4 昌邑王继位之后，淫戏无度，把昌邑国的官属全都召到长安，往往超擢拜官，昌邑国相安乐被提升为长乐宫卫尉。龚遂见安乐，流涕说："王立为天子，日益骄溢，谏之不听。如今哀痛未尽，还在国丧期间，却每天和近臣饮酒作乐，斗虎斗豹，又出动皮轩车、九旒（皮轩车是皇帝出巡车队的前驱车，以虎皮为顶盖，九旒，旒是天子旌旗，有九条旒带），驱驰东西，所作所为，都狂悖无道。古代制度比较宽厚，大臣可以辞职隐退。如今退又退不得，我想装疯，又怕被人识破，死后也被人唾骂，怎么办？您是陛下之前在封国的丞相，应该极力谏争！"

刘贺梦见宫门西阶东侧，有大量青蝇粪便，有五六石之多，用大的屋瓦覆盖着，问龚遂。龚遂说："陛下读《诗经》，不记得吗：'营营青蝇，止于樊。岂弟君子，勿信谗言。'那嗡嗡叫的青蝇，不要让它飞过篱笆；合乐平易的君子，不要听信谗言。陛下左右，谗人众多，就像青蝇一样可恶。陛下应该选拔先帝的大臣子孙，亲近以为左右。如果舍不得这些昌邑故人，信用他们的谗言阿谀，必有凶险之事发生。希望陛下化祸为福，把他们都放逐出去！就从放逐我开始吧！"刘贺不听。

太仆丞（太仆府设太仆丞两名）、河东人张敞上书进谏说："孝昭皇帝早崩无嗣，大臣忧惧，选贤圣承继宗庙，东向迎接陛下之时，唯恐迟缓。如今陛下以盛年初即帝位，天下无不拭目以待，倾耳以听，观看您的教化，听闻您的风采！但是如今呢，您没有一句话褒奖那些辅国大臣，而昌邑国推挽辇车的小奴却先得到升迁，这是非常大的错误。"刘贺不听。

大将军霍光忧虑烦闷，单独问他所亲近的老部下大司农田延年。田延年说："将军为国家柱石，既然考察下来，此人不可。何不禀告太后，更选贤德者而立之？"霍光说："我就是想这么做，不知道古代有先例没有？"田延年说："伊尹为殷商宰相，废太甲以安宗庙，后世都称道他是忠臣。将军如能办成这件大事，也是汉之伊尹了。"霍光于是让田延年兼任给事中（可以出入宫禁，常侍皇帝左右），秘密与车骑将军张安世图谋定计。

【华杉讲透】

伊尹之事，是商汤的长孙太甲继位后，伊尹做辅政大臣。太甲无道，伊尹将太甲软禁在商汤的陵墓桐宫，他自己与诸大臣执政。太甲悔过三年，真心改正后，再接回来还政于他。太甲还真成了有为的明君。如今霍光想找到大臣废黜皇帝的先例作为依据，田延年就跟他讲了伊尹。后世将大臣为了国家利益，而不是自己夺权而废黜皇帝，另立新君，称为"行伊霍之事"，把霍光和伊尹并列了。

刘贺出游，光禄大夫、鲁国人夏侯胜挡在乘舆前进谏说："天气阴了很久，却不下雨，这是天象，显示臣下有对皇上不利的阴谋。陛下这时候出游，要去哪里呢？"刘贺怒，说夏侯胜妖言惑众，将他捆了交付官吏治罪。负责处理此事的官员向霍光请示，霍光并不依法处置他。霍光问张安世是不是他走漏了消息。张安世确实没跟人说过，于是召夏侯胜来审问。夏侯胜说："在《洪范传》里有讲：'皇之不极，厥罚常阴，时则有下人伐上者。'皇上很多过失，招致天罚，就会长时间阴天，有下位的人要杀皇上。我不敢明说杀伐这样的恶言，所以只说'臣下有谋'。"霍光、张安世听了大惊，从此更加重视通晓经术的儒士。

侍中傅嘉数次进谏，刘贺也将他捆了关进监狱。

霍光、张安世计议已定，就派田延年去报告丞相杨敞。杨敞惊惧，汗流浃背，不知道说什么，也说不出话，只是口中唯唯。田延年起身上厕所。杨敞夫人从东厢房出来对杨敞说："这是国家大事，如今大将军计议已定，派九卿级别官员来报告给你，你不赶紧响应，与大将军同心，还犹豫不决，恐怕就要先诛杀你！"田延年从厕所出来，杨敞夫人一起参与谈话，许诺："请奉大将军教令！"

六月二十八日，霍光召集丞相、御史、将军、列侯、中二千石官员、大夫、博士，在未央宫召开会议。霍光说："昌邑王行为昏乱，恐怕危及社稷，怎么办？"群臣都惊愕失色，不敢发言，只是唯唯诺诺而已。田延年上前，离席按剑，说："先帝托将军以幼孤，寄将军以天下，就是因为将军忠贤，能安刘氏。如今群下鼎沸，社稷将倾。况且汉家帝王，谥号中常有一个'孝'字，就是为了子孙能长有天下，令宗庙能享受子孙的祭祀。如果汉家绝祀，将军就算死了，又有何面目见先帝于地下！今日之议，必须马上决断，群臣中有迟疑拖后的，请让我马上斩了他！"霍光谢罪说："九卿责备我的话是对的，天下汹汹不安，我应该受到责难！"于是群臣都叩头说："万姓之命，在于将军，唯大将军令！"

霍光随即率领群臣去觐见太后，向太后陈述昌邑王不可承继宗庙的种种劣迹。皇太后于是车驾前往未央宫承明殿，下诏各宫门禁卫不让昌邑国群臣进来。刘贺朝见太后之后回宫，正准备乘辇车回温室殿，此时中黄门宦官各自把着门扇，刘贺一进去，宫门即刻关闭，昌邑国群臣不得进入。刘贺问："怎么回事？"霍光跪下报告说："有皇太后诏，不让昌邑国群臣进宫。"刘贺说："慢点来，干吗搞得这么吓人！"霍光派人将昌邑群臣驱赶出去，撵到金马门外。车骑将军张安世带领羽林军骑兵，捆绑了二百多人，全部关押在廷尉诏狱。又下令昭帝时的侍中中臣宦官看住刘贺。霍光下令左右："严密保护他，别让他因别的原因死了或自杀，让我有负于天下，背上杀主之名。"刘贺这时候还不知道自己要被废，对左右说："我之前的旧臣从官有什么罪，大将军要把他们全抓起来吗？"

过了一会儿，有太后诏书召昌邑王。刘贺听到太后召见他，这才开始害怕，说："我有什么罪吗，太后召我去？"

太后身披珠宝编织的衣服，盛装坐在武帐内，左右数百武士都手持兵器，又有期门武士沿着台阶布岗，手持铁戟，一直排到殿下。群臣按班次上殿，召昌邑王俯伏在前听诏。

霍光与群臣联名弹劾昌邑王。尚书令先宣读奏书："丞相杨敞等人昧死向皇太后陛下报告：孝昭皇帝早早抛弃天下，遣使征召昌邑王来主持丧礼，穿着孝服，却无悲哀之心，以至于礼仪全废，在来的路上，他没有素食，派从官抢夺民间女子，藏在行李车中，送到驿站陪宿。初到长安，晋谒太后，立为皇太子，仍然私自购买鸡肉、猪肉来吃。在先帝灵柩前接受皇帝玉玺，拆封之后，竟然不再封存。（拿回去随手一放，毫不在意，显示刘贺不慎重，不称职。）随从官员更是持节引领昌邑从官、马夫、厨师、官奴二百余人，经常在皇宫之内傲慢无礼，游戏无度。昌邑王还写信说：'皇帝问候侍中君卿，我已下令中藏府令高昌送给你黄金千金，你可以娶十个妻子。'先帝的灵柩还停在前殿，他就搬出乐府乐器，让昌邑乐师击鼓、唱歌、演戏。又召来太一神庙和宗庙乐师，把所有的音乐都演奏起来。出动法驾仪仗，在北宫、桂宫驱驰，弄猪斗虎。又擅自征调皇太后御用的小马车，让官奴骑乘，在掖庭游戏。又与孝昭皇帝的宫女蒙等人淫乱，下诏给掖庭令说：'有敢泄露出去的，腰斩！'"

太后说："停！别说了！为人臣子有这么悖乱的吗？！"

刘贺离开他的座席，跪伏在地上。尚书令继续宣读："昌邑王又取出诸侯王、列侯、二千石官员印信上的红色绣带以及黑色绣带、黄色绣带，叫昌邑国的郎官和被赦免为平民的奴隶们佩戴。又打开御府，将金钱、刀剑、玉器、绸缎用于赏赐他的玩伴。与从官、官奴夜饮，沉湎于酒。又在温室殿设九宾之礼，接见他的姐夫昌邑关内侯。天子宗庙祭祀还没有举行，就派使者持节以三份太牢之礼，去祭祀昌邑哀王的园庙，自称'嗣子皇帝'。自接受皇帝玉玺以来，才二十七天，派出的使者一个接一个，仅持节向各官署征发的，就一千一百二十七件。荒淫迷惑，失去了帝王应有的礼仪规矩，乱汉家制度。臣杨敞等数次进谏，也不改正，而且日甚一日，恐怕危及社稷，天下不安。臣杨敞等与博士们商议，都说：当今陛下继承孝昭皇帝帝位之后，行为淫辟不轨。《孝经》说：'五辟之属，莫大不孝。'在五种刑罚中，应使用最重的一种来惩罚不孝。周襄王当年不能侍奉母亲，弄得弃国出奔，《春秋》说：'天王出居于郑。'为什么用一个'出'字？就是说他因为不孝儿出奔，是自绝于天下。宗庙比君王重要，如今陛下已不能承受天命，侍奉宗庙，为天下万姓的君父，应当废黜！臣请有司用一份太牢祭告高庙。"

皇太后下诏说："可。"

霍光令昌邑王起身，下拜受诏。刘贺说："我听说，天子有敢于谏争的忠臣七人，就算是他无道，也不会失去天下。"霍光说："皇太后已经下诏把你废了，怎么还自称天子？"于是拉着他的手，解下他系带玉玺的佩带，呈交给太后。扶他下殿，出金马门，群臣跟着送行。刘贺向西下拜说："我愚蠢，不能胜任汉家大事！"起身，坐上天子副车，霍光一路送到昌邑王邸。霍光谢罪说："大王的行为自绝于天，臣宁愿有负于大王，不敢有负于社稷！愿大王自爱，臣今后不能在您左右了。"霍光涕泣而去。

群臣又上奏说："古代被废之人就屏退到远方，不让他参与政事。建议将刘贺迁到汉中房陵县。"太后下诏让刘贺回到昌邑，赐给汤沐邑二千户，以前昌邑王室财物也都给他。昌邑哀王的四个女儿也各赐给汤沐邑一千户。撤销昌邑国，改为山阳郡。

昌邑国群臣被控在封国时没有上奏刘贺的罪过，以致中央政府没有掌握情况，又不能辅佐他走上正道，将他陷于大恶，全体下狱，诛杀二百余人。唯有中尉王吉、郎中令龚遂，因为忠直，数次谏争，得以免死，但仍剃去头发，送去劳改。刘贺的师傅王式也系狱当死,负责审问的治事使者问他:"你是师傅,为什么没有谏书?"王式回答说:"臣以《诗经》三百零五篇朝夕教授给大王,所有忠臣、孝子的诗篇,没有不为大王反复诵读的,所有危亡失道的昏君的故事,没有不流着泪为大王深刻讲解的。臣以《诗经》三百零五篇为谏争,所以没有专门的谏书。"使者汇报上去,于是王式也得以免死。

霍光因为现在群臣在东宫奏事,太后既然听政,就应该通晓经术,于是推荐夏侯胜用《尚书》教授太后,擢升夏侯胜为长信少府,封关内侯。

5 当初,卫太子刘据纳鲁国史良娣(太子妻妾分三等,正妻为太子妃,其下有良娣、孺子),生了一个儿子名叫刘进,号称史皇孙。刘进纳涿郡王夫人,生子刘病已,号皇曾孙。刘病已刚出生几个月,巫蛊事发,太子及三个儿子、一个女儿以及所有妻妾,全部遇害。只剩下一个皇曾孙在,收押在郡邸狱(郡邸狱是大鸿胪所属监狱)。当时的廷尉监鲁国人丙吉,受诏负责主办巫蛊案件。丙吉知道太子冤枉,非常同情皇曾孙的无辜,于是选择了两个谨慎厚道的女囚渭城人胡组、淮阳人郭徵卿,让她们给皇曾孙哺育喂奶,移居到宽敞、干净、干燥的牢房。丙吉每天都要来探望两次。

巫蛊案搞了几年都结不了案,武帝生病,在长杨宫、五柞宫之间来往,有望气的法师说,长安狱中有天子气,于是武帝派使者下令,所有监狱中囚犯,无论罪行轻重,全部诛杀。内谒者令(掌内外传旨通报的宦官)郭穰夜到郡邸狱。丙吉闭门拒绝,不让他进去,说:"皇曾孙在此,其他人无辜受死也是不可以的,何况亲生的皇曾孙!"双方僵持到天亮,丙吉始终不开门。郭穰回宫,向武帝报告,弹劾丙吉。武帝这时也醒悟过来,说:"这是天意。"于是赦天下。郡邸狱的犯人因为丙吉的保护,得以幸存。

不久之后,丙吉对守丞谁如说:"皇曾孙不应该在监狱里。"派谁如把刘病已由胡组抱着,移交给京兆尹。京兆尹不收,又抱回来了。等到胡组刑满,应该释放,皇曾孙思慕奶妈,离不开她。丙吉于是用自己私人的钱又雇胡组留下来,与郭徵卿一起抚养皇曾孙。过了几个月,才放胡组回家。

后来,少内啬夫(管仓库财务)向丙吉报告说:"皇曾孙的伙食费用,没有诏令。"丙吉就把自己的米、肉每月供应给皇曾孙。皇曾孙数次生病,差点要死,每次都是丙吉督责乳母,小心侍奉医药,恩情深厚。后来,丙吉听说史良娣的母亲贞君和哥哥史恭还在，就驾车把皇曾孙送去交给他们抚养。贞君年老，看见女儿的子孙如此孤苦无依，非常哀怜，就亲自抚养。

后来终于有诏书命令掖庭令负责养育，并将户籍列入宗正。当时，担任掖庭令的张贺，曾经侍奉戾太子刘据，思顾旧恩，哀怜皇曾孙，非常精心奉养，以自己的钱来供养他，并让他接受教育。（张贺是张安世的哥哥，被太子宠幸。太子失败，宾客们都被诛杀，张贺也在当诛之列，张安世上书说情，得以从轻处罚，处以宫刑，为太监，后为掖庭令。）皇曾孙长大后，张贺想把自己的女儿嫁给他。这时候汉昭帝刚刚行加冠礼，身高八尺二寸，张贺的弟弟张安世为右将军辅政，听见张贺赞誉皇曾孙，还想把自己的女儿嫁给他，怒道："皇曾孙是卫太子的后人，能以一个庶人的身份由政府养着，已经是万幸！不要再谈嫁女的事！"于是张贺也就不提了。

当时暴室啬夫（暴室属掖庭令，取暴晒为名，是宫中染布的地方，也是宫人监狱，暴室啬夫就是暴室的主管）许广汉有个女儿。张贺就摆酒宴请许广汉，酒酣耳热之际，跟他说："皇曾孙和皇上血缘关系很近，将来最差也是个关内侯，可以把女儿嫁给他！"许广汉许诺。第二天，许广汉的妻子听说，非常生气。但是，许广汉还是找了媒人，安排将女儿嫁给刘病已。张贺以自己的家财，为刘病已下聘礼。

刘病已从此有了依靠，依靠岳父许广汉兄弟以及曾外祖母史家，拜东海人澓中翁为师，学习《诗经》。刘病已才高好学，但也喜好游侠，斗鸡走狗，所以他很了解街巷奸邪、吏治得失。他数次攀登先帝们陵墓所在的山陵，足迹遍及京畿三辅地区，曾经在莲勺盐池被人困辱。他尤其喜欢在杜县、鄠县一带游玩，经常就待在长安城南的下杜城。每年春天和秋天宗室朝会的时候，就住在长安尚冠里。

等到昌邑王被废，霍光与张安世及诸大臣商议立谁为帝，还没有确定下来。丙吉上奏说："将军侍奉孝武皇帝，受托以襁褓婴儿，寄任以天下安危，不幸孝昭皇帝早崩无嗣，海内忧惧，都急于知道谁是新君。在发丧之日，将军以大义立昌邑王为帝。之后，发现所立非人，又以大义将他废黜。天下无人不服。如今社稷、宗庙、众生之命，都在将军之一举。我曾经私下听闻民间议论，听他们对各诸侯王、宗室的看法，没有在民间有名誉威信的。而依遗诏由宫廷收养的武帝曾孙刘病已，先在外祖母家抚养，后来又入掖庭长大，我从前在郡邸时，看他还小，现在已经十八九岁了，通经术，有美才，行安而节和，愿将军参详大义，再用蓍草、龟甲卜卦，看看是否合适。或者先褒显他，给他一个荣耀的官衔，让他进宫侍奉太后，让天下人都知道他，然后再决定大策。如此，则天下幸甚！"

杜延年也知道刘病已的美德，劝霍光、张安世立刘病已。

秋，七月，霍光坐在庭中，召集丞相及以下官员共同商议新君人选。于是，霍光再次与丞相杨敞等人联名上书皇太后说："孝武皇帝曾孙刘病已，年十八，师受《诗经》《论语》《孝经》，躬行节俭，慈仁爱人，可以嗣孝昭皇帝后，奉承祖宗庙，子万姓。臣昧死以闻！"皇太后诏曰："可。"霍光派宗正刘德，前往尚冠里刘病已家，洗沐，赐给御衣。太仆以軨猎车（轻便小车）将刘病已接到宗正府。

七月二十五日，刘病已到未央宫，见皇太后，封为阳武侯。（刘病已此时还是庶人，所以先封侯，避免以庶人为天子。）紧接着群臣奉上皇帝玺绶，即皇帝位，拜谒高庙，尊皇太后为太皇太后。（从废昌邑王到刘病已登基，中间隔了二十七天没有皇帝，而天下安定，这是霍光的威望和能力。）

侍御史严延年上奏弹劾霍光："大将军霍光擅自废立君主，无人臣礼，大逆不道。"奏章虽然没有下文，但朝廷百官对他的勇气肃然敬惮。

6 八月五日，安平敬侯杨敞薨。

7 九月，大赦天下。

8 九月四日，蔡义被任命为丞相。

9 当初，许广汉女儿许平君嫁给刘病已，一年之后，生下一子，名刘奭。数月之后，刘病已立为皇帝，许平君为婕妤。当时霍光有一个小女儿霍平君，与皇太后很亲（霍平君是皇太后的姨妈），公卿们商议要立皇后，心里都想着应立霍光的女儿，但也未明说。皇上于是下诏要帮他找他微贱时的一把旧剑。大臣们知道他的意思，就上奏立许婕妤为皇后。十一月十九日，立皇后许氏。霍光认为皇后的父亲许广汉，也是受过宫刑的人，不宜做封国国君，过了一年多，才封为昌成君。

10 太皇太后回到长乐宫居住，长乐宫也开始有屯卫负责保卫。（昌邑王被废后，太皇太后就住进未央宫，成为全国名义上的领袖。如今新君即位，太皇太后回到长乐宫。）

中宗孝宣皇帝上之上

宣帝本始元年（戊申，公元前73年）

1 春，汉宣帝下诏有关部门议定对安定宗庙有功的人进行褒奖。大将军霍光加封一万七千户，跟原来的食邑合并，一共二万户。车骑将军宣平侯张安世以下，加封的有十人，封侯的有五人，赐爵关内侯的有八人。

2 大将军霍光稽首（九拜中最隆重的一种，常为臣子拜见君父时所用，跪下并拱手至地，头也至地），请求将政权交还皇上，皇上谦让不受。所有政事还是先向霍光汇报，然后再向皇上汇报。

从昭帝时期开始，霍光的儿子霍禹，以及他哥哥的孙子霍云，都担任中郎将，霍云的弟弟霍山做奉车都尉、侍中，并统领胡、越兵团，霍光的两个女婿为东、西宫卫尉，其他兄弟、女婿、外孙等，都能参加早朝，晋见皇帝，分别担任宫廷各部门主管、大夫、骑都尉、给事中，他的党羽亲戚，盘根错节于朝廷，连为一体。等到昌邑王被废，霍光权势更大，每次朝见，皇上都非常谦恭，表情也很严肃，对霍光表现出的尊重礼敬超过了皇上应有的身份。

【华杉讲透】

人性的弱点，就是容易自我膨胀，霍光就膨胀了。定策安宗庙，他有什么功呢？就算有功，也是将功折罪的功，说他让汉室转危为安，那"危"不就是他弄出来的吗？之前选人不当，立了一个荒唐的刘贺，就是霍光之罪，就对不起武帝托付给他的责任。如今因为立了刘病已，接受这么大的封赏，他就没有张良的品格和智慧。毕竟权力属于皇上，而且皇上只有十八岁，自己死后，子孙们如何能管住自己，让家族平安？霍光膨胀了，他家里的人就会更加膨胀。霍光膨胀，还知道有所节制；家里人就只知道膨胀，不知道节制，以至于因为他的女儿没有做成皇后，他的妻子竟背着他干出谋杀许皇后的事，这些祸根都在今日埋下了。

3 夏，四月十日，地震。

4 五月，胶东国、千乘郡发现凤凰，大赦天下，免除田赋。

5 六月，汉宣帝下诏说："故皇太子安葬在湖县，没有谥号，也没有每年按时祭祀，请有司拟定谥号，修建墓园。"有司奏请说："根据《礼经》，继承谁，就是谁的儿子，对自己的本生父母不能祭祀，这才是尊重祖先的大义。陛下继承的是孝昭皇帝，要祭祀的先祖也是孝昭皇帝。我们认为，陛下的生父谥号可以拟定为'悼'，生母谥号为'悼后'，故皇太子谥号为'戾'（根据谥法，戾的意思是不悔前过），史良娣为'戾夫人'。"于是将戾太子和戾夫人重新安葬。

6 秋，七月，下诏立已故燕刺王刘旦的太子刘建为广阳王（燕王刘旦死，刘建免死贬为庶人，事见卷第二十三昭帝元凤元年），立广陵王刘胥幼子刘弘为高密王。

7 当初，上官桀与霍光争权，霍光诛灭上官桀之后，就遵从武帝时期的法度，用严刑峻法严厉地控制群下官吏，于是各级官吏都崇尚以严酷为能，而河南太守丞、淮阳人黄霸独自以宽和为名。皇上在民间的时候就知道百姓为官吏的峻急所苦，听说黄霸执法公平，于是任命黄霸为廷尉正（廷尉的副职，相当于司法部大法官）。黄霸上任，几次判决疑案，官员们都认为他判得公平。

宣帝本始二年（己酉，公元前72年）

1 春，大司农田延年有罪自杀。当初，为汉昭帝发丧时，大司农负责租赁民间车辆，田延年虚报租金，贪污高达三千万钱，被他的冤家举报。霍将军召问田延年，问他实情，想帮他设计开脱。田延年却不说实话，一口咬定："无有此事！"霍光说："既然没有这事，那就让有关部门彻底调查，搞搞清楚。"御史大夫田广明找太仆杜延年说："《春秋》大义，以功抵过，当初废黜昌邑王的时候，如果不是田延年挺身而出，大事不可能办成，就算是政府出三千万钱奖励他，也不为过。希望您把我的话告诉大将军！"杜延年传话给霍光。霍光说："诚然！田延年是真的勇士！当他发出那一番大议论的时候，真是震动朝廷！"霍光又举手扪着心说："至今还让我心悸！就请田大夫告诉大司农，自己到监狱报到，一定秉公处理！"田广明派人告诉田延年，田延年说："就算政府宽待我，我有什么面目入牢狱，让众人指笑我，在我的背后唾骂呢？"于是闭门独居，露出肩膀，手里拿着刀，来回踱步。过了几天，皇上的使者来召田延年到廷尉，田延年听到诏书来的鼓声，自刎而死。

2 夏，五月，汉宣帝颁布诏书说："孝武皇帝躬仁谊，振威武，功德茂盛，但祭祀时所用的庙乐还不能和他的功德相称，朕对此非常难过！请与列侯、二千石以上官员、博士们商议！"于是群臣在朝廷中召开大会，都说："应该按诏书说的办。"唯有长信少府夏侯胜说："武帝虽然有攘四夷、广疆土之功，但是士众死亡太多，民间财力耗尽，奢侈无度，虚耗天下，百姓流离，全国人民非正常死亡达到半数，蝗虫大起，赤地千里，甚至发展到人吃人的地步，国家元气蓄积，至今都未能恢复。武帝没有恩泽于人民，不宜给他立庙乐！"公卿们批评夏侯胜说："这是皇上诏书要求的！"夏侯胜说："诏书不可用也！人臣之义，在于直言正论，不是苟且阿谀，顺从上意所指，我的话已出口，至死不悔！"于是丞相、御史弹劾夏侯胜非议诏书，诋毁先帝，大逆不道。同时弹劾丞相长史黄霸纵容保护夏侯胜，不赞成举报弹劾他，将两人都下狱治罪。

有关部门于是奏请尊孝武皇帝庙为世宗庙，庙乐用盛德舞和文始五行之舞。武帝巡狩所到过的郡国都立庙，与高祖刘邦、太宗刘恒一样。

夏侯胜和黄霸关押在一起，时间很久，黄霸想请夏侯胜教授他《尚书》。夏侯胜说："我们都犯了死罪，将死之人，学什么？"黄霸引用《论语》的话说："朝闻道，夕可死矣！"夏侯胜贤其言，于是就给他讲授，在狱中过了两个冬天，讲论不息。

【华杉讲透】

夏侯胜、黄霸，是真的勇士，真的具有仁义礼智信的贤德之士。昌邑王无道，夏侯胜能拦驾进谏，直接说"臣下有谋"，有人要谋害皇帝。如今宣帝要为武帝定庙乐，他竟能在朝廷大会之上，直斥武帝"无德泽于民，不宜为立庙乐"。一番议论，几乎是对武帝的血泪控诉，特别是"物故者半"四个字，全国人民非正常死亡一半，就留在史册。汉宣帝恐怕内心也同意他的意见，宣帝为武帝立庙乐，只是为自己增加政治资本，所以虽然将他二人下狱，但是并没有处死他们，以后二人都将有大用。

3 当初，乌孙公主（嫁给乌孙国王岑娶的中国公主刘细君）去世后，汉政府又以楚王刘戊的孙女刘解忧为公主，嫁给岑娶。岑娶所娶的胡人妻子生的儿子泥靡年纪尚小，岑娶将死的时候，把王位让给叔父大禄的儿子翁归靡，说："泥靡长大之后，再把王位传给他。"翁归靡继位后，号称肥王，按乌孙风俗，刘解忧继续做他的妻子，生下三男两女。长男叫元贵靡，次男叫万年，小儿子叫大乐。昭帝的时候，公主上书说："匈奴与车师一起侵略乌孙，请天子援救！"汉朝畜养将士、马匹，商议攻击匈奴。正好遇上昭帝驾崩，皇上派光禄大夫常惠出使乌孙。乌孙公主及昆弥（乌孙国王名号，相当于匈奴的单于，此时乌孙昆弥就是翁归靡）都遣使上书说："匈奴又连发大兵，侵击乌孙，派使者威胁乌孙说：'赶快将汉朝公主交出来！'想要让乌孙与汉朝隔绝。昆弥愿发精兵五万骑，尽力击匈奴。请天子出兵以救公主、昆弥！"

之前，匈奴就数次侵袭汉朝边境，汉朝本来也想讨伐他。这年秋天，出动大军，遣御史大夫田广明为祁连将军，率领四万多骑兵，从西河出塞；度辽将军范明友率领三万骑兵，从张掖出塞；前将军韩增率三万多骑兵，从云中出塞；后将军赵充国为蒲类将军，率领三万多骑兵，从酒泉出塞；云中太守田顺为虎牙将军，率三万多骑兵，从五原出塞；约定各自出塞二千余里。以常惠为校尉，持节监护乌孙兵团，共击匈奴。

宣帝本始三年（庚戌，公元前71年）

1 春，正月十三日，恭哀许皇后去世。当时，霍光的夫人叫作显，想让她的小女儿霍成君成为皇后，但找不到办法。正巧许皇后怀孕，身体不适，女医淳于衍一向为霍氏所钟爱，曾经进宫侍奉皇后的疾病。淳于衍的丈夫叫作赏，做掖庭户卫，对淳于衍说："你找霍夫人，求她调我做安池总管。"淳于衍把丈夫的话告诉显，显计从心生，屏退左右，亲热地称呼淳于衍的字号说："少夫，你帮我办一件事，我也帮你办事，如何？"淳于衍说："夫人交办的事，有何不可！"显说："将军一向疼爱小女儿成君，想要让她大显贵，这事就拜托少夫你了！"淳于衍说："这事我怎么办得了呢？"显说："女人生产是大事，十死一生。如今皇后要生产，你投下毒药，除掉她，成君就能做皇后了。如果承蒙你出力，事成之后，富贵与少夫共享！"淳于衍说："不是只有我一个医生，药是很多医生一起会诊开的，况且有宫女先尝，怎么能做到呢？"显说："事在人为，都在少夫你身上而已。将军统领天下，谁敢多言！有什么事情，我也能保护你，只怕你不愿意替我出力吧。"淳于衍沉吟良久，说："尽力效劳！"

淳于衍将一种有剧毒的药附子捣碎了，带入长定宫。皇后生产后，淳于衍取出附子，掺到御医做的药丸里，给皇后喂服下去。过了一会儿，皇后说："我的头麻痹昏沉，这药不会是有毒吧？"淳于衍说："没有。"于是皇后更加烦闷，一会儿崩逝了。淳于衍出宫，见了显，相互慰问，显也不敢马上重谢淳于衍，怕人家怀疑。后来有人上书告御医侍疾无状，全都收捕下狱，弹劾他们大逆不道。显害怕出事，就向霍光交代了实情，说："我不该这么做，但是事情已经做下了，不要让官吏逼迫淳于衍！"霍光大惊，想要自己去举报，又不忍心，犹豫不决。等到司法部门的奏书上来，霍光签署，淳于衍没事。显于是劝霍光让自己的女儿进宫。

2 正月十八日，受命出征匈奴的五位将军从长安出发。匈奴听说汉兵前来征讨的消息后，便带着老弱，驱赶着牛羊牲畜远远遁逃，所以五路大军收获很少。夏，五月，汉军撤军。

度辽将军范明友出塞一千二百余里，到达蒲离候水，共斩杀和俘虏七百余人。前将军韩增出塞一千二百余里，到达乌员，斩杀及俘虏一百余人。蒲类将军赵充国出塞一千八百余里，西至候山，斩首、俘虏单于使者蒲阴王以下三百余人。各路大军听说匈奴人已经远遁，所以都没有抵达事先约定的二千里就撤退了。天子觉得他们过失不大，宽容他们，没有处罚。祁连将军田广明出塞一千六百里，到达鸡秩山，斩首及俘虏十九人。路上遇到汉朝出使匈奴回来的使者冉弘等，说鸡秩山以西有匈奴部队。范明友就告诫冉弘，让他不要说有敌人，想撤退回师。御史属官公孙益寿进谏，说不可！范明友不听，于是引兵撤退。虎牙将军田顺出塞八百里，到达丹余吾水上，即止兵不进，斩首、俘虏九百余人，撤退。皇上认为田顺没有到达约定的距离，而且虚报斩首及俘虏人数；范明友知道前面有敌人，却逗留不进，都交付军法审判，二人自杀。擢升公孙益寿为御史。

乌孙昆弥自将五万骑兵与校尉常惠从西方进兵，到达右谷蠡王王庭，俘虏了单于的父辈叔长，以及嫂嫂、公主、有名的亲王、犁汙都尉、千长、骑兵将领以下四万人，还有马、牛、羊、驴、骆驼七十万头。所有战利品都归乌孙。皇上因为五员大将都没有建功，只有常惠出使乌孙，有如此惊人斩获，封常惠为长罗侯。但是匈奴百姓因伤残逃亡，牲畜远徙而沿途死亡的，不可胜数，匈奴由此衰落，而怨恨乌孙。

皇上再派遣常惠持金币出使乌孙，赏赐乌孙有功贵人。常惠奏请说，龟兹国曾经杀死校尉赖丹，没有伏诛，希望顺道攻打龟兹，皇上不许。大将军霍光暗示常惠可以便宜行事。常惠与吏士五百人到了乌孙，回程时，征发所经过的龟兹以西国家士兵二万人，令副使再征发龟兹以东各国士兵二万人，乌孙兵七千人，从三面攻打龟兹。三路大军还未会师，先派人责问龟兹国当初杀死汉使的罪状。龟兹王谢罪说："是我先王在位的时候，被贵人姑翼误导，我没有罪呀！"常惠说："既然如此，把姑翼绑来，我就饶了你。"龟兹王逮捕姑翼，交给常惠。常惠斩姑翼而还。

3 大旱。

4 六月十一日,阳平节侯蔡义薨。

5 六月二十六日,任命长信少府韦贤为丞相。

6 大司农魏相被任命为御史大夫。

7 冬,匈奴单于自将数万骑兵攻击乌孙,俘虏了乌孙不少老弱。想要班师回国,赶上大雨雪,一日之间,积雪深至一丈多,人民、牲畜冻死,回到匈奴的不到十分之一。于是丁令国乘弱攻其北,乌桓入其东,乌孙击其西,三国所杀匈奴数万人,马数万匹,牛羊不计其数,再加上饿死的,人民死者十分之三,牲畜死者十分之五,匈奴大为虚弱,属国纷纷瓦解,境内治安败坏,盗贼蜂起,而政府已不能维持秩序。其后汉军又出动三千余骑,分三路入侵匈奴,俘虏数千人而还,匈奴不敢抵抗,愈加盼望与汉朝和亲,汉朝边塞的战事因而大为减少。

8 这一年,颍川太守赵广汉被任命为京兆尹(首都长安市长)。

颍川的风俗,豪杰相结为朋党。赵广汉在衙门口设置一个竹筒,让吏民投书其中,相互告讦。于是豪杰互相举报,帮派就瓦解了,没人敢干坏事。匈奴降者都说,在匈奴就听说赵广汉的威名。于是提拔赵广汉为京兆尹。

赵广汉对手下官吏殷勤周到,有什么功劳,都归之于部下,而且发自内心,出于至诚,所以官吏们都愿意为他效力,赴汤蹈火,也不逃避。赵广汉很聪明,了解属下的能力,也了解他们是否尽心尽力,有欺骗他的,马上收捕,逃不过他的眼睛。下狱审讯,马上得到实情,即时服罪。赵广汉特别善于让人主动交代,以得实情,街巷一铢钱或一两银子的纠纷,他都知道。有几个长安少年曾在里巷深处一间空屋子里面商量打劫,话还没说完,赵广汉手下的捕快就冲进来了,全体承认罪行。赵广汉发奸灭罪的本事,就是这么神奇。首都长安,政清人和,吏民对他赞不绝口。长辈们都说,自从汉朝建国以来,治理京都长安的官员没有一个人赶得上他!

宣帝本始四年（辛亥，公元前70年）

1 春，三月十一日，汉宣帝立霍光女儿霍成君为皇后，大赦天下。当初，许皇后出身微贱，登上至尊地位的时间也不长，从官、车马、服饰都很节俭。等到霍皇后立，銮驾、侍从都很盛大，赏赐官属以千万计，与许皇后时有天壤之别。

2 夏，四月二十九日，四十九个郡和封国同日地震，有的地方发生山崩，毁坏城郭，房屋倒塌，死亡六千余人。北海郡、琅琊郡的太祖高皇帝庙及太宗文皇帝庙，也都被震毁。皇上下诏，丞相、御史及列侯、中二千石官员，应向经学之士广泛求教，地震对国家的警示是什么，不要隐讳。又下令京畿地区、太常与首都附近各郡国，举荐贤良、方正各一人。大赦天下。皇上素服，不坐正殿五日。释放夏侯胜、黄霸，任命夏侯胜为谏议大夫、给事中。黄霸为扬州刺史。

夏侯胜为人，质朴守正，简易无威仪，有时直接称呼皇上为"君"（您），或者在皇上面前，对其他大臣不称呼其正式的姓名，而是称呼其字号，皇上也因此亲信他。有一次见皇上出来，把皇上说的话告诉别人。皇上听说了，责问他。他说："陛下说得好，所以我特意弘扬。尧的话布于天下，至今还在传诵，我认为您说了可以传诵的话，所以传诵而已。"朝廷每次有重大的会议，皇上知道夏侯胜耿直，对他说："先生有话直说，不要担心以前的事。"（指之前夏侯胜反对武帝庙乐被下狱的事。）夏侯胜又重新担任长信少府，后来又做太子太傅，活到九十岁去世，上官太后赐钱二百万，为夏侯胜素服五日，以报师傅之恩（上官太后曾向夏侯胜学习《尚书》）。儒者都以夏侯胜为荣。

3 五月，凤凰集于北海郡安丘县、淳于县。

4 广川王刘去杀死他的师傅与姬妾十余人，有的将铅、锡熔化灌入口中，有的被肢解分尸，并加上毒药烹煮，使之糜烂。汉宣帝废黜刘去的王位，将其流放到上庸。刘去自杀。

宣帝地节元年（壬子，公元前69年）

【胡三省曰】
因为上一年地震、山崩、水出，所以改元为"地节"，欲令地得其节。

1 春，正月，有孛星出现在西方天际。

2 楚王刘延寿认为广陵王刘胥是武帝的儿子，如果天下有变，一定能被立为皇帝，于是一心想攀附刘胥，为他的王后母亲的弟弟赵何齐娶了刘胥的女儿为妻，然后让赵何齐送信给刘胥说："希望您广布耳目，不要让别人取了天下！"赵何齐的父亲赵长年上书举报。有司立案调查，都招供认罪。冬，十一月，刘延寿自杀。对刘胥不予追究。

3 十二月三十日，日食。

4 这一年，于定国为廷尉。于定国处理疑难案件，一向公正公平，务在哀怜鳏寡，疑罪从轻，加审慎之心。朝廷官员都称道说："张释之做廷尉，天下无冤民。于定国做廷尉，人民都不担心自己会被冤枉。"

宣帝地节二年（癸丑，公元前68年）

1 春，霍光病重，皇上亲自到霍府慰问，为之涕泣。霍光上书谢恩，恳请将自己的食邑三千户，分给哥哥的孙子、奉车都尉霍山，封霍山为侯，祀奉哥哥霍去病的香火。（封霍去病为冠军侯，霍去病死后，儿子霍嬗继承。霍嬗死后无嗣，封国被撤除。所以霍光请求分自己的采邑来封霍去病的孙子。）

当日，拜霍光的儿子霍禹为右将军。

三月八日，霍光薨逝。皇上及皇太后亲自参加葬礼，任命一位中二千石官员担任治丧官，赐给棺木和葬礼所用器具，都和皇帝规格一样，谥号为宣成侯。征调三河地区军队为霍光筑墓，又设置守墓园邑三百户人家，另设长、丞负责管理墓园。下诏免除他的后代子孙的赋税，给他们同等的爵位和采邑，世世代代如此。

御史大夫魏相上"亲启密奏"，说："国家新失大将军，陛下应尽快擢升功臣接替，不要空着大位，以免群臣争权。建议以车骑将军张安世为大将军，但是不让他兼任光禄勋（总领宫内事务），由他的儿子张延寿做光禄勋。"皇上也想要采纳他的建议。夏，四月十七日，任命张安世为大司马（全国武装部队总司令）、车骑将军，领尚书事（兼管宫廷机要）。

2 凤凰云集于鲁国，群鸟从之，大赦天下。

3 皇上挂念着回报大将军的恩德，于是封霍光哥哥的孙子霍山为乐平侯，任命他以奉车都尉领尚书事。

魏相通过昌成君许广汉递上亲启密奏，说："《春秋》讥讽卿大夫世袭的制度，厌恶宋国三代没有大夫（通常国君都娶外国公主，宋襄公、宋成公、宋昭公三世，娶本国大夫家女儿，乱了尊卑），以及鲁国季孙氏专权，都危乱国家。自从后元（公元前87年）以来，皇上（包括刘弗陵、刘贺和现在的刘病已）不能支配禄位，政事全由宰相决定。如今霍光死了，儿子又做右将军，侄子执掌枢机。兄弟、女婿占据权势部门，掌握兵权。霍光夫人显和他的女儿们，都有长信宫特别通行证，甚至可以半夜叫开宫门，自由出入，骄奢放纵，以后恐怕不可制御。皇上应该想办法削夺他们的权力，消灭尚未成形的阴谋，以巩固国家万世之基，也保全功臣于后世。"

按以前的惯例，给皇上上书，都一式两份，有副件。领尚书事的人先打开副封，认为不合适给皇上看的，就不上奏。魏相又通过许广汉建议取消副封，以防言路雍蔽。

皇上很赞同魏相的密奏，下诏魏相兼任给事中（可以出入禁中），并采纳了他的全部建议。

4 皇上从街巷而登天子位，了解民间的艰难。霍光死后，才开始亲政，励精图治，每五天举行一次御前会议，自丞相以下官员按自己的职务，各自汇报工作，然后根据他们的陈述，考核他们的能力。侍中、尚书有功劳该升迁的，或者有突出贡献的，厚加赏赐，并且恩及他们的子孙，成为惯例，始终不变。于是中央政府组织严密，制度健全，上下相安，没有人苟且混日子。每次要拜刺史、郡长或各封国宰相，一定亲自见面谈话，观察他们的心意所向，之后再考察他们是否言行一致。如果有名不副实的，一定搞清楚原因。皇上经常说："百姓能安居乐业，没有叹息愁恨之心的，就在于政治公平，司法讲理，与我共同实现这个目标的，不就是郡守、诸侯相这些二千石官员吗？"皇上又认为，郡守是国家安定的基石，吏民之本，如果太守经常换，则吏民都不安心。如果人民知道太守在任时间很久，不可欺罔，就会服从其教化。所以，二千石的官员如果治理地方有成效，就用正式诏书劝勉奖励，或增加俸禄，或赏赐金钱，甚至赐爵关内侯（没有封地的准侯爵）。朝廷公卿有空缺，就在被表彰过的郡国官员中依次选拔任用。所以汉代的良吏，在宣帝时期最为鼎盛，被称为"中兴"时期。

【华杉讲透】

宣帝搞好国家的道理，非常简易平实，就三条。第一条，要老百姓安居乐业，心情舒畅，没有"叹息愁恨之心"，关键在于"政平讼理"，政治公平，司法讲理。第二条，政平讼理的关键在于地方首长，所以太守是国家之本，要选拔好的地方官。第三条，地方官要稳定，不能经常换，才能和百姓相互信任，相互支持。

5 匈奴壶衍鞮单于死，弟弟左贤王立为虚闾权渠单于，以右将军的女儿为大阏氏，而贬黜了前任单于所宠幸的颛渠阏氏。（颛渠阏氏相当于正宫皇后，大阏氏次之。虚闾权渠单于继承哥哥的单于之位，也需接收哥哥的后宫，这是匈奴风俗。）颛渠阏氏的父亲左大且渠（东部军区总监）非常怨恨。当时汉朝因为匈奴虚弱，没有能力再骚扰汉朝边境，所以撤销了边城（如光禄塞、受降城、遮虏障等），以休养百姓。单于听说后，非常高兴，召贵人计议，想要和汉朝和亲。左大且渠想破坏这件事，就说："之前汉使来，后面就跟着军队，如今咱们也仿效汉朝，先派使者，后面军队跟着攻打！"于是请求派他与呼卢訾王各率一万骑兵南下，沿着边境打猎，相机入侵。大军还没抵达，三名匈奴骑兵逃跑，投降汉朝，告知了匈奴的意图。于是天子下诏，调动边境骑兵屯驻各要害处，又派大将军军监（相当于军纪总监，地位次于军正）治众等四人，将五千骑，分三队，出塞各数百里，各自俘虏数十人而还。当时匈奴跑了三个骑兵，知道计划泄露，也不敢进军，自己回去了。

这一年，匈奴又闹饥荒，人民、牲畜死亡十分之六七，还要征发两个兵团各一万骑兵以防备汉朝，情况更加恶劣。

秋天，之前投降匈奴、居住在匈奴东部的西嗕部落，其君长以下数千人都驱赶着牲畜前行，与匈奴边境守军交战，被杀伤甚众，但还是突破边境，南下投降汉朝。

卷第二十五 汉纪十七

（公元前67年—公元前62年，共6年）

主要历史事件

霍氏家族地位尊贵，骄奢纵横　215
路温舒《尚德缓刑书》　217
霍氏家族图谋造反被灭族　221
龚遂治理渤海郡　226
京兆尹赵广汉因私怨杀人被处死　228
冯奉世平定莎车　230
汉宣帝刘病已改名为刘询　232
汉宣帝封刘贺为海昏侯　235
颍川太守黄霸治理政绩全国第一　238
韦成玄装疯让爵　239

主要学习点

不要把难得可贵的事当作理所应当　214
霍氏家族的4个教训　216
疑罪从无　218
官吏们总想有自由裁量权　219
"亲亲相隐"原则　220
干大事，靠修养，不靠本事　226
做善事不张扬，有功劳不夸张　230
荐贤而不市恩，始终站在老板的立场　236
家有斗金，不如日进分文　237

中宗孝宣皇帝上之下

宣帝地节三年（甲寅，公元前67年）

1 春，三月，汉宣帝颁布诏书："朕听说，如果有功不赏，有罪不诛，即使是尧、舜也不能教化天下。今胶东王宰相王成，劝勉招怀百姓，流民来胶东定居落户的达到八万余人，政绩考核超越常等，特此赐王成关内侯，俸禄提升到中二千石。"还没等到征召，王成死在任上。

后来皇上又下诏派丞相、御史去查问各郡和封国每年向朝廷上交财政、户籍簿册的官员，问他们政令得失。有人说："之前胶东国相王成上报的移民数量是虚报的，从他蒙恩赏之后，庸俗无能的官吏往往都得到虚名。"

2 夏，四月，立子刘奭为皇太子，以丙吉为太傅，太中大夫疏广为少傅。封太子外祖父许广汉为平恩侯。又封霍光哥哥的孙子、中郎将霍云为冠阳侯。

霍显听说立太子，愤怒到不能吃饭，气得呕血，说："刘奭是皇上做平民时生的儿子，怎么能被立为太子？难道以后皇后有了儿子，反而只能封王吗？"于是教皇后毒杀太子。皇后多次召来太子，赐给食物，但太子的保姆和乳母总是先尝过之后再让太子吃,所以皇后拿着毒药,却没有机会下毒。

【华杉讲透】

有一句很重要的话叫作:"一切都是难得可贵,没有什么是理所应当。"人性的弱点,往往就是把难得可贵的事情当成了理所应当,这样就不仅不知感恩,反而觉得世界对自己不公平了。

霍家什么出身呢?霍光的父亲霍仲孺是一个县里的小吏,和平阳侯府中侍女卫媪之女卫少儿私通生下霍去病,后来另娶妻子生下霍光。霍去病发迹之后,找到生父,又把霍光带出来。所以,霍去病其实是奴隶出身呢!现在霍显倒觉得太子出身微贱,觉得天下应当是她家的外孙继承,这是什么逻辑?

觉得自己"该得的"东西被太子"夺走"之后,恨从心头起,恶向胆边生,竟然要谋杀太子,终于一步步导致了霍家的灭亡。

读史要切己体察,代入自己,每个人可以想一想,自己把什么难得可贵的事情当成了理所应当?

3 五月二十五日,丞相韦贤因年老多病,申请退休。汉宣帝赐他黄金一百斤和一辆由四匹马拉的、可以乘坐的"安车"(古人乘车多是站着,而安车可以坐下),允许他辞官回家。汉朝的丞相退休,从韦贤开始。(之前的宰相全部死在任上,有的寿终,有的是被诛杀。韦贤是退休的第一人。)

4 六月七日,汉宣帝任命魏相为丞相。十六日,任命丙吉为御史大夫,疏广为太子太傅,疏广哥哥的儿子疏受为太子少傅。

太子的外祖父、平恩侯许广汉,认为太子年少,建议由自己的弟弟、中郎将许舜监护太子家。汉宣帝问疏广意见,疏广说:"太子,是国储副君,他的师友必须是天下英俊之士,不宜单独只亲近外家许氏。况且太子自己有太傅、少傅,官属已经齐备,再插进来一个许舜监护太子家,那是向天下显示自己的浅陋,不是广布太子德行之道。"汉宣帝觉得他说得很对,把他的话告诉魏相。魏相脱下帽子,抱歉说:"这等见识,不是臣等赶得上的!"疏广由此受到汉宣帝的器重。

5 京师出现大雨、冰雹等极端天气，大行丞（大鸿胪属官）东海萧望之上书，解释说是大臣任政，一姓专权，招致上天的惩戒。皇上一向听闻萧望之的大名，于是任命他担任谒者。这时候，皇上已经招揽了很多人才，民间也经常有人上书言事。皇上就把这些奏章交给萧望之处理。萧望之判断这些进言的才能高低，才能高的推荐给丞相、御史，次一点的推荐给中二千石官员，破格提拔试用，一年之后，把试用考核结果奏报给皇上，不可用的也奏报让皇上知道，再罢免他回家。萧望之的处理都符合皇上的心意，所以也都得到批准。

6 冬，十月，汉宣帝颁布诏书说："九月十九日地震，令朕十分忧惧。如有谁能指出朕的过失，以及各地贤良方正、直言极谏之士，能匡正我的，希望能直言；对其他高级官员的过失，也不要避讳！朕德行不够，不能让四夷归附，所以如今边境依然驻扎重兵。但是，整兵重屯，久劳百姓，也不是我安定天下的本意，现在下令，撤销车骑将军张安世、右将军霍禹两支边防部队！"

又下诏说："凡是政府指定，又没有使用的皇家水田鱼池，一律开放给百姓。各郡国宫馆不再修治。流民回到家乡的，发给他们土地，借给他们种子，免除他们的算赋和徭役。"

7 霍氏骄侈纵横。太夫人霍显大规模地兴修府邸，制作跟皇家一样的舆轿、辇车，车身彩绘，褥垫锦绣，黄金裹缠，又用皮革毛絮包在车轮外缘。侍女用五彩丝绸挽着辇车，拉着霍显在花园中游玩。霍显又与监奴（奴仆总管）冯子都淫乱。而霍禹、霍山也扩建住宅，在平乐馆纵马奔驰。霍云在该上朝的时候，数次请病假，私自出去，带领大批宾客在黄山苑中大张旗鼓地围猎，派他的一个仓头奴隶上朝去替他当班，群臣没有一个敢谴责他的。而霍显跟她的几个女儿，昼夜出入上官太后居住的长信宫，毫无顾忌。

皇上在民间的时候，就知道霍氏一家因长期地位尊贵，不能自我约束。等到躬亲朝政后，任命御史大夫魏相兼任给事中，进宫处理国务。霍显对霍禹、霍云、霍山说："你们不能继承大将军的事业，如今魏相做给事中，如果有人离间你们，你们还能自救吗？"

后来霍、魏两家的奴仆因争夺道路发生冲突，霍家的奴仆一路追到御史府，要踹开御史大夫的大门，御史为此磕头谢罪，才作罢离去。有人把这件事告诉霍显，霍显等人才开始忧虑。

【华杉讲透】

这里有四个教训：

一是自欺欺人。霍云怎么能让一个家奴替他去见皇上呢？他不知道这是大罪吗？但是他自欺欺人，骗自己说不要紧，就这样干了。

二是德不配位，必有祸殃。霍云请病假，让奴隶代班，他干什么事去了呢？只不过是贪玩想打猎而已。这是多么荒唐的事，但他就不觉得荒唐。所以霍光把权势传给这样的后人，实在是害了他们。

三是身怀利器，杀心自起。霍家家奴哪儿来那么大的胆子呢？因为权势太大，骄纵惯了，一向都没事，所以就越来越放纵，一直作到死为止。

四是上行下效。但是，每个人的尺度都不一样，霍光也骄奢，但是他能把握一个度，这个度，到他的夫人霍显那里就不一样了，发展到可以谋杀皇后，现在又要谋杀太子了。皇家宫殿都不修治了，她还在扩建花园房子。皇上节俭，大臣荒淫，这在历史上都是很罕见的事，可见霍家已经没有一个懂政治的人。霍氏家奴的做派又从哪儿来的呢？还不是跟霍显学的。但是他们把尺度又放大了，竟然要去踹烂御史大夫的家门。所以当在上位者立身不正，你根本无法控制下属会干出什么来，最后玩火自焚，都不知道是谁点的火。霍显这时候发现不对，开始忧虑，但是已经回不去了。

不久，御史大夫魏相当上宰相，经常被皇上私下接见，商议国事。平恩侯许广汉与侍中金安等，也能径直出入宫廷。当时，霍山虽然主管尚书事务和宫廷机要，但皇上却下令群臣都可以直接呈上亲启密奏，无须通过尚书，对此，霍氏一家都非常恼恨。

皇上隐约听到霍家毒杀许皇后，但未获证实，于是将霍光女婿、度辽将军、未央宫卫尉、平陵侯范明友调任为光禄勋（总领宫廷禁卫），将霍光的次女婿、诸吏、中郎将、羽林监任胜调放外任为安定太守。数月之后，再将霍光的姐夫、给事中、光禄大夫张朔调任蜀郡太守，孙女婿中郎将王汉调任武威太守。没过多久，又将霍光长女婿、长乐宫卫尉邓广汉调任少府。

八月十四日，任命张安世为卫将军，两宫卫尉、城门、北军士兵都归他统属。仍旧让霍禹为大司马，但是只给他戴小冠（大司马应该戴大冠），而且不给他印绶，撤销了他管辖的部队，只让霍禹的官名与父亲相等，但不给他实际可指挥的部队。又收回范明友的度辽将军印绶，只让他担任光禄勋。霍光的中女婿赵平，本来是散骑将军、骑都尉、光禄大夫，本来统率一部分驻军，现在也收回他的骑都尉印绶。其他统率胡人、越人骑兵及羽林军、两宫卫将屯兵，全部换成皇上亲信的许氏、史氏子弟。

8 当初，汉武帝的时候，征发频繁，百姓贫耗，穷民动则犯法，奸邪不轨之事，数不胜数，于是皇上派张汤、赵禹之流，严加立法，制定了知情不报、故意纵容之罪名，以及主管上级犯罪，属下官吏要一起判刑的法令。对于酷吏冤枉或重判犯人，不加追究；而对那些宽释犯人的官吏则加重惩处。这样下来，不但不能遏制犯罪，反而令奸猾弄法的情况愈演愈烈，法网日益严密，律令更加繁苛，法律文件堆得满桌满屋，主管官员根本看不过来。各郡、国在引用法令条文时出现混乱，就会出现同样的罪却处罚相异的情况。官吏们就抓住机会，以此弄法而受贿。想要救活的人，就引用轻的法令；想要置之于死地的，就引用使他非死不可的条文。冤狱遍地，人民哀伤。

廷尉史、巨鹿人路温舒上书说："臣听说，当初齐国出现姜无知杀死齐襄公之祸，齐桓公因此兴起（齐襄公被公子无知所杀，庸廪又杀无知，齐国大乱，之后齐桓公从莒国入齐而得立）。晋国有骊姬之乱，却使晋文公称霸于诸侯（晋献公听信骊姬谗言，杀世子申生，驱逐公子重耳、夷吾，若干年后，秦国支持重耳回国继位成为晋文公，称霸诸侯）。近世我朝赵王刘友被逼饿死，吕氏作乱，而成就了孝文皇帝'太宗'的庙号。由此观之，祸乱之作，都是给圣人开道。变乱之后，必有大的改革，贤圣之君，正是以此昭明天命。昭帝没有嗣子，昌邑王淫乱，这又是皇天在为至圣明君开道了。臣听说，《春秋》最重视的，就是新君继位的正统性，因为尊重正统，对开端必须慎行。陛下初登至尊之位，与天意相符，应该改正前任的过失，以正受命之统。废除繁苛的法律，解救人民的痛苦，以应天意。

"臣听说，秦朝有十大过失（柏杨注：一、废封建；二、筑长城；三、铸金人；四、造阿房宫；五、焚书；六、坑儒；七、营建骊山嬴政坟墓；八、求不死之药；九、外放扶苏；十、任用狱吏），如今前九条已经废除，但还留下一条，就是狱吏。司法是天下之大命，死者不可复活，砍掉的肢体不可再生，《尚书》说：'其杀无辜，宁失不经。'（与其枉杀无罪的人，不如放过有罪的人。）如今的狱吏则恰恰相反，上下之间，好像比赛一样，以深刻严酷为导向，深刻严酷的，得到公平的美名；用法宽平的呢，就给自己留下祸患。所以办理案件的官吏，都恨不得将犯人置于死地，不是他们憎恨那些犯人，而是他们保护自己的方法，就是置人于死地。是以死人之血，流离于市，被刑之徒，比肩而立，计算死刑的人数，每年都以万数！这正是仁圣之伤痛啊！天下不得太平，都是因为这样的严刑峻法！

"人之常情，安则乐生，痛则思死，在严刑拷打之下，想要什么样的招供都行！所以犯人熬不过刑讯，就编假话来指控自己。狱吏们也利用这一点，就引导他们怎么说。定案之后，怕被驳回，就像炼铁一样，反复推敲，锻炼周密，全都办成铁案。这样的材料报上来，就算是尧帝时期最英明的大法官皋陶听了，也会觉得那罪犯死有余辜！为什么呢？因为捏造确实的罪状太多，对应法律条文，罪名十分明显。所以俗语说：'在地上画一个牢狱，叫人进去，人也不敢进去；用木头刻一个问刑的官，叫人去对理，人也不敢对。'这都是因恐惧狱吏的残酷而发出的悲痛之辞啊！希望陛下删减法令，宽厚刑罚，则太平之风可复兴于世。"

皇上很赞赏他的建议。

【华杉讲透】

对于司法，我们熟悉的一句话叫："我们绝不冤枉一个好人，也绝不放过一个坏人。"这话说的是一个理想状态，实际上并不现实，因为前后两句话是矛盾的，只能选一头。如果我们绝不冤枉一个好人，就不得不放过一些坏人，这叫"疑罪从无"；如果我们绝不放过一个坏人，那就只能冤枉一批好人，这叫"疑罪从有"，也就是"宁肯错杀一千，绝不放过一个"。汉武帝的政策，就是疑罪从有，有罪从重。因此路温舒就建议汉宣帝恢复《尚书》的政策："与其杀不辜，宁失不经。"即疑罪从无。

9 十二月，汉宣帝下诏说："近来，官吏们玩弄法律条文，越来越深不可测，都是朕的不德所致。判决不当，让有罪的人逍遥法外，无罪的人反而被诛戮,父子悲恨,朕甚伤之!如今廷尉府官员和各郡司法部门官员,地位既低,俸禄又少。所以增设四位廷尉平(二审复判官),俸禄六百石,负责审理诉讼,务求公平,以称朕意!"

于是每年秋后,当对全国诉讼做最后定案时,皇上都亲自到未央宫宣室殿,斋戒素食,虔敬裁决,诉讼判决这才号为公平了。

涿郡太守郑昌上书说:"如今明主躬垂明德,就算不增设廷平官,判决也自然能公正。但是,如果要为后世开太平,还得从修订法律上下手。如果重新删减律令,律令一定,人民知道什么是法律所禁止的,奸猾的官吏也没有办法弄权了。如今不正其本,而是设置一个廷尉平的官职来理其末,以后政衰德怠,那廷尉平将揽权弄法,成为祸乱天下的罪首!"

【王夫之曰】

路温舒之言缓刑,不如郑昌之言定律也。律令繁杂多门,就会造成于彼于此皆可,可轻可重,贿赂就可左右判决,于是狱吏与有司争法,有司与廷尉争法,廷尉与天子争法,辩不能清,威不能制,再是明君,也胜不过狱吏的奸邪。只有像郑昌说的那样,简明法律,不可移动,则一人制之于上,而酷吏行贿之弊就根绝于四海了。

【华杉讲透】

法律的繁杂多门,就是官吏的自由裁量权的操作空间,就是权力和利益。如果法令简明,一切清楚明白,官吏们就没有权力了。所以路温舒的建议容易得到实施,郑昌的建议很难得到官僚系统的支持,因为中国古代的统治思想中有一条叫"刑不可知而威不可测",就是不让人把法律彻底搞明白,这样统治者才有最大的自由裁量权。

10 昭帝时期,匈奴派遣四千骑兵在车师屯田。到了汉军五大将击匈奴的时候,在车师屯田的匈奴兵团也惊慌逃去,车师国因此重新与汉朝通使。匈奴王怒,召车师国太子军宿,想要他来匈奴做人质。军宿是焉耆国外孙,不愿意到匈奴为质,自己跑回焉耆去了。车师王更立子乌贵为太子。后来,乌贵继位为王,与匈奴联姻,让匈奴拦截汉朝派往乌孙国的使节。

这一年，侍郎、会稽人郑吉与校尉司马熹，率领被免除刑罚的罪犯，在渠犁屯田，积蓄粮草，并征调西域各城邦国的士兵一万余人，与两人率领的屯田士卒一千五百人会合，攻打车师国。结果车师国大败，车师王乌贵请求归降。匈奴听到消息后，发兵攻车师，郑吉、司马熹引兵向北迎击，匈奴人不敢前进。郑吉、司马熹就留下一个军侯与二十人保护车师王，自己带兵撤回渠犁。车师王乌贵认为二十个士兵不足以保护他，担心匈奴大军再来，自己恐怕要被杀，于是轻骑逃亡到乌孙去了。郑吉便立即将车师王的妻子、儿女接来，用驿马送往长安。匈奴改立乌贵的兄弟兜莫为车师王，召集车师国其余的百姓向东迁徙，也不敢居住在车师故地。郑吉派士卒三百人到车师屯田，以充实其地。

11 皇上初继位，数次派遣使者去寻访他的外祖父家，因为时间久远（从刘据被杀到刘病已继位，已十八年），找到好多像是，后来都证明不是。这一年，终于找到外祖母王媪，以及王媪的儿子王无故、王武。皇上赐爵王无故、王武为关内侯，十天之内，赏赐以巨万计。

宣帝地节四年（乙卯，公元前66年）

1 春，二月，汉宣帝封其外祖母王媪为博平君，其舅舅王无故为平昌侯、王武为乐昌侯。

2 夏，五月，山阳、济阴两地下了一场冰雹，大如鸡蛋，撞入地面，深二尺五寸，砸死二十余人，当地的飞鸟全部丧生。

3 汉宣帝下诏："从现在开始，儿子窝藏父亲，妻子窝藏丈夫，孙子窝藏祖父母，都不治罪。"

【华杉讲透】

这是恢复了刑法"亲亲相隐"的原则。《论语》中有讨论：

叶公语孔子曰："吾党有直躬者，其父攘羊，而子证之。"孔子曰："吾党之直者异于是：父为子隐，子为父隐，直在其中矣。"

叶公跟孔子夸耀说："我们这儿有一个特别正直的人，他的父亲偷了羊，他大义灭亲指证了父亲。"孔子说："我们那儿正直的标准和您这儿不一样，父亲替儿子隐瞒，儿子替父亲隐瞒，正直就在其中了。"

中国古代对这个问题的价值观和法律规定很明确，儿子不仅有权替父亲隐瞒，而且儿子举报父亲，反而是有罪的，亲亲相隐是孔子提出的主张。三国、两晋、南北朝时期，亲亲相隐原则得到进一步确认。唐律对亲亲相隐原则作了具体规定，以后各朝的规定大体上与唐律相同，其内容主要有三点：亲属有罪相隐，不论罪或减刑；控告应相隐的亲属，要处刑；有两类罪不适用亲亲相隐原则：一类是谋反、谋大逆、谋叛及其他某些重罪，另一类是某些亲属互相侵害罪。这一法律精神一直执行到民国。新中国成立后，宣传大义灭亲，亲亲相隐作为"封建糟粕"被废除。一直到2012年，新刑事诉讼法修订，第一百八十八条："经人民法院通知，证人没有正当理由不出庭作证的，人民法院可以强制其到庭，但是被告人的配偶、父母、子女除外。"重新承认了亲亲相隐的权利。

亲亲相隐的原则是世界性的，现行《法国刑事诉讼法》、1994年《德国刑事诉讼法》、1988年《意大利刑事诉讼法》均规定：近亲属可以拒绝作证；即使自愿作证也有权不宣誓担保证词无伪。并且德国和意大利还规定，法官一般不得就有损于证人亲属名誉的事实发问，还应告知其有权拒绝作证，并且不得强迫、恐吓其作证。此外，美国法律中也有对作证配偶特免权的相关规定。18世纪法国启蒙思想家、现代法治理论的奠基人孟德斯鸠在其不朽巨著《论法的精神》中质问："妻子怎能告发她的丈夫呢？儿子怎能告发他的父亲呢？为了要对一种罪恶的行为进行报复，法律竟规定出一种更为罪恶的法律。"

4 汉宣帝立广川惠王刘越的孙子刘文为广川王。

5 霍显与儿子霍禹，侄孙霍山、霍云，眼看着霍家的权力被一点点侵削，数次聚在一起痛哭流涕，自怨自艾。霍山说："如今丞相掌权，皇上对他十分信任，把许多大将军在世时制定的法令都改了，还宣扬大将军的过失。再者，那些儒生大都是贫家子弟，从远方来到长安，喜欢妄语狂言，不避忌讳，大将军生前就很仇视他们，而皇上却喜欢跟他们交谈。这些人，个个上亲启密奏，说的都是我家的坏话。曾经有人上书说我兄弟骄恣，言辞激烈，我把它压下来。之后上书的人，更加狡黠，改成亲启密奏，不经过尚书，直接通过中书令递上去，皇上更加不信任我。又听民间谣言说'霍氏毒杀许皇后'，哪有这回事！"

霍显怕事情紧急，就把实情告诉霍禹、霍山、霍云，三人惊恐道："既有此事，为什么不早告诉我们？皇上把霍家女婿都贬斥放逐，都是这个缘故！这是大罪，一旦事发，必遭严惩，怎么办？"于是开始有反叛朝廷的阴谋。

霍云的舅舅李竟，有一个好朋友叫张赦，见霍家人惶惶不可终日的样子，对李竟说："如今丞相魏相与平恩侯许广汉掌权，可以让太夫人（霍显）跟上官太后说，先诛杀这二人，然后让皇上退位，这事全在于太后。"长安男子张章告发了此事，案件交给廷尉、执金吾处理，抓捕张赦等人。后来皇帝又下诏，不再追究。但是霍山等人更加恐惧，相互说："这是皇上尊重太后，所以不穷治此案。但是恶端已现，时间长了还得发动，一旦爆发，就是灭族的事了。不如先下手为强！"于是叫霍家女儿们都回去告诉自己的丈夫说："大祸一来，我们谁也跑不了！"

正在这时，李竟因受指控结交诸侯王而被朝廷治罪，供词牵连到霍氏。皇上下诏说："霍云、霍山不宜在宫中宿卫，免职回家。"

山阳太守张敞上亲启密奏说："臣听说公子季友有功于鲁国，赵衰有功于晋国，田完有功于齐国，国家都给他们的功劳以酬报，延及子孙。但是后来怎么样呢？田氏篡夺了齐国政权，赵氏参与三家分晋，季家在鲁国世代专权。所以孔子作《春秋》，总结盛衰经验，对卿大夫的世袭制度最不满意。以前大将军霍光决大计，安宗庙，定天下，功劳也不小了。但是周公辅政也就七年而已，而大将军专权长达二十年。国家的命运，都在他的掌握之中。当其隆盛之时，感动天地，侵迫阴阳。现在，朝臣中应该有人站出来说话，就说：'皇上对已故大将军的褒扬恩宠，回报其功德，已经足够了。一个辅臣专政时间太久，他的家族权势太盛，以至于君臣之间的界限都不清楚。现在建议将霍氏三位侯爷罢免公职，让他们退休回家。对大将军张安世，也同样赐给几案、手杖，让他退休。皇上可以不时召见慰问他们，让他们以列侯之位，做天子的老师吧！'如此上奏之后，皇上再下明诏表示拒绝，群臣再以大义据理力争，然后皇上批准。如此，天下人都认为陛下没有忘记大臣的功德，而为臣者也自觉知礼，霍氏也不必心怀忐忑，得以世世平安。如今霍云、霍山两位侯爷已经被逐出宫廷，人之常情，都差不多，我将心比心，猜想大司马霍禹跟他的家人一定有畏惧之心。最亲近的臣僚有恐惧之心，这不是万全之计。臣张敞愿意到朝廷来，在公开会议上上奏这一番话，点破这个事情。只是我在远方郡县，没有理由来京，请陛下省察！"

皇上觉得张敞的建议很好，但并不召他来京。

霍禹、霍山家中不断发生怪事，全家人都非常忧愁。霍山说："丞相擅自减少宗庙祭祀用的羊、兔、蛙，可以以此罪名诛杀他。"于是，密谋由上官太后出面，宴请博平君王媪，召丞相魏相、平恩侯许广汉以下作陪。在酒宴上，由范明友、邓广汉奉太后之命，斩杀魏相、许广汉，趁机废黜天子，立霍禹为帝。密谋已定，还没有发动。

不久，皇上任命霍云为玄菟太守，太中大夫任宣为代郡太守。就在这个时候，阴谋泄露。秋，七月，霍云、霍山、范明友自杀。霍显、霍禹、邓广汉等被捕。霍禹被腰斩，霍显及霍氏女儿们都被斩首弃市。因霍氏一案牵连被诛杀的有数十家。太仆杜延年因为是霍氏旧人，也被免职。

八月一日，皇后霍氏被废，囚禁昭台宫。

十七日，下诏封检举霍氏谋反的男子张章、期门武士董忠、左曹杨恽、侍中金安上、史高等人为列侯。

杨恽，是丞相杨敞之子。金安上，是金日磾弟弟之子。史高，是史良娣哥哥之子。

当初，霍氏奢侈，茂陵人徐生曾指出："霍氏必亡。奢侈，就会不逊；不逊，就会冒犯君上；冒犯君上，就是逆道而行。你的地位比所有人都高，大家都会看你不舒服。把持大权的时间越长，看你不舒服的人就越多。天下人都看你不爽，而你又逆道而行，你不灭亡，更待何时？"于是上疏给皇上说："霍氏的权势已经满盈，陛下就算厚爱他们，也要及时抑制，不要让他们走向灭亡！"上疏三次，都只接到一个"知道了"的回复。其后霍氏被诛灭，那些举报霍氏的人都有封赏，有人就替徐生抱不平，上书说："臣听说，有一个客人拜访主人，看见主人家炉灶的烟囱直直伸出，旁边又堆了一堆木柴，客人就对主人说：'把烟囱改弯，木柴搬远一点，否则将有火灾！'主人默然不应。不久家里果然失火，邻居们一起扑救，幸而把火扑灭。于是杀牛置酒，酬谢他的邻居们，被烧伤的人坐在上席，其他人按功劳大小依次而坐，却不邀请那位让他改造炉灶烟囱的人。有人就对主人说：'如果当初听了那位客人的建议，不用杀牛摆酒，也不会有火灾了。'主人于是醒悟，去请那位客人。如今茂陵人徐福数次上书说霍氏将有变，应该防备杜绝。假如当初听了徐福的话，那么国家也没有裂土封侯的支出，臣子没有逆乱诛灭的灾祸。事情过去了，而唯独徐福没有功劳，希望陛下明察，让那提出改造炉灶建议的人，比救火被烧伤的人更尊贵！"皇上于是赏赐徐福绸缎十匹。后来，又封他做郎官（宫廷侍卫）。

皇上刚刚继位的时候，谒见高帝庙，大将军霍光陪同乘车，皇上心里非常紧张畏惧，有压迫感，如芒刺在背。后来，车骑将军张安世代替霍光骖乘，皇上就很放松，从容舒展，心安理得。等到霍光死后，其宗族最终遭到诛杀，所以民间传说，霍家的灾祸早在霍光陪同汉宣帝乘车时就已萌芽了。

过了十二年，霍皇后迁移到云林馆居住。霍皇后自杀。

【班固曰】

霍光受襁褓之托，任汉室之寄，匡扶国家，安定社稷，维护汉昭帝，拥立汉宣帝，即使是周公、伊尹的功勋，也不过如此！但是，霍光不学无术，不明大理，为了保护妻子的邪谋，立自己的女儿为后，沉迷于日益满盈的无穷欲望，使覆亡的灾祸加剧，死后仅仅三年，宗族就遭诛灭，实在令人悲哀！

【司马光曰】

霍光辅佐汉室，可以说是忠臣，但未能庇护自己的家族。为什么呢？因为作威作福，是皇上的权柄，为人臣者，把这权柄执在自己手里，久久不肯交回，这样很少有能逃脱厄运的。以孝昭皇帝之明，十四岁就知道上官桀的欺诈，原来可以亲理朝政了。况且孝宣皇帝继位的时候，已经十九岁，聪明刚毅，知晓民间疾苦，他还没有能力亲政吗？而霍光却久专权柄，不知避去，多置私党，充塞朝廷，让人主蓄愤于上，而吏民积怨于下，切齿侧目，待时而发，他自己能平安免祸，已经是万幸！更何况他的子孙更加骄傲奢侈，能不加速灾祸吗？

虽然如此，假使孝宣皇帝在亲政之后，能以爵禄富贵赏赐他的子孙，让他们有一个大县做采邑，定期来朝见，也足以回报霍光的恩德了。为什么还要让他的子孙们主持朝政，掌握兵权，等到事态发展到不可收拾了，又加以裁夺，让他们怨恨畏惧，以致铤而走险？这样的结局，难道仅仅是霍氏自取灭亡吗？也是孝宣皇帝纵容酝酿的吧！春秋时期，斗椒作乱于楚国，楚庄王夷灭了他的家族，但是仍赦免了斗克黄（楚国令尹斗谷于菟的弟弟斗子良，生子斗椒，斗谷于菟死后，斗椒为楚国令尹。斗椒谋反，全族被灭。斗克黄是斗谷于菟的孙子），认为如果斗谷于菟没有后代，如何劝勉人民向善呢？霍显、霍禹、霍云、霍山之罪，虽然灭族也不冤，但以霍光的功勋，也不应绝嗣，不为霍光留一个后裔，宣帝也未免刻薄寡恩了。

【柏杨曰】

继吕家、卫家之后，霍家是第三个被灭族的皇后家族。不同的是，吕家、卫家都没有谋反之意，而霍家是真的要干。

【王夫之曰】

霍光之祸，萌发于第一次陪皇上乘车之时。那张安世也同样参与废立，为什么张安世骖乘，皇上就轻松自若，霍光在旁边，皇上就如芒刺在背呢？因为声音笑貌之间，已经盛气逼人，而霍光自己却不知道。皇上呢，当时情夺意动，只是紧张，也不知其所以然。

《论语》里，子夏问孝道，孔子回答说："色难！"不给父母脸色看，是最难的事！岂止是子女对父母呢！朋友相处之时，宾客相接之际，一句话还没说，就已经影响对方情绪了。因为人的神色气质，自己不能自制，俄顷之间，就暴露了你的心思。《诗经》说："温温恭人，惟德之基。"德的用处太大了！而德的基石，就是温良恭敬！气质沉静的人，他的相貌，不用刻意，就自然恭敬而气量悠远；他的脸色，不用刻意，而自然温良。就算有盖世功勋，也不居功自傲，德行深厚，已入化境，宽以居之，仁以守之，学问以养之，然后和气涵养于中，而英华和顺于外。呜呼！这哪里是霍光所能理解的呢？立下震惊世界的功名，以国家社稷为己任，气势如虹，要行志于天下，志气涌动，无法自持，骄傲的神气，溢满车厢，把皇上都逼得芒刺在背了，他还不知道！

周公和霍光的功勋相当，但周公处在被猜疑的危境之时，始终保持戒慎恐惧,有惴惴之小心,斯有温温之恭德。因此,就算有雄猜之主、嫉妒之小人,也自然打消了他的念头。

【华杉讲透】

干大事,靠修养,不靠本事。本事可以用别人的,修养则只能是自己的。

读了张居正给明神宗讲《资治通鉴》的讲义,我惊讶地发现他对霍光之败,竟无一字讲评。他是刻意回避霍光吗?是因为他也处在和霍光相似的地位,而他死后家族的结局,也和霍家相似。他败的原因,也和霍光差不多吧!君子多识前言往行以畜其德,但是知行合一太难!所以秦人不暇自哀,而后人哀之;后人哀之而不鉴之,亦使后人而复哀后人也!

6 九月,汉宣帝下诏,给食盐降价,又下令各郡和各封国,每年将监狱中被拷打致死的或因饥寒疾病而死的囚犯的籍贯、姓名、爵位、居住和地址上报朝廷,并由丞相、御史向皇上奏报,作为当地主管官员的考核指标。

7 十二月,清河王刘年因被指控乱伦而被废,贬居房陵(刘年被控与妹妹通奸生子)。

8 这一年,北海太守、庐江人朱邑因为政绩考核名列第一,擢升为大司农(相当于农业部长),渤海太守龚遂擢升为水衡都尉(掌上林苑及铸钱等事,兼保管皇室财物、铸钱、造船、治水等)。

之前,渤海周边各郡闹饥荒,盗贼并起,郡长级二千石官员无法控制局面。汉宣帝下令要求选拔有能力治理的官员,丞相、御史举荐前昌邑国郎中令龚遂。于是,皇上任命龚遂为渤海太守。召见时,汉宣帝问他:"你准备怎样治理渤海,平息盗贼?"龚遂说:"海滨边远,没有圣人教化,人民困苦于饥寒,而官吏不体恤他们,所以让陛下这些弱小的儿女,玩弄陛下的兵器于小小池塘中而已。陛下是要我诛灭他们,还是要我安抚他们呢?"皇上说:"选用贤良,当然是要安定一方。"龚遂说:"臣听说,治乱民就像治乱绳,不能急,缓缓图之,然后可治。臣希望丞相、御史不要用严苛的法律条文约束我,准许我相机行事。"皇上批准,加赐黄金给龚遂。

龚遂乘坐国家的驿车，到了勃海郡界。当地官员听说新太守到任，发兵迎接。龚遂马上将部队全部遣还，并给所属各县下令说："即刻撤销所有负责抓捕盗贼的官吏，那些拿着锄头、镰刀等耕田工具的，都是良民，官吏们不得过问。拿着兵器的才是盗贼。"然后，他单车独行到郡政府就职。

盗贼们听说龚遂的教令后，纷纷抛弃他们的兵器弓弩，拿起镰刀、锄头。因此，盗贼全部平息，百姓安居乐业。龚遂打开粮仓，赈济灾民，选用良吏，牧养人民。

龚遂发现齐地风俗奢侈，百姓喜爱从事工商业，不爱农耕，于是率先垂范，勤俭节约，劝勉人民耕田种桑，按各家人口多少，规定必须种多少树、多少菜，养多少猪、多少鸡。人民有携带刀剑的，就让他们卖剑买牛，卖刀买小牛犊，说："为什么把壮牛和牛犊佩带在身上！？"如此，郡中家家都有蓄积，犯罪诉讼的事儿都没了。

9 嫁给乌孙国王的汉朝公主刘解忧的女儿，是龟兹国王绛宾的夫人。绛宾上书汉宣帝说："我有幸娶了汉朝外孙女为妻，愿与公主的女儿一起入朝。"

宣帝元康元年（丙辰，公元前65年）

1 春，正月，龟兹国王及其夫人来朝，汉宣帝赐给他们印绶、绶带，并封其夫人公主的称号，赏赐甚厚。

2 汉宣帝开始修建自己的陵墓杜陵，并将丞相、将军、列侯、二千石以上官员和资产百万元以上的富人，都迁徙到杜陵居住。

3 三月，汉宣帝下诏说，因为凤凰聚集于泰山、陈留一带，又有甘露降于未央宫，大赦天下。

4 有关官员再次奏请，汉宣帝的父亲刘进应该称尊号为皇考。夏，五月，立皇考庙。（刘病已之父刘进，谥号为"悼"。因刘病已继承的是昭帝，法理上是昭帝的儿子，所以他的生父直到今天才敢称"皇考"。有司"再次奏请"，说明之前曾有此意，刘病已碍于阻力，不敢接受。）

5 冬，设置建章卫尉（掌建章宫保卫）。

6 京兆尹赵广汉喜欢任用官家子弟中刚开始在官府任职的年轻人。这些人年轻气盛，雷厉风行，无所回避，做事十分果敢，不在乎什么权贵，也没有人敢阻拦他们。也正因为这个，导致了赵广汉最终的失败。

赵广汉因为私人恩怨，罗织罪名诬杀了男子荣畜。（赵广汉的门客在长安贩卖私酒，被丞相府小吏驱逐。门客怀疑是苏贤举报他，告诉赵广汉，赵广汉逮捕苏贤。苏贤的父亲上书检举，赵广汉因此被降级处罚。赵广汉怀疑是苏贤的同乡荣畜出的主意，捏造罪名杀了荣畜。）有人上书举报此事，汉宣帝让丞相、御史调查。赵广汉找丞相魏相的把柄，怀疑他的夫人杀死了自己的侍婢，就以此来要挟魏相，但魏相毫不理会，加紧了审查。赵广汉带着手下吏卒，直闯丞相府，将丞相夫人召到庭院中跪下审问，抓捕奴婢十几人而去。丞相上书自陈，再交给廷尉调查，事实真相是魏相因为奴婢的过失，责打她，送到外宅才死，并非赵广汉所言当场被打死。皇上非常厌恶此事，将赵广汉下廷尉府监狱。长安官吏人民守着宫门为赵广汉号泣的，有数万人之多，说："臣等对国家没有什么贡献，愿代替赵京兆而死，让赵京兆能继续牧养小民啊！"皇上不予理睬，赵广汉最终被处以腰斩。

赵广汉为京兆尹，廉洁明察，威制豪强，小民各得其所，他死之后，百姓还追思歌颂他。

【王夫之曰】

流俗之毁誉，能当真吗？赵广汉这样的酷吏，怀私怨以杀荣畜，甚至于动摇宰相。国家有这样的大臣，那是剥丧国脉，败坏风俗的，不可救药！而当他下狱的时候，居然有数万人为他号泣！流俗之趋小喜而昧大体，蜂拥煽动，这是乱世之风啊！

小民之无知，穷的嫉妒富的，弱的仇恨强的，嫉妒别人的成功，恨不得他招祸，古代把这种人叫"罢民"，就是不从教化之民。富强的人，不体恤贫弱的人，固然有罪。但是，骄横以相嫉妒，互相伤害，更是罪恶。好的官吏，扶助弱的，教导强的，勉励贫弱的人自强自立，富者的气焰也自然消逝，这样不好吗？但是酷吏则不然，酷吏打击豪强，以展示他的威福。贫弱者呢，不能自强自立，只看豪强倒霉，他就"大快人心"。赵广汉就深谙此术，任用血气方刚的少年，遇事蜂起，敢打敢杀，以取罢民之歌颂。于是小民以贫弱为安乐，而不知道正是他们的幸灾乐祸让他们坠入深渊。而其中的狡黠者，更是窥伺他人的过失，时刻准备告密，相仇相杀，不至于大乱而不止。愚民何知焉！酷吏抛下的诱饵，酷吏设下的陷阱，鼓动他们往下跳！而他们还把这样的酷吏当成他们的父母！这哪里是父母官，这是吃人的猛犬啊！

汉宣帝以严苛著称，但他还是诛杀了赵广汉这样的酷吏。论者还说赵广汉冤枉，可见流俗之惑人，千年未已，以至于此乎！包拯得到重用，而识者担心他带来祸乱。君子之远见卓识，不是庸人所能知道的！

7 这一年，少府宋畴因声称"凤凰飞到彭城，又没有到京师，不值得"，被贬为泗水国太傅。

8 汉宣帝征选通晓政务的博士、谏大夫充任郡太守和封国丞相，任命萧望之为平原太守。萧望之上书说："陛下哀悯百姓，担心恩德不能遍及天下，于是将朝中的谏官派往各郡、封国，掌管地方事务。但这样一来，朝中就没有了谏争的大臣，陛下不能听到朝政的过失，这是舍本逐末的做法。"于是，皇上马上任命萧望之担任少府，不放他外任了。

9 东海太守尹翁归，因为政绩考核优异，擢升为右扶风（政区名，为汉代三辅之一。汉时将京兆尹、左冯翊、右扶风称三辅，即把京师附近地区归三个地方官分别管理）。尹翁归为人公正廉明，明察秋毫。在他做太守的时候，一郡之中的官吏人民，谁有贤德，谁是不肖奸邪之徒，他了如指掌，对每个县的情况都有档案记载，决断疑案，亲自处理政务。如果县令中有严苛峻急的，他就告诫他们要宽容；如果官吏中有懒政懈怠的，他会翻阅他们的档案，看看他们有什么问题，以便惩治。尹翁归逮捕罪犯，要么在秋、冬的官吏考核大会时，要么在他到各县巡察时。他平时不抓人，抓人也都是选择性的，目的在于惩一儆百，不是有罪的都抓。所以当地官吏人民都畏惧服气，改过自新。

尹翁归做了右扶风之后，选用廉洁公平、嫉恶如仇的官吏居于上位，对僚属以礼相待，好恶相同，但是如果谁辜负了他的信任，那也一定会处罚。尽管治绩如此优异，但他温良、谦虚、退让，从来不居功自傲，所以在朝中尤其受人赞誉。

【华杉讲透】

最后一句尤为重要，"温良谦退，不以行能骄人"。这是尹翁归成功的关键，如果他觉得自己很了不起，而别人嫉妒生恨，就会翻翻他的档案——我就不信找不出你的问题！如果这样，他的结局很可能就跟前面的赵广汉一样——右扶风不正是跟京兆尹差不多的官吗？都要跟京城权贵打交道，而且还要管他们。

《论语》里颜渊言志，说："愿无伐善，无施劳。"意思是说：我希望自己做善事不张扬，有功劳不夸张。这就是修养。如果你做了善事而自己张扬，有了功劳而自己夸大，就把你积的德对冲掉了。

孔子说："人不知而不愠，不亦君子乎！"别人不理解我，不知道我对他有多好，我也不生气，这才是君子啊！我们总觉得自己没得到足够的承认，但反过来，自己把自己往下踩一踩，那是"踩实了"，更加扎实。而且，自己踩实了，也省得别人来踩。自己图虚名，就要被别人踩。

都说"半部论语治天下"，其实尹翁归选拔廉洁公平、嫉恶如仇的官员居于上位，也可以用《论语》说一说。孔子说："举直错诸枉，能使枉者直。"把直的木板放在弯的木板上面，能让那弯的木板也变直。你重用好人，那坏人也变好了。

10 当初，嫁给乌孙王的汉朝公主小儿子万年受到莎车王的宠爱。莎车王死后，没有儿子，而当时万年正在长安。莎车人商议，希望能依附汉朝，又希望跟乌孙国交好，于是上书请求立万年为莎车王。汉朝批准，派使者奚充国送万年到莎车继位。没想到万年继位之后，非常残暴凶恶。莎车人大失所望，很不开心。

汉宣帝命令群臣举荐可以出使西域的人选。前将军韩增举荐上党人冯奉世，以卫侯（皇城治安官）的身份，持节护送大宛等国的使节宾客，返回他们的国家。冯奉世到了伊循城（伊循城在鄯善国），正赶上莎车王的弟弟呼屠徵与邻国结盟，杀了莎车王万年和汉朝使者奚充国，自立为莎车王。当时，匈奴再次发兵攻打车师城，未能攻下，撤兵而还。莎车国就遣使到各国扬言："北道诸国已经归附匈奴了。"并派兵攻打南道各国，与各国歃血为盟，一起反抗汉朝。自鄯善以西的道路因此断绝不通。当时都护郑吉、校尉司马熹都在北道诸国一带，冯奉世与他的副使严昌商议，认为如果不马上攻击莎车，莎车将越来越强，难以制服，西域就危险了。于是，冯奉世用符节告谕诸国国王，征发他们的军队，南北道合计一万五千人，进攻莎车。最终，莎车城被攻破，莎车王自杀，其首级被送到长安，改立前莎车王其他兄弟的儿子为莎车王。周边各国也被全部平定，威震西域，之后冯奉世解散军队，奏报皇上。皇上召见韩增，说："祝贺将军，您举荐的人非常正确！"

冯奉世接着向西出发，抵达大宛国。大宛王听说他斩了莎车王，对他的敬重甚于对其他使节。大宛国向汉朝进献了一匹名叫"象龙"的名马。冯奉世回到长安，皇上非常高兴，打算封冯奉世为侯。丞相、将军都认为应该封赏，唯独少府萧望之说："冯奉世出使，本来是有明确任务的——那就是护送诸国宾客回国。但是，他擅自违反任务，征发诸国军队，虽然有功，但是不宜为后世效法，否则以后的使节都以冯奉世为先例表率，争相发兵，邀功于千里之外，却使国家在外族地区生了许多事端。不能助长这种风气，因此，冯奉世不宜受封。"汉宣帝觉得萧望之说得很有道理，于是擢升冯奉世为光禄大夫，没有封侯。

宣帝元康二年（丁巳，公元前64年）

1 春，正月，大赦天下。

2 汉宣帝打算立皇后。当时，馆陶公主的母亲华婕妤、淮阳宪王的母亲张婕妤和楚孝王的母亲卫婕妤，都受到皇上的宠爱。皇上想立张婕妤为皇后，但是犹豫了很长时间，鉴于当年霍皇后想要谋害皇太子的事，心有余悸，于是重新选一个没有儿子且性格谨慎的人立为皇后。二月二十六日，汉宣帝立长陵人王婕妤为皇后，让她抚养太子刘奭，封她的父亲王奉光为邛成侯。但新皇后不受宠，很少能见到皇上。

【华杉讲透】

皇上选王婕妤，就是因为她没儿子，而且皇上也不想跟她生儿子，防止她有了自己的儿子，就想对太子不利。所以，皇上更不可能见她了。王皇后的悲剧和幸运同时到来，成为独一无二的"冷宫皇后""保姆皇后"。不过她身处冷宫，却还能让父亲封侯，家族富贵，也是人生奇遇了。

3 五月，汉宣帝下诏说："司法关系着千千万万百姓的性命。能使活着的人不抱怨，死去的人不嫉恨，才称得上是称职的官吏。如今却并非如此，有的官吏在执法的时候，用心巧诈，对法律条文断章取义，做不同的解释，判决案狱或轻或重，全凭他们的私心私利，上奏的案情多有不实之处，连朕也无法辨明，四方黎民百姓又怎能依靠司法呢？二千石以上官员各自要审察自己的下属，不能任用这类欺心枉法的人。还有的官吏擅自征调徭役，装饰楼堂驿站，用盛大的酒宴招待来往的官员，既超越了职权，也违反了法律规定，只为在长官那儿留一个好印象。这种做法如同站在薄冰上等待烈日升空，岂不危殆？如今天下很多地方疾病瘟疫流行，朕十分悲悯，凡是受灾严重的各郡、国，免除今年百姓的田租赋税。"

4 汉宣帝在诏书上还说："听说，古代天子的名字太生僻，民间都不常用，容易避讳。现在将我的名字改为刘询。"

5 匈奴大臣们都认为："车师国土地肥沃，又靠近匈奴，如果被汉朝得到，在那里开垦耕种，储备粮食，一定会对匈奴造成危害，所以必须要把车师从汉朝手中抢过来。"于是，数次派兵袭击在车师屯田的汉人。郑吉率领在渠犁屯田的七千人部队前往援救，被匈奴围困。郑吉派人向汉宣帝报告说："车师距渠犁一千余里，汉兵在渠犁的人少，势力不足以相救，希望增派屯田士兵。"皇上与后将军赵充国等商议，打算乘匈奴国势衰弱，出兵攻打匈奴西部地区，使其不能再侵扰西域各国。

丞相魏相上书汉宣帝劝阻说："臣听说：解救危乱，诛除凶暴的，叫'义兵'，义兵者可称王于天下；受到敌人的侵略，不得已去迎战的，叫'应兵'，应兵者可以取胜；因为一些小矛盾，无法容忍愤怒而出兵，叫'忿兵'，忿兵者常常失败；贪图别的土地、财富而起兵去抢的，叫'贪兵'，贪兵者将被击破；仗着自己国家大，人口多，想要在敌国逞威风的，叫'骄兵'，骄兵者将会灭亡。这五种情况，不仅是人事，更是上天的意志。之前，匈奴曾向我国表达善意，将抓获的我国百姓都遣送回来，不再侵犯我国边境。虽然如今与我国争夺在车师国屯田，臣认为不需要太介意。现在听说诸位将军想要兴兵攻入匈奴境内，臣愚昧，不知道这是以什么名义出师！如今边郡都很困乏，百姓的情况是：父子两人轮流穿一件皮袄，食物不够只能靠吃草根野果充饥，忧虑自己是否能生存下去，难以征调他们去当兵打仗。所谓'军旅之后，必有凶年'（语出《道德经》），就是讲战争给人民带来的痛苦，伤了天地间的阴阳谐调。所以一旦出兵，就算打了胜仗，仍然会留有后忧，臣担心灾害之变因此而生。如今各郡太守、诸侯国的宰相大多还不称职，风俗民情更是浅薄，水灾旱灾不时发生，子弟杀父兄、妻子杀丈夫的共有二百二十二人！臣愚以为，这不是小事，而是社会的危机！然而，陛下左右的大臣们却不为这些事担忧，反而打算发兵远夷，以报纤介之忿，这不就是孔子说的'吾恐季孙氏之忧，不在颛臾，而在萧墙之内'吗？"（季孙氏要攻打颛臾，孔子说他的问题不在颛臾，而在自己内部，将要祸起萧墙。）

皇上采纳了魏相的意见，只是派长罗侯常惠率领张掖、酒泉骑兵前往车师，将郑吉及其屯田的士卒接回渠犁。召留在焉耆的前车师太子军宿，立为车师王，把车师全国人民迁居到渠犁，将车师故地让给了匈奴。以郑吉为卫司马，保护鄯善以西的南道诸国安全（放弃北道地区）。

【张居正曰】

自古圣王制御夷狄之道，莫急于自治其内。如果朝廷之上，纪纲振肃，邦国之间，风俗醇美，内地无虞，根本牢固，虽有夷狄外患，也不足为忧。但如果内治不修，百姓不安，虽无夷狄外患，亦为可虑。魏相不以匈奴为患，而唯以风俗为忧，深见远虑，休兵保民，真可谓贤相矣！

6 魏相喜欢研究历史档案,翻阅之前名臣上书皇上的奏章,经常将汉朝立国以来的政策措施,以及贾谊、晁错、董仲舒等人的建议,上奏皇上,请施行之。宰相府官员前往各郡及封国公干,或休假回乡,再返回京师的时候,就让他们报告各地见闻,或者有逆贼、风雨灾变,地方官员没有上报的,魏相就上奏皇上,与御史大夫丙吉同心同德,辅佐政事。对他们二人,皇上都非常看重。

丙吉为人深厚,做了善事从不张扬,他保护皇曾孙刘病已,以至能登上皇帝宝座,但他绝口不提之前对皇上的恩情,所以朝廷很多人都不知道。这时,掖庭一个宫婢(宫婢为奴隶),名叫"则"的,让她的丈夫上报,说她当年有抚育皇上的功劳,皇上命掖庭令调查核实。宫婢说,丙吉可以为她作证。掖庭令带着宫婢,到御史府与丙吉对质。丙吉认识她,说:"你当年因为照顾皇曾孙不谨慎,还被我鞭打过,你有什么功劳?真正有功劳的,是渭城人胡组、淮阳人郭徵卿!"然后分别奏报了胡组、郭徵卿一起抚养皇曾孙的劳苦状。皇上下诏寻找胡组、郭徵卿,但二人都已经去世,有子孙,都受厚赏。对宫婢则,也免除其奴隶身份,成为平民,赐钱十万。皇上亲自查问此事,才知道丙吉对自己有这么大恩德,自己却从来不说一句,皇上对丙吉大为钦佩敬重。

7 皇上认为萧望之通晓经学,行为持重,议论政事,总是游刃有余,才能堪当宰相,想要试一下他的办事能力,就又任命他为左冯翊。萧望之本来是少府,做地方官是降级了,以为皇上对他不满意,就主动称病请辞。皇上听说后,派侍中、成都侯金安上去告谕他说:"你将来的职责是治理人民和考核官员,而你之前只是做过平原太守,资历还浅,所以让你在京畿三辅任上再历练历练,不是因为听到你有什么过失而贬你的官。"萧望之这才赶紧上任。

8 当初,掖庭令张贺经常向他的弟弟、车骑将军张安世称赞皇曾孙一表人才,以及各种异象,张安世就制止他,认为少主在上,不宜称颂曾孙。等到皇上继位,张贺已死,皇上对张安世说:"掖庭令平生一向称赞我,将军则总是制止他,这是对的!"皇上追思张贺的恩情,想要把他的坟封为恩德侯,又设置守墓采邑二百户。张贺有子早死,过继张安世的小儿子张彭祖。张彭祖小时候又和皇上同席念书,皇上想封赏他,先赐爵关内侯。张安世深切地辞让对张贺的封赏,又要求减少守墓的采邑,一直争取到减为三十户。皇上说:"我这是为了报答掖庭令，跟你没关系！"张安世才停止，不敢再讲话。

9 皇上心中还是忌惮原昌邑王刘贺，赐给山阳太守张敞玺书，让他谨慎地防备盗贼，严密监视过往来客，并且秘密进行。张敞明白皇上意思，于是上奏汇报刘贺的情况，分析他被废的原因，说："原昌邑王这个人，皮肤青黑色，小眼睛，鼻尖有点塌陷，头发眉毛稀少，身材高大，但曾经中风，行走不便。我曾经和他谈话，试探他的意向，就说：'昌邑有很多猫头鹰啊！'他说：'是的，之前我到长安，没有猫头鹰，到了济阳，又听到猫头鹰的叫声。'我观察昌邑王的衣服、言语以及跪下起立的姿势，就像是一个白痴一样。我又跟他说：'哀王（指刘贺的父亲刘髆）的歌舞女张修等十人，没有生孩子，却一直枯守哀王墓园，您看是不是放她们回家吧？'刘贺说：'让她们一直守着，生病不要管，相互打架杀伤也不管，就是要她们早早死光！太守怎么还要放她们回家呢？'可见刘贺的天性就是喜欢乱亡，根本不知道什么是仁义。"皇上接到这份报告，才知道刘贺不足为虑。

宣帝元康三年（戊午，公元前63年）

1 春，三月，汉宣帝下诏，封原昌邑王刘贺为海昏侯。

2 三月二日，汉宣帝下诏说："朕为平民时，御史大夫丙吉，中郎将史曾、史玄，长乐卫尉许舜，侍中和光禄大夫许延寿等，都对朕有旧恩。还有已故的掖庭令张贺，辅导朕躬，学习文学经术，功德尤为显著。《诗经》不是说'无德不报'吗？现在，封张贺的继子、侍中与中郎将张彭祖为阳都侯，追赐张贺谥号为阳都哀侯，丙吉为博阳侯，史曾为将陵侯，史玄为平台侯，许舜为博望侯，许延寿为乐成侯。"张贺还有一个孤孙叫张霸，年仅七岁，被任命为散骑（皇帝侍从）和中郎将，赐爵为关内侯。在汉宣帝以前的老相识中，即使是当初他被囚禁在郡邸狱时的狱吏，凡是曾对他有照顾保护之恩的，都被加官进爵，赏赐田宅、财物，各以其恩情深浅报答。

丙吉在受封时正生着病，皇上担心他的病好不了，就派人将印绶送到他的病榻前，希望他能在生前受封。太子太傅夏侯胜说："丙吉不会死的！我听说，有阴德的人一定能享受到他的回报，并延及子孙。如今丙吉还没有得到陛下的回报，所以他的病虽然重，但不会死！"后来，丙吉果然病愈。

张安世自以为父子两人都被封侯，权位过高，于是向汉宣帝请求辞去俸禄。汉宣帝下诏，命令衙门以"无名钱"的名义，将张安世的俸禄存在都内（大司农总库），积累了数百万之多。张安世为人谨慎周密，每次与皇上商议决策大政并做出决策后，他总是称病回家休养，等听到皇上颁布诏书后，他就假装惊讶，派他的属吏到丞相府询问。所以朝廷大臣并不知道他参与了决策。张安世曾经向皇上推荐过一个人，这个人后来感谢他，他就大为恼恨，说："举贤荐能，岂有私自答谢！"然后就跟对方断绝来往。有一位郎官功劳很高却没有得到升迁，于是求张安世为自己向皇上说几句话。张安世回答说："你的功劳很大，陛下自然知道，我们当臣子的怎么能说自己的好话？"拒绝替他说话。过了不久，这个郎官果然升官了。张安世意识到自己父子地位的尊显，非常不安，为自己的儿子张延寿申请外放做地方官，皇上任命张延寿为北地太守，过了一年多，皇上怜悯张安世年老，又把张延寿调回来，任命他为左曹（尚书府东厢主管）、太仆等职位。

【华杉讲透】

张安世的处世之道，和张良一样，就是比自己"该拿的"少拿一点，追求利益最小化，不追求利益最大化——也就是保平安。地位如果太尊显就会招致嫉妒，被嫉妒则是中国社会最大的风险。他申请将儿子调任地方官，也是因为担心儿子没有父亲的修养和品德，参与宫廷斗争，危及家族安全。

他还有另一个很重要的原则，是"不市恩"。市，就是卖。他为国家举荐人才，而被举荐的人得到了升迁，蒙受的是国恩而不是他的私恩，感谢的应该是皇上而不是他。如果感谢他，那就是把他对皇上的影响力在市场上出卖了，这样的出卖，其实就是结党营私，形成小圈子和利益集团。他断绝和被举荐者的来往，就是公开显示：没有哪个人是"我的人"，大家都是皇上的人。

总结他的原则，主要有两条：

一、比"该拿的"少拿一点，主动退让。

二、一切思考和行动都站在皇上的立场。

3 夏，四月十四日，汉宣帝立皇子刘钦为淮阳王。

皇太子刘奭在十二岁时就已经熟读《论语》和《孝经》。太子太傅疏广对少傅疏受说："我听说'知足不辱，知止不殆（出自《老子》）。'如今咱们仕宦已经到了二千石级别的高位，功成名就，如果再不知止，将来恐怕要后悔！"于是父子二人都称病，请求退休回家。皇上都批准了，加赐黄金二十斤，皇太子也赠送黄金五十斤。公卿和老友们在东都门外设酒席为他们饯行，送行的马车有数百辆。道路围观的群众都说："二位大夫真是贤明！"甚至有人为此叹息流泪。

疏广、疏受回到家乡后，每天都让家人变卖黄金，摆设宴席，请族人、故旧和宾客一起饮宴娱乐。有人劝疏广为子孙留一点黄金和产业，疏广说："我也不是老糊涂，能不替子孙着想？只是我家本来就有田产房屋，子孙们只要勤劳耕作，就足以丰衣足食，不会比普通人差。但如今增加田产，让他们有富余，那不过是教他们懒惰而已。如果他们有贤能，钱多了会损害志向；如果他们愚蠢，钱多了会增加罪过。况且，富贵是招人怨恨的东西，我既然不能教化子孙，就不要用钱财增加他们的过失，替他们招来怨恨。况且我这些钱，是圣上给我养老用的。我用这钱与乡党、宗族共享皇上的恩赐，度过余生，这样不好吗？"族人都心悦诚服。

【华杉讲透】

君子无所不用其极，疏广、疏受就是这样的君子。在朝廷，他们不愿招人嫉妒；甚至回到家乡，他们也不愿意招来乡人的嫉妒。如果带着钱回去，把家乡的好田好地都买了，家乡人看着也不开心，不如把钱花了，跟大家一起吃喝，一起开心！

至于要不要留钱给子孙，他们也自有一番道理。我想起父亲生前常对我说："家有斗金，不如日进分文。"有多少钱才叫够呢？无论多少都不够！但只要有赚钱的能力，随时管够！

4 颍川太守黄霸下令：各驿站及基层乡官都要养鸡和猪来赡养孤寡老人和穷人。后来，他又推行教育条例，设置父老（处理乡村公共事务的官职，通常由当地有名望的老人担任）、师帅（表率、督学官员）和伍长（基层治安官员），并在民间推行。劝勉百姓行善防恶，耕田养蚕，勤俭节约，注意储蓄，种树养猪，不要把钱财浪费在没用的排场上。

黄霸治理的地方事务，看上去跟米粒、盐粒一样琐碎而细密，他却能集中精力贯彻推行。接见下属官吏和百姓时，他总能从谈话中找出问题，并用他知道的其他事情旁敲侧击，非常聪明且能认清事情的真相。下属都不知道他怎么什么都清楚，因此都说黄太守是神明，一丝一毫都不敢欺瞒他。奸猾的人，在颍川混不下去，都跑到其他郡去了，盗贼也日益减少。

对于下属官员，黄霸首先会进行教育感化，如有不遵从的，才会再施加惩罚，并努力让他们不再犯错误，不会轻易更换他们。许县县丞（县令的助手，相当于县政府秘书长）年老多病，耳朵也聋了，督邮（代表太守督察县乡的官员）汇报说要辞退他。黄霸说："许丞是个廉吏，虽然年老，还能够拜起坐迎，只不过耳朵不太灵便，有什么关系！"有人问他原因，他说："如果频繁更换官吏，送旧迎新，是一笔费用。还有就是在新旧交接之际，奸吏趁机藏匿档案，盗取官家财物，公私耗费甚多，而这些费用最终都转嫁在老百姓头上。新来的官吏未必贤能，甚至还不如原来的，反而添乱。所以治理之道，不是要那官有多好，只是要排除太坏的人。"

黄霸外表宽厚，内心明察，深得官吏和百姓的心，颍川郡的户籍居民每年都在增加，政绩考核全国第一。汉宣帝征召他担任京兆尹。但过了不久，因为被指控犯法，黄霸接连遭到减薪处罚，最后被皇上贬回颍川担任太守。之前的俸禄是二千石，被贬回颍川后，只剩八百石了。

宣帝元康四年（己未，公元前62年）

1 春，正月，汉宣帝下诏说："八十岁以上的人，除了被控诬告、杀人和伤人之外，其他的罪行都不收监。"

2 右扶风尹翁归卒，家无余财。秋，八月，汉宣帝下诏说："尹翁归廉洁公正，治理人民政绩优异，赐给他的孩子黄金一百斤用作祭祀。"

3 皇上下令有关部门调查高祖功臣子孙中丧失爵位的人，共查出槐里公乘（爵位第八级）周广汉等一百三十六人，每家赐给黄金二十斤，免除他们家的赋税，让他们能够祭祀祖先，世世不绝。

4 八月十一日，富平敬侯张安世薨。

5 当初，扶阳节侯韦贤薨逝后，其长子韦弘因罪被捕入狱，家人伪造了韦贤的遗嘱，指定次子大河都尉韦玄成为继承人。（大概是担心韦弘有罪，不能继承爵位。）韦玄成知道不是父亲的意思，就装疯，躺在大小便上胡说八道，又哭又闹。等到韦贤的葬礼结束，该由韦玄成继承爵位时，他以发狂为由，不肯接受爵位。大鸿胪于是向汉宣帝奏报了此事。汉宣帝下诏让丞相、御史调查此事是否属实。

丞相府承办此事的官员写信给韦玄成说："古人辞让，是因为有文章来说明其仁义可观，所以才能垂荣于后世。如今你毁坏自己容貌，忍受耻辱，伪装癫狂，好像奄奄一息的小火苗，这样的行为怎么能得到名声？我一向愚昧浅陋，如今做丞相执事，希望你能了解一下外面对你的评价。不然，我也不得不做小人，检举你的装疯，伤害你的名声了。"韦玄成的朋友、侍郎章也上书说："圣王一向用礼让治理国家，希望能优待玄成，不要逼他屈服，让他安贫乐道吧！"而丞相、御史都认为韦玄成装病，弹劾他。皇上下诏说，不要弹劾，让他袭爵。韦玄成不得已，接受侯爵之位。皇上认为他高风亮节，任命他为河南太守。

6 车师王乌贵逃到乌孙后，乌孙将其留下不遣回。汉朝派使者责问乌孙，乌孙将乌贵送到长安。

7 当初，汉武帝开辟河西四郡，隔绝羌与匈奴之间的道路，将各羌族部落逐出湟中。等到汉宣帝继位，光禄大夫义渠安国巡察诸羌，羌人先零部落的首领请求义渠安国说："我们希望能渡过湟水，到北岸耕田之外、水草丰茂的地方放牧。"义渠安国同意，上奏中央政府。后将军赵充国弹劾义渠安国擅作主张。但是羌族人利用之前义渠安国的承诺，大批渡过湟水，各郡县不能禁止。

之后，先零部落与其他羌族部落酋长二百余人，解除过去的仇恨，交换人质，结盟宣誓。皇上听说后，就此事询问赵充国的看法。赵充国说："之前羌族人容易对付，就是因为不能团结，每个部落都有酋长，相互攻击，不能统一。三十年前羌人造反，也是先解除仇恨，结成盟约，攻打令居，与汉朝对峙，五六年才平定。匈奴数次诱使羌人，要和他们联合攻打张掖、酒泉，许诺将那些土地给羌人居住。最近，匈奴在西方为乌孙所破，我怀疑他们遣使和羌人勾结。我怀疑羌族之变，才刚刚开始，相信他们还会联络更多部族，我们要趁他们还没发动，早作准备。"

又过了一个多月，羌侯部落酋长狼何果然遣使到匈奴借兵，想要攻打鄯善、敦煌，以阻绝汉朝与西域相通的道路。赵充国说："狼何自己肯定想不出这个计策，估计匈奴使者已经到了羌中，先零、罕、开等部落已经解仇作约，等到秋后马肥之时，必有变乱。应该迅速遣使到各边防部队，让他们加强防备，并且注意挑拨离间各部落，不让他们联合起来，注意发现他们的阴谋。"于是宰相和御史大夫再奏报皇上，派义渠安国巡视各羌族部落，辨别他们逆顺的情景。

8 这时，因农业年年丰收，谷价跌到每石五钱。

【王夫之曰】

谷石五钱，史家以为是宣帝元康之世的美事。但是，一个优秀的农夫，一年耕种所得，只有五十石而已，也就是二百五十钱。而商人一个月盈利五万钱，就可以囤积一万石粮食，还有人愿意耕田吗？农民如果有婚丧大事，稍微花了一百钱，就得卖掉二十石粮。那么如果遇上荒年，农民能不饿死吗？农民也不只是要吃饭，他还要穿衣，还会生病，要吃药，要养老，也要吃盐、蔬菜和肉食啊！所以国家要收购粮食，调节粮价，以免出现谷贱伤农的事。

激发个人成长

多年以来,千千万万有经验的读者,都会定期查看熊猫君家的最新书目,挑选满足自己成长需求的新书。

读客图书以"激发个人成长"为使命,在以下三个方面为您精选优质图书:

1. 精神成长
熊猫君家精彩绝伦的小说文库和人文类图书,帮助你成为永远充满梦想、勇气和爱的人!

2. 知识结构成长
熊猫君家的历史类、社科类图书,帮助你了解从宇宙诞生、文明演变直至今日世界之形成的方方面面。

3. 工作技能成长
熊猫君家的经管类、家教类图书,指引你更好地工作、更有效率地生活,减少人生中的烦恼。

每一本读客图书都轻松好读,精彩绝伦,充满无穷阅读乐趣!

认准读客熊猫

读客所有图书,在书脊、腰封、封底和前后勒口都有"**读客熊猫**"标志。

两步帮你快速找到读客图书

1. 找读客熊猫

2. 找黑白格子

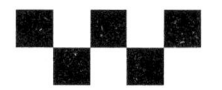

马上扫二维码,关注**"熊猫君"**

和千万读者一起成长吧!